集人文社科之思 刊专业学术之声

集 刊 名：形象史学

主办单位：中国社会科学院古代史研究所文化史研究室

主 编：刘中玉

2018下半年

委员会（以姓氏笔画为序）

主 任 孙 晓（中国社会科学院古代史研究所）

编 委

卜宪群（中国社会科学院古代史研究所）　　沈卫荣（清华大学）

马 怡（中国社会科学院古代史研究所）　　张先堂（敦煌研究院）

王月清（南京大学）　　陈支平（厦门大学）

王震中（中国社会科学院古代史研究所）　　尚永琪（宁波大学）

尹吉男（中央美术学院、广州美术学院）　　罗世平（中央美术学院）

扬之水（中国社会科学院文学研究所）　　金秉骏（韩国首尔大学）

池田知久（日本东方学会）　　郑 岩（中央美术学院）

李 旻（美国洛杉矶加州大学）　　耿慧玲（台湾朝阳科技大学）

李 零（北京大学）　　柴剑虹（中华书局）

杨爱国（山东省石刻艺术博物馆）　　黄厚明（浙江大学）

沙武田（陕西师范大学）　　韩丛耀（南京大学）

编辑部成员

王 艺　刘中玉　刘明杉　刘永霞　纪雪娟　安子毓　杜艳茹　张沛林　杨宝玉　徐林平

常文相　翟金明

本辑执行编辑

杜艳茹　张沛林

总第十二辑

集刊序列号：PIJ-2017-202

中国集刊网：www.jikan.com.cn

集刊投约稿平台：www.iedol.cn

形象史学

中国社会科学院古代史研究所文化史研究室 主办

刘中玉 主编

2018 下半年（总第十二辑）

社会科学文献出版社

SOCIAL SCIENCES ACADEMIC PRESS (CHINA)

目　录

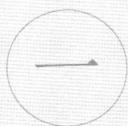

（一）

器
物
与
图
像

中心－象征：良渚文化琮与璧形而上的思考*

■ 徐　峰（南京师范大学社会发展学院文博系）

　　以环太湖地区为母区的良渚文化兴盛于5300~4300年前。考古发掘揭示了她具有发达的农业、先进的手工业、宏大的城市布局、璀璨的精神文化。这不仅震惊了当代中国人，也引来了世界其他地区好奇的目光。良渚文化的璀璨辉煌，离不开出土的数以千计的玉器——良渚文化精神文明的核心表征。良渚玉器种类、形制丰富且奇特神秘，琢刻其上的图像风格统一与多样、秩序与精致并存。良渚玉器和图像不仅具有艺术上的审美，同时具有神圣的特性，是良渚人宗教信仰、宇宙观等意识形态力量的体现，并且和政治的权力密切交织，互为表里，对于维持良渚文化的统一、贵族阶层的权力和认同，起着不可忽视的作用。在良渚文化诸多种类的玉器中，以琮和璧的地位最为重要。多年以来，考古学界的同人围绕琮和璧，对其形制、纹饰、功能、内涵等多个方面已经做了尽可能多的研究。坦白来说，要提出新的认识已非易事。不过笔者认为，在前人研究的基础上，对琮和璧及相关图像再做些补证和拓展性的思考仍有讨论的空间。笔者注意到，虽然关于琮和璧的研究不少，但两者往往是孤立的，将琮和璧连带起来的研究不多。既然琮和璧是良渚文化玉器中的核心，那么两者肯定是同一个文化系统中具有密切联系的器物，很可能承载了良渚人的某些共性的观念，当然肯定也会有个性差异（毕竟是不同的器物）。如果我们在对琮和璧的思考中抱持"求同存异"的态度，那么便有望在众说纷纭的观点中探求到若干普遍性的认识。本文拟以"中心－象征"模式的视角来对琮和璧的形制与图像进行观察，揭示琮和璧所具有的某些形而上的文化属性。

---

* 　南京师范大学2016年度"青蓝工程"培养对象科研基金资助。

一 "中心－象征"模式

"中心"，字面义是指与四周距离相等的位置。单从物理空间的角度来说，中心是无所不在的，空间中的每一个位置都是一个中心的存在。然而从经济、政治和宗教的层面看，中心则是一个有条件的存在，这层意义上的中心是发展和建构起来的。米尔恰·伊利亚德（Mircea Eliade）在其多部著作中提出"中心－象征"的模式。这个"中心"有一个非常重要的特征，即该中心并不是就自然地理意义上的中心而言，而是观念思维认知层面的中心。这个中心需要借助一系列的"象征"而得以呈现，象征的重要性在于，它是凸显中心的一个显示剂。那么这种象征究竟为何物呢？

"我们将在其他形象中看到相同的观念：树、桥、梯子等。这种整体的复杂形式被我们称为'中心'的象征，它是相当古老的，因为它在很多最原始的文化中被发现。"[1]接着伊利亚德详细叙述了两个"中心"的象征物：宇宙山（the cosmic mountain）和世界树（the world tree）。山是"中心"最重要的象征物，高山被视为神之居所、天空与大地相遇之处，因而

也是"中心点"，是世界轴穿过的地方。"山"是天人沟通最重要的媒介。山因其最接近于天空而具有双重神圣性：一方面，它们分享了超越性的空间象征，如"高远""巍然耸立""至高无上"等；另一方面，山是各种气象神显的特定领域。[2]

宇宙山的顶点不仅是地球的最高点，同时也是大地之脐，是创造开始的地方。[3]许多神圣的地方——圣地、神庙、宫殿——都与"高山"有关，它们本身就形成了"中心"，以某种奇妙的方式变成了宇宙之山。每一座神庙或每一座宫殿，广而言之，每一座神圣的城市和王室住所都等同于一座"圣山"，因此也就变成了一个"中心"。作为世界之轴穿越处的神庙或者圣城则被认为是天堂、人间和地狱连接的地方。[4]

而世界树，从宇宙论的角度看，它矗立在大地的中心。在阿巴坎鞑靼人的传说中，有七根树枝的桦树长在铁山上。蒙古人想象的宇宙山是一座四边形的金字塔，一棵树就长在它的中心，神灵们将世界树用来拴系他们的坐骑。世界树连接三个宇宙区，它的树枝上触天空，树根深扎地下世界。世界树的象征中隐含了若干宗教观念。一方面，它代表宇宙处于持续的更新

1　Mircea Eliade, *Shamanism: Archaic Techniques of Ecstasy*, translated from the French by Willard R. Trask (London:Arkana, 1989) p.264.

2　〔美〕米尔恰·伊利亚德：《神圣的存在：比较宗教的范型》，晏可佳、姚蓓琴译，广西师范大学出版社，2008，第88页。

3　Mircea Eliade, *Cosmos and History: The Myth of the Eternal Return*, translated from the french by Willard R.Trask, Harper & Brothers, 1954, p.16.

4　〔美〕米尔恰·伊利亚德：《神圣的存在：比较宗教的范型》，第353页。

中，象征着无穷无尽的宇宙生命之泉；另一方面，它象征天或者神圣的天国。[1]

中心的象征物多且不同，而其本质是说这种中心就是"世界的中心"。这样的地方，我们可以进一步将其化约为"神圣的地点"。在涂尔干和伊利亚德关于宗教思想的论述中，他们都承认世界被分成神圣与世俗两个层面，通过宗教仪式，宗教信仰者可以实现由"凡俗"到"神圣"的转化。[2] 将经验世界划分为神圣领域与世俗领域是人类精神发展史上一次具有根本意义的跨越。中心被认为是与神圣，即"神圣空间"（sacred space）相联系的。[3] 神圣空间是超群的神圣之地，它表现了事物在某个方面取得了一种突破。而神圣要在凡俗中显现还有一个要求，即"神显"。神显的形式多种多样，可以是自然事物，如玉石、树木，也可以是像基督教那样的道成肉身。宗教的历史就是由无数"神显"的实体所构成的历史。处在历史中的人通过"神显"而与"神圣"相遇，体验"神圣"。[4] 毋庸置疑，伊利亚德的中心 - 象征说是有普遍意义的，对我们从形而上的角度讨论玉琮和玉璧很有参考价值。

二 形制

（一）琮

良渚玉器种类丰富，最具标志性的神物是玉琮和玉璧。玉琮，整体形制呈外方内圆的柱形，好像方柱套在圆筒的外面，圆筒内空，贯通，外形略呈上大下小，外壁有纹饰，纹饰亦有分节，且节数不等。圆的部分高出外部方的部分，高出的部分被称作"射"。琮的四角像突出的柱子，上面琢有动物的纹样。

良渚玉琮广受关注的主要原因在于它奇特神秘的形制。玉琮外方内圆的形制体现了天圆地方的宇宙观，这是学术界广为认同的一个看法。并且，在与良渚文化差不多同期的其他新石器文化中，反映天圆地方宇宙观的遗存也有很多。

关于琮的原型，学界有不少看法，但实事求是地说，最有影响力、认可度颇高的观点是张光直提出的玉琮的原型是"宇宙山"（the cosmic mountain）或"宇宙轴"（the cosmic axis）。他认为琮的方、圆表示地和天，中间的穿孔表示天地之间的沟通。从孔中穿过的棍子就是天地柱。在许多琮上有动物图像，表示巫师通过天地柱在动物的协助下沟通天地。而

1　Mircea Eliade, *Shamanism: Archaic Techniques of Ecstasy*, translated from the French by Willard R.Trask, p.271.

2　〔法〕爱弥尔·涂尔干：《宗教生活的基本形式》，渠敬东、汲喆译，商务印书馆，2015；〔美〕米尔恰·伊利亚德：《神圣与世俗》，王建光译，华夏出版社，2002。

3　Mircea Eliade, *Cosmos and History:The Myth of the Eternal Return*, p.17.

4　〔美〕米尔恰·伊利亚德：《宗教思想史》第 1 卷，吴晓群、晏可佳译，上海社会科学院出版社，2011，第 5 页。

且他也提到伊利亚德所谓"地柱"（axis mundi）的概念，就是说这种柱子从地下通到天上，通天地的萨满可以爬过这个柱子，从一个世界到另外一个世界去。[1] 威廉姆斯（David Lewis-Williams）与皮尔斯（David Pearce）认为地柱这个意识是从神经系统中产生的，它的作用是将层叠宇宙（tiered cosmos）的不同层连接起来。[2] 相似的见解还有，董楚平认为良渚文化晚期的高方柱体玉琮有天地柱的含义。[3] 徐峰曾考证玉琮的形制与龟有关，龟背隆起似天，腹甲方如大地，龟是宇宙的模型。而龟足，无论是形制还是意象都堪比玉琮四角的柱，在中国古代神话中，女娲曾断鳌足以立四极，龟足是宇宙轴的象征。[4]

将琮的内涵之一释为宇宙轴是很有见地的。以琮为宇宙轴，就意味着琮是世界中心的象征，因为所谓"宇宙轴"正是立于世界中心（center of the world）的。整个宇宙被分为三界：天空、大地、地下世界，并以中心轴相连接。中轴位于世界的中心，可以将天上的神、地下的死者建立联系。萨满迷狂的灵魂正是通过此处自由地在三界畅游。中心轴不仅是沟通三界的桥梁，也起到支撑天地的作用，其在各个民族的文化中有不同的名称，如"天空钉""铁柱""太阳柱""世界支柱"等。[5]

琮的形制本身就呈现"四方－中心"的结构。琮每两个角柱之间有一个略微凹下去的槽。在槽面上，有的琢刻了神人兽面纹，有的则没有。如果将四面的凹槽平铺展开，它们与琮的内圆正好构成了"四方－中心"。

传统文献中的记载也显示了琮的这种"中心－象征"特性。《周礼》郑玄注："琮之言宗也，八方所宗故。外八方象地之形，中虚圆，以应无穷，象地之德，故以祭地。"

《周礼·春官·大宗伯》曰："以苍璧礼天，以黄琮礼地，以青圭礼东方，以赤璋礼南方，以白琥礼西方，以玄璜礼北方。"从不同颜色配五方的结构也可看出，黄琮与土、中央相配，也是中心的体现。

林巳奈夫对琮的探讨也间接表明了玉琮的中心性（centrality）。他推测琮被视为拥有召唤来自天与地以及各个方向的祖先之灵的力量，并且为他们提供居住之所。

1　张光直：《谈"琮"及其在中国古史上的意义》，载《文物与考古论集》，文物出版社，1996，第5~6页；张光直：《中国古代史在世界史上的重要性》，载张光直《考古学专题六讲》（增订本），生活·读书·新知三联书店，2013，第6、10页。

2　David Lewis-Williams, David Pearce, *Inside the Neolithic Mind: Consciousness, Cosmos and the Realm of the Gods* (Thames & Hudson, 2005), p.176.

3　董楚平：《良渚文化祭坛释义——兼释人工大土台和安溪玉璧刻符》，《浙江社会科学》1999年第3期。

4　徐峰：《良渚文化玉琮及相关纹饰的文化隐喻》，《考古》2012年第2期。

5　Mircea Eliade, *Shamanism: Archaic Techniques of Ecstasy.*

琮与商周时期的"社"在内涵上有很大相似性。[1] 既然天、地及各个方向的神灵在琮之处汇聚,这就充分显示了琮的位置是中心以及它的枢纽特征。

实际上,在良渚文化的考古发现中,象征这类中心的遗存不止有琮,在不可移动的遗迹方面,良渚人营建的祭坛也是宇宙轴的象征。[2] 董楚平就考证瑶山具有"昆仑"的意象。[3] 而莫角山、反山更是代表良渚文化的中心,是良渚社会各种权力的集结之地,是现实和超现实力量的汇聚之所。

(二)璧

在良渚文化的典型玉器中,与琮可以等量齐观的是玉璧。玉璧是一种中央穿孔的扁平状圆形玉器,也是我国传统的玉礼器,六瑞之一。传统上认为璧是天的象征。《说文》:"璧,瑞玉,圜也。"段玉裁引郑玄注《周礼》曰:"璧,圆,象天。"

从象征的角度去理解璧以及璧的中孔是关于璧的解释中的一个强劲而绵延的传统,不宜轻视。牟永抗曾经指出:"良渚玉璧将两面精致加工,使之呈现出光泽般的效果,不知可否认作是人们环视充满光亮的天体所获得视觉效果的体现,或者说是一种朦胧状态天体的物化。或许这就是古人将产自山岳而又有光芒的矿物——玉所反映的观念和实物配伍结合的例证。"[4]

反山 M20 中随葬了四十三件玉璧,叠置在墓主人骨架周围或脚部。武进寺墩 M3 出土玉璧二十四件,出土时分置头前脚后各十余件,一部分压在头脚之下,制作最精的两件放在胸腹之上,放在腹部的一件即墓中最大的玉璧。玉琮三十二件,内镯式玉琮一件,置于头部右上方;方柱体玉琮三十一件,除一件置于头部正上方外,余者都围绕在人骨架四周。这一考古迹象极好地印证了《周礼》中的记载。《周礼·春官·典瑞》:"驵圭、璋、璧、琥、璜之渠眉,疏璧琮,以殓尸。"郑注:"疏璧琮者,通于天地。"

1　Hayashi Minao, Alexander Coburn Soper, "On the Chinese Neolithic Jade Tsung/cong," *Artibus Asiae,* Vol. 50, No.1/2 (1990), pp. 5-22.

2　苏秉琦先生曾将良渚文化的高大土墩形容为"土筑金字塔"。见苏秉琦《论太湖流域古文化古城古国》,载《东方文明之光——良渚文化发现 60 周年纪念文集》,海南国际新闻出版中心,1996。中美洲文明中存在大量金字塔,金字塔也是宇宙轴,它们与良渚玉琮虽在体积上差距极大,但在形制特征上颇为相似。从空中俯视金字塔,它也是方的。中间有从下至上延伸的台阶,让我们想到玉琮中间凹下去的槽。金字塔的台阶两侧也有大量的动物雕像,与玉琮四柱的兽面纹好有一比。关于中美洲金字塔的论述,可以参见 Anthony F. Aveni, Susan Milbrath and Carlos Peraza Lope, "Chichen Itza's Legacy in the Astronomically Oriented Architecture of Mayapan," *Anthropology and Aesthetics*, No.45 (Spring, 2004), pp. 123-143。

3　董楚平:《良渚文化祭坛释义——兼释人工大土台和安溪玉璧刻符》,《浙江社会科学》1999 年第 3 期。

4　牟永抗:《读玉偶悟——形态与内涵发展演变的一些思考》,载浙江省文物考古研究所编《浙江省文物考古研究所学刊》第六辑,杭州出版社,2004,第 43 页。

张明华认为"苍璧礼天""璧琮以敛尸"的文献记载十分符合玉璧出土的考古迹象。"礼天""敛尸"不是对立的两面，恰恰是玉璧两种用途的客观记录。用璧作礼器或敛尸，都应该与生前的"通天"、死后的"升天"有关。[1]

值得注意的是，良渚文化高等级墓葬中璧的数量、摆放方式、与死者的关联，在东周和汉代的墓葬中也能看到。在一些东周诸侯国的墓葬中，考古材料显示了墓主身上铺、身下垫大量玉璧的现象。汉代诸侯王墓中，璧的摆放几乎和良渚时期一样，黄展岳已经注意到了这点，他也认为璧有引魂升天的功能。[2]

持同样观点的还有邓淑萍，她较早提出古人视玉璧中孔为通天孔道。在古代，圆璧就代表"黄道"，也就是"宇宙中太阳所运行的轨迹"，理解了中国最古老的宇宙观及相关图像，又了解古人同类相感通的哲理后，就明白古人希望灵魂通过圆璧的中孔，进入永恒不朽的境界。[3]璧的中孔具有高度象征性的确有大量不同时期的考古学证据支持。西汉早中期的诸侯王入殓时，大量的谷纹璧、蒲纹璧等铺垫于墓主前胸后背，还在外面套装用金属丝缀联玉片而成的玉匣。玉匣将亡者全身密封，唯独在人头顶处，玉匣缝以玉璧，因为汉人相信：亡者灵魂必须通过璧之中孔才能进入不朽的天界。还有一些证据更是直接表明了玉璧和天门的关系。例如，四川巫山出土过若干件来自东汉墓中的鎏金铜牌，铜牌为圆形。牌中立着一对阙。阙之间刻着"天门"二字，字下是用软玉制成的圆盘，即璧。[4]战国秦汉时期的墓葬壁画和画像砖上普遍流行的"二龙穿璧"，也正是形象地表明"孔"的通天意义。既然要设置这样的穿孔，便意味着璧及中间的孔和琮一样是隶属于分层宇宙这个知识体系中的。因为宇宙是分层的，比如天和地，它们之间要进行沟通，或者说人与神灵之间要交流，必然需要一个孔道。如果说琮表现出了这样的通道，那么璧便是扮演了入口／出口的角色。

特别要加以注意的是反山 M12 出土的琮王（见图 1）。它的形制有别于一般的琮，这件琮的射部直接以璧的形态出现，正是"疏璧琮"的状态，即贯通天地的琮管和表示入口的璧密切相连。邓淑萍也曾推测琮璧的使用方法是在竖立的琮上方平置以璧，以木棍贯穿圆璧和方琮的中孔，组成一套

1　张明华：《良渚古玉综论》，《东南文化》1992 年第 2 期。

2　黄展岳：《论南越王墓出土的玉璧》，载黄展岳《先秦两汉考古论丛》，科学出版社，2008，第 355~362 页。

3　参见邓淑萍《古玉的认识与赏析——由高雄市立美术馆展览谈起》，台北《故宫文物月刊》1994 年第 12 期，第 59 页；邓淑萍：《由考古实例探讨玉璧的形上意义》，载浙江省文物考古研究所编《浙江省文物考古研究所学刊》第六辑，第 68 页。邓淑萍《谈谈当今学界东周玉器研究的盲点》，载杨晶、陶豫执行主编《玉魂国魄——中国古代玉器与传统文化学术讨论会文集》（七），浙江古籍出版社，2016，第 85 页。

4　赵殿增、袁曙光：《"天门"考——兼论四川汉画像砖（石）的组合与主题》，《四川文物》1990 年第 6 期。

通天地的法器。[1] 瑶山和寺墩也出土过这类射部以璧形态出现的琮。

图 1　反山 M12：98 琮王

由此可见，璧与琮一样，也是具有中心性的器物。事实上，圆形之物往往具有中心性。不妨再辅以中美洲文明中的两个证据来说明，"查尔穆尔"（Chacmool）神以一种僵硬的姿势半躺半坐在地上，手中捧着一个空盘子，盘子置于肚脐上方，阿兹特克人称之为"世界之脐"——诞生地。处于出现时刻的这种盘子指出了一个节点，在此节点处，这个世界与另一个世界可以相交。在中美洲文明中，圆形的镜子被当作超自然的通道——宇宙入口的象征。在特奥蒂华坎的图像中就有羽蛇神从镜子中穿出来。[2]

从宇宙观的角度来看，璧和琮是良渚先民构建的一个沟通不同空间的通道，是处在中心位置的一个神圣的场域。而被它们包围的墓主，自然也就身处这样的中心氛围中，所以琮和璧可以帮助死者的灵魂升天这样的观点自然也就说得通了。

三　图像

巫鸿研究屏风时曾经指出："人们可以把一扇屏风当作一件实物，一种绘画媒材，一个绘画图像，或者三者兼具。换言之，屏风是一种准建筑形式，占据着一定的三维空间并对其所处的三维空间进行划分，屏风也是一种绘画媒材，为绘画提供了理想的平面。"[3] 玉器也是如此，它是一个独立的器物，同时又是图像的承载空间。良渚文化先民可谓生活在一个为各种象征符号所包围的文化空间中。其中，以琢刻在玉琮上的神人兽面纹和玉璧上的鸟立阶梯状图像最为经典。尤其是前者，在玉器上出现的频率极高。

（一）神人兽面纹

神人兽面纹的完整形象是一个头戴羽冠的神人骑在一只兽身上，首现于 1986 年余杭反山 M12 出土的玉琮上。在此之前，学界所见神人兽面纹大多为简略的形式。

1　邓淑萍：《由"绝地天通"到"沟通天地"》，台北《故宫文物月刊》1988 年第 6 期。

2　Mary Miller, Marco Samayoa, "Where Maize May Grow: Jade, Chacmools, and the Maize God," *Anthropology and Aesthetics*, No. 33, Pre-Columbian States of Being (Spring, 1998), pp. 54-72; Karl A.Taube, *The Iconography and Architecture of Emergence Mythology in Mesoamerica and the American Southwest*, Res 12 Autumn 86.

3　〔美〕巫鸿：《重屏：中国绘画中的媒材与再现》，文丹译，上海人民出版社，2009，第 1 页。

玉琮上的神人兽面纹通常以琮角柱作为中轴，兽的双眼对称分布于侧，鼻与口则刻制在中轴上。同时，每两角柱之间的槽面上也有神人兽面纹。神人脸面作倒梯形。重圈为眼，宽鼻、阔嘴。头上戴有羽冠。上肢形态为耸肩、平臂、弯肘、五指平张叉向腰部。下肢作蹲踞状。在神人的胸腹部以浅浮雕突出威严的兽面纹，重圈为眼，宽鼻、阔嘴、嘴中有獠牙。神人及兽的身上密布卷云纹（见图 2 ）。[1]

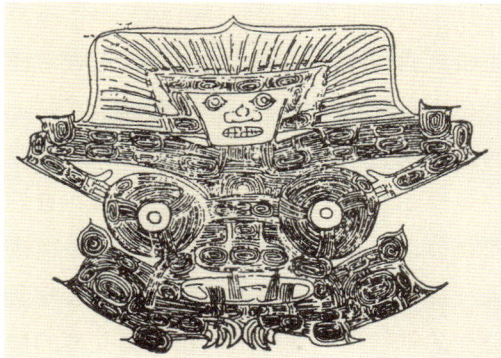

图 2　反山玉琮神人兽面纹

在良渚各类玉器（包括琮、璧、钺、冠状饰）上，神人兽面纹十分普遍，其流行分布的空间广度与时间深度足以说明这种纹饰对于良渚人意义不凡。学界普遍认为这种纹饰是良渚人宗教观的体现，堪称"神徽"。

对神人兽面纹的意见认为该图像最上端是羽冠，羽冠下是人，人下是兽。羽冠中有很多放射线，有学者认为大羽冠绝非普通人所能佩戴，羽冠正视作倒梯形，上插羽毛，正与古文"皇"字上半部相像。[2] 就实物层面而言，人类学、考古学材料中有很多代表身份、权力的上层人物戴的用羽毛制成的羽冠。比如，不少古文字学者认为，原始的"皇"或许就是一种用羽毛装饰的冠。冠冕象征至高无上的地位与权力。[3]

羽冠之下便是人脸。在新石器时代，由于缺乏文字材料的记载，从个体身份的角度去释读人像意义不大。学界更倾向于沿着祖先或神灵崇拜的方向进行思考。就神人兽面纹而言，考古学界较普遍地认为这一神徽应是良渚文化先民所崇拜的神灵形象。

赵辉说："从良渚文化遗留下来的大量图像资料看，良渚社会的宗教信仰具有明显的一神教特点。良渚人生活中最重要且特殊的玉器、象牙器上，几乎只装饰一种被叫作神人兽面纹的图像，较之仅见于玉琮等器物之边角位置的鸟纹，显得高高在上、唯我独尊。而这种神人兽面纹在良渚文化的分布范围内都有发现，且形态千篇一律，所以应当就是良渚人心目中共同尊奉的地位最高乃至唯一的神祇，也即整个

1　王明达：《浙江余杭反山良渚墓地发掘简报》，《文物》1988 年第 1 期。

2　杜金鹏：《说皇》，《文物》1994 年第 7 期。

3　李学勤：《论新出大汶口文化陶器符号》，《文物》1987 年第 12 期。

良渚社会有着高度一致的精神信仰。"[1] 刘斌指出:"良渚人在关于这一神灵的崇拜方面,已几乎达到了一种类似一神教崇拜的程度。"[2] 赵晔也认为,这种统一规范的图形模式,也表明良渚先民所崇信的对象已近乎一神教,神人兽面纹可视为良渚社会的"神徽"。[3]

如此大范围,且绵延甚久的(尽管到良渚晚期,神徽图像出现简化衰落之象)对于一种图像的尊崇,本身已经说明了图像流行的背后有某种共同的心理诉求,传达出一种软性的、带有渗透性的话语权力。什么样的一神担得起如此广域的意识形态共识?牟永抗较早地提出它是人形化太阳神的观点,下半幅画面是驮着太阳神的瑞兽及其前肢[4],两侧还有鸟纹。作为万物生命之源的太阳的确是可以令人信服的崇拜对象。统一的太阳神崇拜是环太湖先民文化与身份认同、建构的重要基础,也是显贵权力巩固的重要手段。从考古证据看,太阳与鸟的通假关系从河姆渡文化时期开

始已见端倪,之后有绵延的文化传统。下面即将讨论的琢刻在玉璧上的鸟立阶梯状边框图像也与太阳有关。

(二)鸟立阶梯状边框图像

属于良渚文化的多件玉璧上有鸟立阶梯状边框的图像,内容或完整或简缺(见图3)。这种图像,就鸟和阶梯状边框的关系而言,可以归入具有普遍意义的"鸟栖物"模式。鸟是明确的、不变的形式,而鸟所栖之"物"却因文化背景不同而多种多样。关于阶梯状边框的内涵,一个颇具说服力的观点是认为它象征"祭坛"。[5] 而阶梯状边框中的圆圈,则代表太阳。[6] 这一解读不仅有据可依,而且能够与神人兽面纹是太阳神的象征这一论点相呼应,它们都是良渚人对太阳神崇拜的表现,是良渚人一神教崇拜最好的说明。阶梯状边框所象征的祭坛是一处良渚人和神灵交通的神圣空间。阶梯状边框的"边线"在象征性上也就相当于层叠宇宙的一个边界,是物

---

1 赵辉:《从"崧泽风格"到"良渚模式"》,载北京大学中国考古学研究中心等主编《权力与信仰:良渚遗址群考古特展》,文物出版社,2015。

2 刘斌:《神巫的世界》,杭州出版社,2013,第88页。

3 赵晔:《良渚文明的圣地》,杭州出版社,2013,第105页。

4 牟永抗:《东方史前时期太阳崇拜的考古学观察》,台北《故宫学术季刊》第12卷第4期,1995。

5 邓淑萍:《中国新石器时代玉器上的神秘符号》,台北《故宫学术季刊》第10卷第3期,1993。董楚平:《良渚文化祭坛释义——兼释人工大土台和安溪玉璧刻符》,《浙江社会科学》1999年第3期。杜金鹏:《良渚神祇与祭坛》,《考古》1997年第2期。张德水:《祭坛与文明》,《中原文物》1997年第1期。江伊莉、古方:《玉器时代——美国博物馆藏中国早期玉器》,科学出版社,2009,第87页。

6 饶宗颐:《有翼太阳与古代东方文明——良渚玉器刻符与大汶口陶文的再检讨》,载《饶宗颐二十世纪学术文集》卷一,台北新文丰出版公司,2003,第71~84页。

质性与灵性的交界。这个交界区隔了圣与俗。[1] 良渚玉璧上刻画的这类"鸟立阶梯状边框"图像正是一个微观化与符号化的神圣空间，祭坛所象征的宇宙山和跨越不同宇宙层的阳鸟负日共同呈现了一个一体化的神圣空间，而它背后对应的正是宏大的良渚文化神权与王权相结合的史前神圣中心。开发创造这种神秘、神圣图像符号的应当是良渚社会贵族阶层领域类似于萨满巫师的人。在整个良渚文化的权力结构中，这一图像扮演的是意识形态角色。[2]

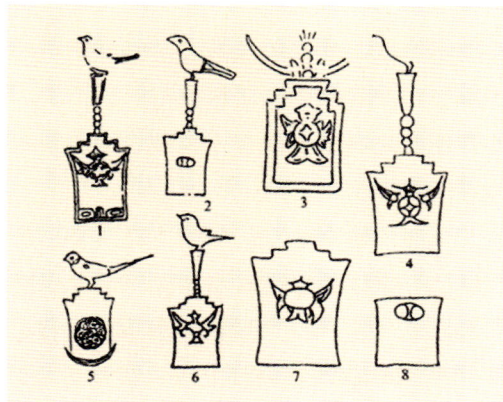

图 3　良渚玉璧上的刻画图像

前文已经论述玉琮的原型是宇宙轴，它与玉璧都是中心–象征物的体现。神人兽面纹和鸟立阶梯状边框图像则与太阳有关，反映了太阳的运行模式。两者结合起来看，太阳的起落之处也正是宇宙轴所在之地。代表太阳神的神人兽面纹是被琢刻在象征宇宙轴的琮上的，以及鸟立阶梯状边框图像被刻在象征出口／入口的玉璧之上。[3] 特别有意思的是，将玉琮代表宇宙轴，神人兽面纹是太阳神的观点和《山海经》的记载结合起来看，考古学证据和传统文献记载恰好吻合。《山海经·大荒西经》："大荒之中，有山名曰月山，天枢也。吴姫天门，日月所入。"[4]《山海经·大荒西经》："大荒之中，有山名曰常阳之山，日月所入。"[5]《山海经·海外东经》："下有汤谷。汤谷上有扶桑，十日所浴，在黑齿北。居水中，有大木，九日居下枝，一日居上枝。"[6] 这些文献中的山是宇宙山，树为宇宙树，其四周为汤谷，即地下水世界。太阳从此出入，正反映了太阳和宇宙轴的关系。所谓"天枢"，不就是天地之枢纽吗？宇宙

1　体现"圣与俗"边界的考古学证据有很多。比如列维斯·威廉姆斯曾经分析的一例。他对恰塔尔·休于（Çatalhöyük）遗址发现的墙进行了讨论。他认为这堵墙，表达的是建筑物内的人（属于宇宙的下层）与墙外面的神灵世界之间的一个可渗透的交界面。它就像是宇宙组成之间的"隔膜"。见 David Lewis-Williams, David Pearce, *Inside the Neolithic Mind:Consciousness, Cosmos and the Realm of the Gods*, 2005, p.112。

2　徐峰：《图像与空间：良渚玉璧鸟立阶梯状边框图像新考》，《民族艺术》2018 年第 4 期。

3　相似的是，玛雅金字塔的中心点处在四个阶梯之间，在这个地方，"地柱"（axis mundi）穿透不同的宇宙层。太阳也是沿着这个宇宙轴上下，代表它的"死亡与再生"。见 Marvin Cohodas, "Radial Pyramids and Radial-Associated Assemblages of the Central Maya Area," *Journal of the Society of Architectural Historians*, Vol.39, No.3 (Oct., 1980), pp. 208-223。

4　袁珂：《山海经校注》，上海古籍出版社，1980，第 402 页。

5　袁珂：《山海经校注》，第 409 页。

6　袁珂：《山海经校注》，第 260 页。

轴不正是处在宇宙的中心位置吗？所以，良渚的玉琮和玉璧在形制与图像两个层面都体现了"中心－象征"模式。

四　显圣物与权力

若将玉器放在宗教学语境中来理解，那么玉器是一种"显圣物"（hierophany）。神圣物体的存在，表明神圣出现了自我表征。神圣总是自然表征为一种与"自然"存在完全不同的另一种存在。[1] 神圣是世俗的反面。神圣能自我表征，展示自己与世俗的完全不同之处。[2]

当石之美者的玉从凡俗的矿物中脱颖而出，成为人类眼中的神物（"夫玉，亦神物也"），玉便开始了一场与权力同行的旅程。从玉矿开采、运输、玉器制造与分配、占有，这是一个系列的权力分配和体现的过程。玉器发展的历史，也伴随着人类不断赋予其观念、传统、信仰的知识生产。玉被塑造成宝器，可以通灵、祈福禳灾，等等。毫无疑问，玉和权力有密不可分的联系。

几乎在每一个文明中都有各式各样的显圣物，并且被加以崇拜。就文化上的玉来说，在苏美尔、阿卡德、巴比伦、埃及、米诺斯、迈锡尼、印度等古文明中，史前期的黑曜石以及文明期的青金石、绿松石等美石都成为同时被崇拜信奉的宝物，它们深受当时统治者的追捧，这在某种程度上加剧了金、银、铜等有色矿石的神圣化过程，由此驱动着人类最终脱离石器时代，得以进入到金属时代与文明化进程之中。"[3]

欲让隐身的权力显现并可控，艺术品是必需的。[4] 有关艺术品与权力的关系，张光直已有精辟的论述。他认为政治、宗教、艺术是结合在一起的，作为通天工具之一的艺术实在是通天阶级的一个必要的政治手段，它在政治权力之获得与巩固上所起的作用，是可以与战车、戈戟、刑法等统治工具相比的。[5]

玉器一类的艺术品是牵涉权力关系的象征体系的重要组成部分。加拿大考古学者特里格曾说，在文明和早期复杂社会中普遍存在一种显赫或奢侈消费的行为，也就是以浪费劳力和资源的方式来提高威望和权力。当社会变得等级森严，其控制机制变得专横，统治者的权力便通过动用大量劳力或消耗剩余产品、徭役和特殊服务来体现。将相当部分能量转化为权威的象征，常常用来生产需要花费大量劳力而又没有实用价值的显赫或

1　〔美〕米尔恰·伊利亚德：《宗教思想史》第 1 卷，第 5 页。

2　〔美〕米尔恰·伊利亚德：《神圣与世俗》，第 2 页。

3　叶舒宪：《中外玉石神话比较研究——文明起源期"疯狂的石头"》，《贵州社会科学》2017 年第 1 期。

4　Esther Pasztory, "The function of Art in Mesoamerica," *Archaeology*, Vol.37, No.1 (January/February 1984), pp.18-25.

5　张光直：《三代社会的几点特征——从联系关系看事物本质两例》，载张光直《考古学专题六讲》（增订本），第 106 页。

贵重物品。显赫或奢侈消费是对最省力原则的一种公然违背，为了维持人们的基本生存，经济和省力的原则应该是主导生产和消费活动的主要方式。然而，政治权力普遍被看作一种对能量的控制能力，统治者无不是在加强其控制的活动中投入大量能量来维护其政治权力，于是权力最显赫的表现就是一个统治者在非实用目的上消费他所控制能量的能力。[1]

玉器及琢刻其上的图像在良渚文化的时代背景中，实用性功能微弱，宗教和礼仪性功能凸显。对玉琮、玉璧等艺术品的独占，便是对政治权力和财富支配的独占。玉器既是显圣物，同时也是一个图像空间，或者说是一个图像文本，在我们的文化中，它履行与书籍相似的信息保存、传播的功能。玉器及图像保存了先民关于宇宙秩序的认知、人类社会的等级差异、对于神的塑造和认知等诸多知识。玉琮、玉璧正是这类非实用的贵重物品，它们是意识形态的物化。权力的运行离不开与它们的合作。玉琮和玉璧是权威的"神圣"形式的体现，它们强化了权威的凝聚性，并增强已有社会群体的权力。[2] 从占有的角度来说，良渚显贵用玉琮、玉璧随葬（特别是珍贵如反山的琮王）还有一层意思，即他们并不想

将这种显圣物流通在世间，将玉器从流通环节中移除以维持其价值。[3]

结 语

良渚文化玉琮的原型是宇宙轴。玉璧传统上被视为象天，中间的孔代表入口。琮和璧都具有中心性，处在层叠宇宙层的中心位置。玉琮和玉璧上琢刻的神人兽面纹与鸟立阶梯状边框图像也是与琮璧形制的中心性密切关联的，因为神人兽面纹与鸟立阶梯状边框图像均与太阳有关，而太阳的运行也恰恰是沿着宇宙之轴进行的。因此，玉琮和玉璧代表的是良渚人宇宙观中的神圣中心。以神人兽面图像为代表的纹饰刻符，作为巫觋与天神沟通的神秘媒介，是显贵者的秘密与隐私。良渚文化的贵族制造并占有它们，是从意识形态上标明自己在良渚社会内部，甚至良渚文化的区域空间所具有的中心性。他们可谓巧妙地操控着宇宙观与意识状况——为宗教经验、信仰和实践提供了基本的构件。人群中的核心分子由此赢得了宗教主导权、政治权力以及经济影响力。

1 Trigger, B.G. "Monumental Architecture: A Thermodynamic Explanation of Symbolic Behavior," *World Archaeology*, 1990, Vol.22, No.2, pp.119-132.

2 Michael Mann, *The Sources of Social Power: Volume 1, A History of Power from the Beginning to AD 1760*（Cambridge University Press, 1986）, pp.23-24.

3 James F. Garber, "Patterns of Jade Consumption and Disposal at Cerros, Northern Belize," *American Antiquity*, Vol. 48, No.4(Oct.,1983), pp.800-807.

唐代"耳衣"考述*

■ 林泽洋（南京大学历史学院）

　　"耳衣"又称"暖耳"，是耳部取暖的用具，直至今日还能看到其身影。学术界以往对"耳衣"论述不多，多见于服饰史的著作中，如沈从文先生在《中国古代服饰史研究》中对明代百官佩戴的"暖耳"所做的考证。[1] 但大多数的著作只是将其作为词条列出，讨论未及深入。

一　实物资料的梳理

　　1991 年西安市灞桥区唐金乡县主墓出土有两件女立俑，发掘报告中称其皆戴有耳套。[2] 第一件男装女俑（见图 1-1），头戴黑色幞头，幞头外罩花冠，冠身已残，冠身仍留有彩绘及描金的痕迹，左

耳系耳套，身穿圆领窄袖袍，袍身有彩绘，内着半臂，腰间束有蹀躞带，带后右侧挂有一鞶囊。女俑左臂下垂，右手举于胸前，皆隐于袖中。第二件女立俑（见图 1-2），顶髻前倾，搭于前额之上，两侧发髻长不过耳，右耳至颈处戴有红色耳套，身穿窄袖襦衫，内衬半臂，下身穿齐胸长裙，左肩斜披长帛，绕胸而垂于身后，双手置于腰侧，隐于袖中。金乡县主墓是于隐和金乡县主的夫妇合葬墓，于隐葬于天授元年（690），金乡县主葬于开元十二年（724），第二次下葬时墓中壁画、随葬品均有增补。第一件女立俑头戴的幞头呈圆形，中间分瓣，略前倾，因其戴有花冠，所以幞头略小，但整体符合武则天后期至玄宗开元年间幞头"英王踣样"的特

*　本文为国家社科基金艺术学项目"妈祖文化在海上丝绸之路沿线国家传播交流的机制与路径研究"（17BH155）、福建省中青年教师教育科研项目"妈祖研究学术文献可视化分析：学术群体、主题脉络和热点演进"（JAS170436）阶段性成果之一。

1　沈从文：《中国古代服饰史研究》，上海书店出版社，2005，第 562~563 页。

2　西安市文物保护考古所：《唐新金乡县主墓》，文物出版社，2002，第 39 页。

征。[1] 第二件女立俑将脑后头发于发顶绾成一髻，搭于前额，两侧头发呈双鬟抱耳之态，是典型的开元时期女俑发髻。这两件女立俑，皆是开元年间的产物。

2002 年西安市南郊陕西师范大学郭杜校区在建设中发现一批古代墓葬，其中唐墓 M31 中出土了一件三彩胡人俑（见图1–3），发掘简报中称其双耳系耳套。[2] 该俑体型较为高大，高鼻深目，头戴黑色幞头，身着黄色圆领紧袖长袍，腰束蹀躞带，足蹬圆口鞋。这件三彩胡人俑的幞头高而踣，并与唐李宪墓出土的男立俑幞头较为相似（见图1–4），应是开元年间的产物。

2004 年陕西省富平县发掘了唐嗣虢王李邕墓，该墓是夫妇合葬墓，营建于开元十五年（727），墓室后室北壁六扇屏风第三号屏下格有一冬装侍女的形象（见图1–5）。图中侍女头顶、面部残毁严重，上身穿窄袖襦衫，下穿齐胸长裙，足蹬云头鞋，在其双耳至下颌处系有一条带状物，其上装饰有动物皮毛。

考古出土资料以外，陕西地区的博物馆中也藏有类似的陶俑。

西安美术学院博物馆藏有两件陶俑，其双耳至下颌处皆系有一条带状物，与金乡县主墓、南郊唐墓 M31 发掘报告中提到的"耳套"形象相似，应是同类物件。第一件陶俑为男装女俑（见图1–6），五官清晰，容貌清秀，画柳叶眉，面涂红妆，唇部点有红彩。头戴幞头，双耳系耳套，内穿交领薄衫，外穿圆领窄袖袍服，袍服下端有两件鸟形装饰物。这件陶俑的幞头与唐李宪墓出土的男立俑幞头相近（见图1–4），且整体造型也较为相似，亦是开元年间的产物。第二件陶俑为女立俑（见图1–7），发髻右梳，下垂掩耳，顶髻抛出，搭向左侧，女俑脸庞丰腴，朱唇微启，笑意浅露，画有柳叶眉，额前施有橙色花钿，双耳系耳套。上身穿窄袖襦衫，内衬半臂，下身穿曳地长裙，裙腰齐胸，腰间浅刻四道衣纹，双手拱于胸前，隐于袖内，足部被长裙覆盖。这件女立俑的顶髻偏向左侧，应是晚唐时期流行的"堕马髻"[3]，且整体造型丰腴，与元和六年（811）崔纮墓出土的女立俑较为相似（见图1–8），应是唐代晚期的产物。

通过对上述资料的分析，可以将"耳套"分为三种类型（见图2）。

I 型　耳套体量较大，在双耳有耳罩，可以将耳朵完全覆盖，并通过延伸出的系带固定在下颌处。此型见于金乡县主墓出土的男装女俑（见图2–1），西安美术学院博物馆藏的男装女俑（见图2–2），西安南郊唐墓 M31 出土的胡人俑（见图2–3）。

1　《通典·嘉礼》："景龙四年三月，中宗内宴，赐宰臣已下内样巾子。其样高而踣，皇帝在藩时所服，人号为'英王踣样'。"参见（唐）杜佑《通典》卷五十七《嘉礼》，中华书局，1988，第 1623 页。

2　孙福喜、杨军凯、孙武、冯健：《西安南郊唐墓（M31）发掘简报》，《文物》2004 年第 1 期。

3　白居易《代书诗一百韵寄微之》："铅黛凝春态，金钿耀水嬉。风流夸坠髻，时世斗啼眉。"自注："贞元末，城中复为堕马髻、啼眉妆也。"参见（唐）白居易《白居易诗集校注》，谢思炜校注，中华书局，2006，第 978 页。

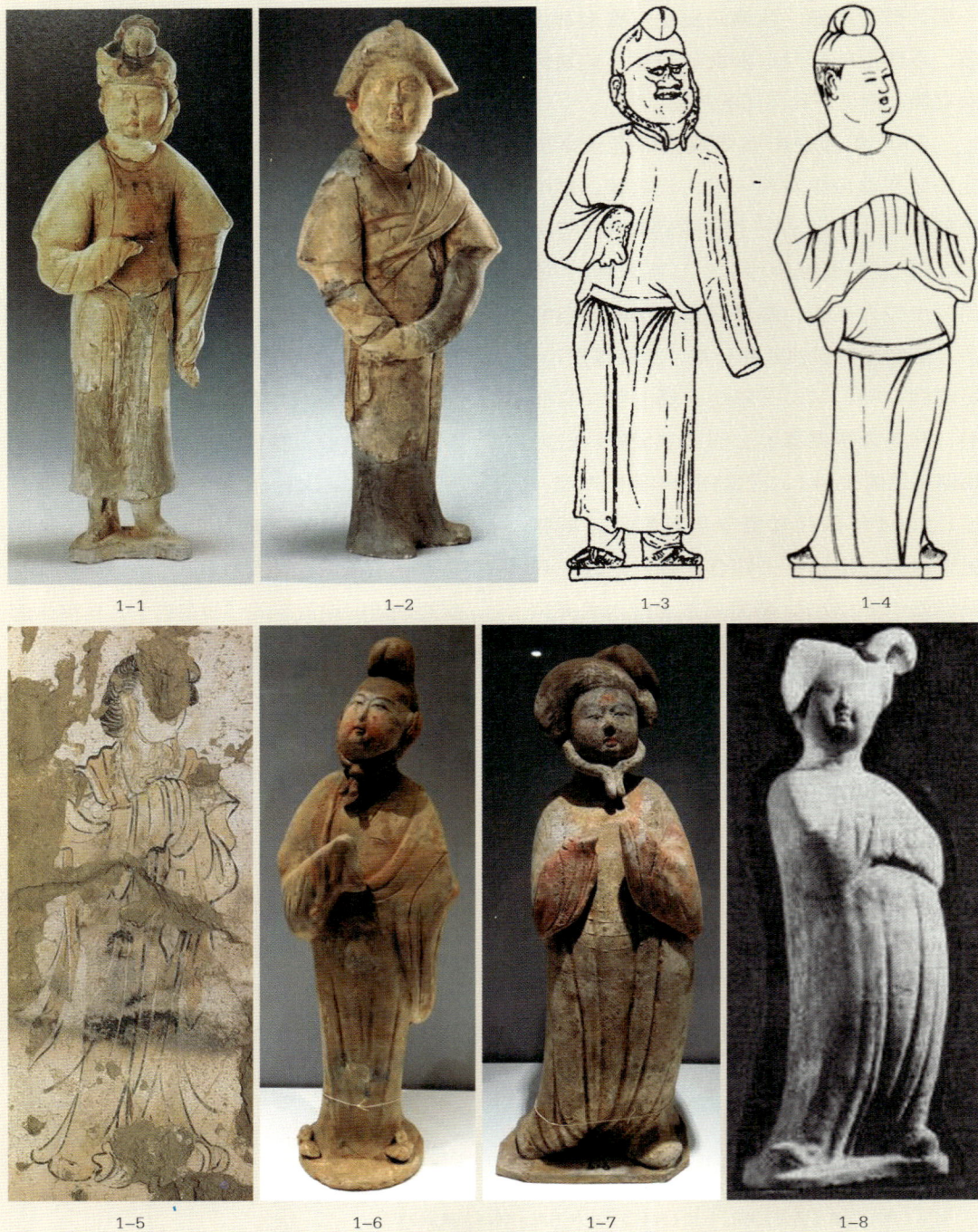

图 1

1-1 金乡县主墓出土的男装女俑；1-2 金乡县主墓出土的女立俑；1-3 西安南郊唐墓 M31 出土胡人俑；1-4 唐李宪墓出土的男立俑；1-5 唐嗣虢王李邕墓壁画仕女图；1-6 西安美术学院博物馆藏男装女俑；1-7 西安美术学院博物馆藏女立俑；1-8 崔绲墓出土的陶俑。

图 2

2-1 金乡县主墓出土的男装女俑局部；2-2 西安美术学院博物馆藏男装女俑局部；2-3 西安南郊唐墓 M31 出土胡人俑局部；2-4 金乡县主墓出土的女立俑局部；2-5 西安美术学院博物馆藏女立俑局部；2-6 唐李邕墓壁画仕女图局部

Ⅱ型 耳套造型简略，仅在双耳至下颌处用两条系带作为表示。此型见于金乡县主墓出土的女立俑（见图 2-4），西安美术学院博物馆藏的女立俑（见图 2-5）。

Ⅲ型 耳套制作较为精致，造型与Ⅰ型较为相似，但其系带纤细，并在双耳处附有动物皮毛作为装饰，此型仅见于李邕墓壁画出土的仕女形象中（见图 2-6）。

从目前收集的资料来看，Ⅰ型耳套双耳处耳罩较大，系带较粗，皆见于男装女俑或胡人俑中，带有男性服饰的色彩，Ⅱ、Ⅲ型耳套双耳处的耳罩较小或被发髻掩盖，系带较纤细，皆见于陶俑、壁画中的女性形象，带有女性服饰的特征。综合而言，"耳套"是一种耳部的防风御寒之物，且带有一定的性别特征，就目前能够掌握的材料来看，其在中原地区出现的时间不晚于唐开元十二年（724），并在唐开元年间至唐晚期较为流行。

二　文献中对"耳衣"的记述

"耳衣"，最早见于《才调集》中唐人李廓的《送振武将军》，后代文献对"耳衣"的解释皆源于此。《送振武将军》诗云："叶叶归边骑，风头万里干。金装腰带重，铁缝耳衣寒。芦酒烧蓬暖，霜鸿捻箭看。黄河古戍道，秋雪白漫漫。"其中"铁"字文中夹注又作"锦"。[1] 原诗究竟作"铁"，还是作"锦"，已无从考证，但从后代各文献大多使用"锦缝耳衣寒"的说法。[2]

1　（五代）韦縠：《才调集》卷一，《四部丛刊》影印述古堂本。

2　《才调集》《才调集补注》《全唐诗》中皆有"锦"和"铁"两种版本，参见（五代）韦縠《才调集》卷一，《四部丛刊》述古堂景宋钞本；参见（五代）韦縠《才调集补注》卷一，（清）殷元勋笺注，宋邦绥补注，清乾隆五十八年宋思仁刻本；（清）彭定求等《全唐诗》卷四百七十九，中华书局，1960，第 5457 页。《文苑英华》《唐诗纪事校笺》《升庵诗话新笺证》《蕉轩随录》《清稗类钞》等皆使用"锦缝耳衣寒"版本，参见（宋）李昉等《文苑英华》卷三百《军旅》，中华书局，1966，第 1532 页；（宋）计有功《唐诗纪事校笺》卷第六十，王仲镛笺注，中华书局，2007，第 2039 页；（明）杨慎《升庵诗话新笺证》，王大厚笺证，中华书局，2008，第 877 页；（清）方濬师《蕉轩随录》卷五《耳衣》，中华书局，1995，第 176 页；（清）徐珂《清稗类钞》第一三册《耳套》，中华书局，2010，第 6199 页。

《送振武将军》是一首军旅题材的送别诗，诗中使用"边骑""风头""霜鸿""戍道""秋雪"等词营造寒冷、萧瑟的气氛。诗中颔联写"金装腰带重，锦缝耳衣寒"，是在描写振武将军出行前的装束，其中提到"耳衣"，在这里仅凭诗中的描述无法断定"耳衣"究竟为何物，但大致可以推断是一种取暖用具。

在古代服饰的命名当中，常使用身体部位的名称加"衣"字来作为服饰的名称。"韈"是古人袜子的名称，《说文解字》称"韈"为"足衣"。[1] 唐代也有类似的例子，《大唐元陵仪注》载："内有司奉盘水升堂，嗣皇帝出，盥手于帷外……去巾加面衣讫，设充耳，着握手及手衣，纳舄，乃袭。既袭，覆以大敛之衾。乃开帷，内外俱入，复位哭。"[2]《大唐元陵仪注》记载了丧葬礼仪中死者的面部要去巾加面衣，手部要着握手及手衣，但是面衣不仅仅用于丧事，平日也可以使用，如《晋书·惠帝纪》载："寒甚，帝堕马伤足，尚书高光进面衣，帝嘉之"[3]，又《大慈恩寺三藏法师传》："讲讫，为法师度四沙弥以充给侍。制法服三十具。以西土多寒，又造面衣、手衣、靴、韈等各数事。"[4] 由此可见，耳衣的性质大致与面衣、足衣、手衣相似，应是一种用于耳部的服饰。

李廓是唐元和年间进士，累官颍州刺史，《新唐书》载："子廓，第进士，累迁刑部侍郎。大中，拜武宁节度使，不能治军。"[5] 又《全唐诗话·李廓》载："廓，李程之子也。登元和进士第。大中中，拜武宁节度使，不能治军……大中末，累官至颍州刺史，再为观察使。"[6] 这首诗是李廓为送行"振武将军"所作，但整首诗均未提及"振武将军"的名号，所以我们无法直接确认振武将军的身份。李廓大致生活在8世纪末至9世纪中叶，通过翻阅文献，这个时间段内只有唐左神策大将军李泳较为符合诗中"振武将军"的身份。[7]

---

1 《说文解字》："韈，足衣也。"参见（汉）许慎《说文解字》，徐铉等校定，中华书局，1985，第175页。

2 （唐）杜佑：《通典》卷第八十四《凶礼》，第2270页。

3 （唐）房玄龄等：《晋书》卷四《惠帝纪》，中华书局，1974，第103~104页。

4 （唐）慧立等：《大慈恩寺三藏法师传》卷一，孙毓棠、谢方点校，中华书局，2000，第21页。

5 （宋）欧阳修、宋祁：《新唐书》卷一百三十一《宗室宰相列传》，中华书局，1975，第4512页。

6 （南宋）尤袤：《全唐诗话》卷五，明万历十三年张鹗翼伊蔚堂刊本。

7 《旧唐书·文宗本纪》载："（大和元年）九月庚申朔……甲戌，以左神策大将军、知军事李泳为单于都护，充振武麟胜节度使。"通过上述记载可以得知，李泳在大和元年（827）曾担任左神策大将军，说明其人居长安。李廓在宝历年间（825～827）担任鄠县（今西安鄠邑区）尉，说明其人活动范围亦在长安附近，《唐才子传》记载："宝历间，李廓出为鄠县尉。姚合于宝历间任监察御史，留台东都，李廓赴任时，姚合与无可于洛阳送之。无可《冬夜姚侍御宅送李廓少府》（《全唐诗》卷八一三）记其事。"同时李廓诗中又言"秋雪"，与《旧唐书》对李泳的记载时序相合，因此《送振武将军》即李廓为送别李泳所作。李泳事迹参见（后晋）刘昫等《旧唐书》卷十七《文宗本纪》，中华书局，1975，第527页；李廓事迹参见（元）辛文房《唐才子传校笺》第五册，陈尚君、陶敏补正，中华书局，1995，第129页。

振武将军李泳在临行前佩戴有"耳衣",恰巧被前来送行的李廓看见,并将其写在了诗中。通过同时代名物的对比,可以推断"耳衣"是一种耳部的御寒之物。根据晚近文献,此处"耳衣"应与后世的"暖耳""耳套"差别不大。如《清稗类钞》中记载商肆用棉或毛皮制成的耳套即为耳衣,引唐李廓《送振武将军》作"耳衣"注:"燕、赵苦寒,朔风凛冽,徒行者两耳如割,非耳衣不可耐。肆中有制成者出售,谓之耳套,盖以棉或缘以皮为之也",徐珂引唐李廓《送振武将军诗》作注:"'金装腰带重,锦缝耳衣寒。'则自唐已有之矣。"[1]《蕉轩随录》中也有类似的记载:"耳衣即今北地冬月所用耳套。"[2]

上文所述的"耳套"是耳部的防风御寒之物,流行的时间大致在唐开元年间至唐晚期,而《送振武将军》成诗于9世纪初,诗中提及的"耳衣",亦是一种冬天耳部的御寒之物。由此观之,陶俑及壁画中人物所系"耳套"的时代、形制及用途符合"耳衣"的相关记载,应当就是文献中所提及的"耳衣"。

三 耳衣来源的推测及相关问题

根据目前掌握的资料,笔者尚无法对"耳衣"的来源做出准确的论断。西安南郊唐墓 M31 中出土有系"耳衣"的三彩胡人俑,并且与同出的三彩胡人牵驼俑、三彩载物骆驼、三彩胡人骑驼俑构成了一幅胡人商队的场景,从这点来看,"耳衣"或许与"胡人"有一定的联系。

《新唐书·五行志》记载:"天宝初,贵族及士民好为胡服胡帽"[3],同卷又载:"太尉长孙无忌以乌羊毛为浑脱毡帽,人多效之,谓之'赵公浑脱'。"[4]可见胡帽在唐代社会中是较为流行的。所谓胡帽,最典型的即尖顶帽,唐代的壁画和陶俑中,能够看到这种帽子的形象,其中有一类带护耳的尖顶帽,帽身两侧的护耳不仅具有装饰性,而且还有一定的御寒效果。开元六年(718)韦顼墓石椁线刻有一幅带尖顶帽的侍女像(见图 3-1),尖顶帽两侧的护耳上翻,并且绣有草叶纹装饰,敦煌壁画中也有类似的图像,莫高窟 159 窟《维摩经变》中吐蕃赞普的侍从也戴有一顶有护耳的尖顶帽(见图 3-2),但其护耳下翻,将发髻包裹在帽内,令胡帽更具有装饰效果。[5]这类尖顶

1 (清)徐珂:《清稗类钞》第一三册《耳套》,第 6199 页。

2 (清)方濬师:《蕉轩随录》卷五《耳衣》,第 176 页。

3 (宋)欧阳修、宋祁:《新唐书》卷三十四《五行志》,第 879 页。

4 (宋)欧阳修、宋祁:《新唐书》卷三十四《五行志》,第 878 页。

5 孙机先生在《唐代妇女的服装与化妆》一文,对韦顼墓石椁线刻侍女、莫高窟 159 窟吐蕃赞普侍从所戴尖顶帽有详尽的论述。参见孙机《中国古舆服论丛》(增订本),上海古籍出版社,2013,第 225~226 页。

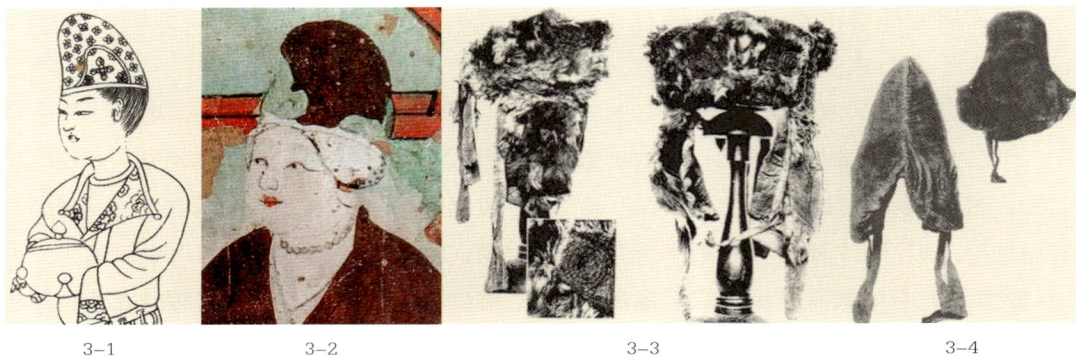

图 3

3-1 韦顼墓石椁线刻侍女；3-2 莫高窟 159 窟东壁壁画吐蕃赞普的侍从；3-3、3-4 诺音乌拉 6 号墓出土的胡帽

帽广泛流行于欧亚大陆的北方草原民族中，也成为汉唐时期表现胡人服饰的典型图像，公元前后匈奴人墓葬中曾发现过这类帽子的实物，如蒙古人民共和国诺音乌拉 6 号墓出土有两顶带护耳的帽子，一顶是皮帽（见图 3-3），一顶是丝帽（见图 3-4），两顶帽子两侧都带有护耳，且护耳的下端各有两条系带。

隋唐时期，尖顶帽的形象大量出现在陶俑、壁画当中，其中带护耳的尖顶帽、皮帽是胡人最常见的御寒之物，也是唐人着胡服时最时尚的搭配之一，但在唐人的日常服饰中，这类胡帽却因自身的造型特点不能够与之相配，也无法满足唐代女性服饰的需求。从功用上来说，耳衣与尖顶帽护耳有相似之处，两者都具备御寒防风的功能，但总体来说，两者之间还存在较大差别，不能混为一谈。耳衣与尖顶帽的

"护耳"相较，其体积小巧美观，在满足基本御寒需求的同时，也更加符合唐人的日常需求。其实唐代耳衣与带护耳的尖顶帽，亦犹如后世的棉帽与耳套，但唐代胡服胡帽的流行，也在一定程度上推动了"耳衣"等新颖服饰的出现。

值得一提的是，"耳衣"的形象还出现在唐代女性的服饰装扮中，在男装女俑、女立俑、墓室壁画的仕女图中都发现唐代女子系"耳衣"的形象。

金乡县主墓出土的着胡服的女俑、西安美术学院博物馆藏的穿袍服的女俑皆系有耳衣，且双耳处耳罩较大，系带较粗，与西安南郊唐墓 M31 胡人俑所系耳衣一致，较多的带有男性服饰的色彩。《新唐书·车服志》记载："开元中，初有线鞋，侍儿则着履，奴婢服襕衫，而士女衣胡服……"[1] 又《新唐书·五行志》记载："天宝

---

1 （宋）欧阳修、宋祁：《新唐书》卷二十四《车服志》，第 531 页。

初，贵族及士民好为胡服胡帽，妇人则簪步摇钗，衫袖窄小。杨贵妃常以假鬓为首饰，而好服黄裙。"[1] 由此可见，在唐代社会中，妇女着男装是较为普遍的现象，也是一种社会风尚。女子扮男装时，男性服饰更能勾勒出女性身体柔美的曲线，体现女性英姿勃发的一面，"耳衣"作为一种新颖时尚的事物，自然也成了女扮男装时的一种搭配。

李邕墓壁画中的仕女则展现出"耳衣"女性化的一面，壁画中仕女所系的耳衣，两侧各附有一条红色的皮毛，双耳至下颌处的系带也较为纤细，这样的造型较为美观，也更富有装饰性。

结　语

《送振武将军》是唐人李廓所作的一首送别诗，诗中一句"金装腰带重，锦缝耳衣寒"，不仅后代文献多有引用，也让我们窥得唐代社会的一角。通过对考古、博物馆材料与文献的梳理，陶俑、壁画中经常出现的耳套应当就是该诗中提及的"耳衣"，但由于目前所能收集到的资料有限，尚无法对"耳衣"的来源做出合理的解释，只能推测其与胡服、胡帽的流行有一定的联系。同时"耳衣"除了作为男子的装束之外，还出现在唐代女性的服饰装扮中，不仅是唐代女子着男装时的一种选择，也是冬日里新颖时尚的御寒之物。

1　（宋）欧阳修、宋祁：《新唐书》卷三十四《五行志》，第879页。

图像证据的证明、诠释与甄别："礼部评验书画关防"印考 *

■ 李万康（华东师范大学美术学院）

　　图像证据具有独特的文献价值，在史学研究中已引起重视。但正如彼得·伯克所说："虽然像文本证词一样，图像提供的证词也提出了背景、功能、用语和收集（事隔多久才收集的）以及是否间接作证等问题，但相比而言，可视证据的考证还不够发达。"[1] 尤其传世文物中的图像证据的甄别、考证及其文献价值的挖掘依然不够，学界面临的一个共同问题是：以"人"为传承媒介的传世文物，存在大量真伪难辨的赝伪图证。倘若对图像证据的真实性不加论证而直接采信，很容易被其中的虚假图像所误导，对历史做出错误阐释。所以，甄别和考证传世文物中的可信性图像证据，是史学研究中的一项基础性工作。本文即以中国古代典籍书画中的"礼部评验书画关防"一印为例，论证该印作为历史证据的真实性，探讨其产生的历史背景和具体功能，甄别可信性图像证据，以期对传世文物中的图像证据的考证有所帮助。

一　"礼部评验书画关防"一印的从属时代

　　关防印是中国古代官印中的一大印种。《辞海》解释这类官印的使用最早"始于明初"，"取关防严密之意"[2]，往往针对差遣事务临事颁发，是新设官职和差遣官的重要身份凭证之一，亦是其处理政务、钤盖公文的主要凭据。[3] 这类印章的钤盖通常表示：经确认，事无伪诈。

* 本文系文化部文化艺术科学研究项目"项元汴鉴藏印与千字文编号研究：兼论中国古代书画编号与半印关防"（编号：14DF37）的阶段性成果。

1　〔英〕彼得·伯克：《图像证史》，杨豫译，北京大学出版社，2008，第10页。

2　辞海编辑委员会：《辞海》（第六版），上海辞书出版社，1989，第759页。

3　参见张纪伟《明代的关防》，《历史档案》2016年第1期，第55~60页。

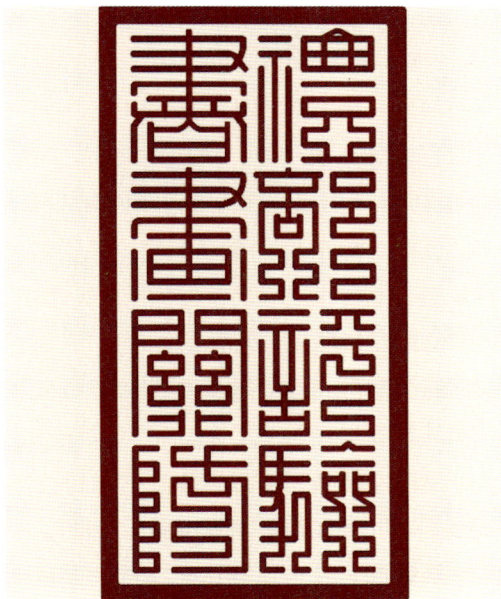

图 1 "礼部评验书画关防"
（长约 6.6 厘米，宽约 3.3 厘米，据中国国家图书馆藏《资治通鉴》
元魏天祐刻本所钤诸印复原）

"礼部评验书画关防"一印是现存书画典籍中以图像形态出现的关防印（见图1），从属时代不详。傅申先生断为"明代官印"。[1] 单国强先生进一步推测："'礼部评验书画关防'大印，或单钤，或与'司印'同钤，可能是礼部从府库提出书画进行评验时所盖，时间亦在明初。"[2] 他的依

据可能来自洪武九年（1376）朝廷颁布的一道"议用半印勘合、行移、关防"的政令。[3] 这道政令能够解释为什么馆藏传世书画中的"礼部评验书画关防"一印多数是半印。

但将该印定为明代官印与史实不符，因为明代官印尺寸有统一标准。[4] 首先，关防印的颁发范围和尺寸在《大明会典》中规定："总制、总督、巡抚等项，并镇守及凡公差官，铜关防，直钮，阔一寸九分五厘，长二寸九分。"[5] 而"礼部评验书画关防"一印宽约 3.3 厘米，长约 6.6 厘米，折明尺宽约九分七厘，长约一寸九分四厘[6]，印面尺寸明显比明制关防印要小。其次，明代关防印采用"九叠篆"文，考古实物显示关防印的篆法统一[7]，然而借助实物，与同样采用"九叠篆"的"礼部评验书画关防"一印比较"关防"二字，发现其篆法截然不同（见图2）。最后，明代中央仓库凡有物料和上供用品进纳，必须经过验收才能入库，但大部分时期并未使用入库验收关防印，仅于万历四年（1576）为工部虞衡司验试厅铸过一枚关防

1　傅申：《元代皇室书画收藏史略》，台北"故宫博物院"，1981，第 95 页。

2　单国强：《古书画史论集续编》，浙江大学出版社，2013，第 51 页。按："司印"指"典礼纪察司印"半印。

3　（明）邓士龙辑《国朝典故》卷四《国初事迹》，许大龄等点校，北京大学出版社，1993，第 104 页。

4　（明）俞汝楫编《礼部志稿》卷二四《印信制度》，《景印文渊阁四库全书》第 597 册，台湾商务印书馆，1983，第 456~458 页。

5　（明）申时行等修《大明会典》卷七九《印信》，《续修四库全书》第 790 册，上海古籍出版社，1995，第 428 页。

6　"礼部评验书画关防"一印的印面长宽，按明制裁衣尺折算。明制裁衣尺一尺折今约 34 厘米。参见丘光明编著《中国历代度量衡考》，科学出版社，1992，第 104 页。

7　参见萧明华《云南昆明五华山出土明代官印》，《文物》1999 年第 7 期，第 78~80 页。

印，由工部札委司掌管。[1]《礼部志稿》亦载，正德十年（1515）礼部为各提调学校官铸造过一枚关防印[2]，嘉靖四十四年（1565），又铸"肃府管理府事关防"一印[3]，此外就再没有铸给其他关防印了。

图 2 "湖广靖州卫守御城步正千户所千户张关防"拓片（明弘治　见丁中炎、魏人栋《湖南城步苗族自治县发现明代玉印》，《考古》1986 年第 1 期，第 93 页）

（长约 9.5 厘米，宽约 5.5 厘米，湖南城步苗族自治县县档案馆藏）

明初礼部奉旨访求遗书，据朱彝尊《经义考》云："明永乐间……命礼部尚书郑赐择知典籍者，四出购求遗书……郑赐当时官礼部，董其事。或所采之书，钤以礼部官印。"[4] 可见礼部所购典籍钤有礼部官印，但据古籍书目和遗存实物，该印是一方篆有"礼部官书"字样的朱文长方印，钤印位置多在卷首（见图 3）。[5] 而"礼部评验书画关防"一印在典籍中的钤盖位置无一例外都在册尾卷末。加之清代关防印以满、汉两文铸造，所以逻辑上"礼部评验书画关防"一印当系元代官印。当然，事实也是如此。元官印据出土实物，字紧行疏不局促，篆文折叠圆润，富于变化，边框较宋官印略宽，较明官印要窄（见图 4）。"礼部评验书画关防"一印与元代出土官印的边框与风格全然吻合。更重要的是，《元典章》对官印规格有明确规定，参照礼部"印章"条下所记"印章品级分寸料例"[6]，"礼部评验书画关防"一印长约 6.6 厘米，折元尺一寸九分[7]，与礼部员外郎从六品职

---

1 （明）申时行等修《大明会典》卷二〇七《验试厅》，《续修四库全书》第 792 册，第 456 页。按，验试厅创于嘉靖二十八年（1549）。

2 （明）俞汝楫编《礼部志稿》卷二四《考法》，《景印文渊阁四库全书》第 597 册，第 447 页。

3 （明）俞汝楫编《礼部志稿》卷七七《给"肃府管理府事关防"》，《景印文渊阁四库全书》第 598 册，第 352 页。

4 （清）于敏中等《天禄琳琅书目》卷二《宋版史部》，载《清人书目题跋丛刊》十，中华书局，1995，第 30 页。

5 钤有"礼部官书"的古籍善本较多，如《通鉴纪事本末》"每卷首末有'礼部官书'朱文长印"（于敏中等：《天禄琳琅书目》卷二《宋版史部》，第 29~30 页）；《魏书》宋刊元修明印本，"每卷钤'礼部官书'朱文大印"（傅增湘《藏园群书经眼录》卷三《史部一》，中华书局，1983，第 212 页）；中国国家图书馆藏《南齐书》宋刻宋元明初递修本，各卷首下端也有"礼部官书"朱文长方印。

6 《元典章》卷二九《礼部二·印章》，陈高华等点校，中华书局、天津古籍出版社，2011，第 1039 页。

7 元代官印尺寸，参见杨平《从元代官印看元代的尺度》，《考古》1997 年第 8 期，第 89~90 页。

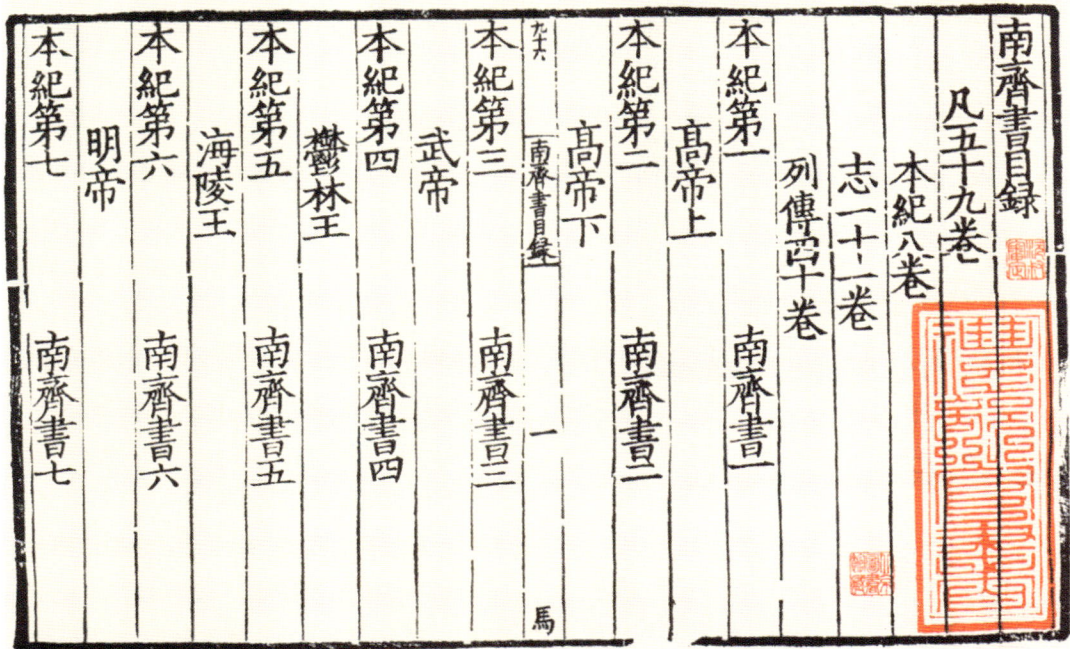

图3 《南齐书》目录页
（宋刻宋元明初递修本，中国国家图书馆藏）

印的规定尺寸相同，说明该印当系礼部员外郎佩印。

与礼部关防印联袂出现的一方"都省书画之印"，亦证明该印属于元代官印。因为都省在南宋为宰相聚议朝政的政事堂，又称"都堂"，置于尚书省。[1] 秘阁入藏典籍书画须报尚书省核验，验毕"用堂印"。[2] "堂印"是一方篆有"尚书省印"字样的朱文叠篆大方印。[3] 到元代，世祖以行省分治天下，中央中书省总领全国政务，亦称"都省"，下领礼部。元灭以后，朱元璋于洪武九年（1376）废除行省制。所以"都省书画之印"属于元代官印无疑。

1　（南宋）王应麟辑《玉海》卷一六一《宫室·宋朝都堂》，江苏古籍出版社、上海书店，1987，第2966~2967页。

2　《南宋馆阁录》续录卷三记秘阁书画庋藏流程如下：书画装裱后，"申都省缴进"，获准后，"编定目本，赴都堂请印"，"用堂印毕"，"降下收藏"，"于画背用秘书省印为识"，入匣收藏。（南宋）陈骙等撰《南宋馆阁录》续录卷三《储藏》，张富祥点校，中华书局，1998，第173、188页。

3　"尚书省印"的尺寸，参见彭慧萍《两宋"尚书省印"之研究回顾暨五项商榷》，《故宫博物院院刊》2009年第1期，第45页。

图4　"管领燕京北京路打捕官之印"[1]

（四边均长6.2厘米，山东济宁博物馆藏）

"都省书画之印"采用元代风靡一时的"圆朱文"[2]，同普通官印用九叠篆文的造法大为不同。该印呈方形，四边均长约3.6厘米，在元代官印规格中缺乏对应尺寸，以往的研究认为它与"礼部评验书画关防"一印分属元、明二朝。但普查钤有"都省书画之印"的典籍书画，发现典籍中该印的钤盖位置在卷首下端，书画中的钤盖位置在本幅上端或左或右；"礼部评验书画关防"一印总是与之呼应，或钤于书籍分册

最后一页，或钤于书画本幅下端。两印一首一尾（见图5），或一上一下（见图6），尊卑秩然，明显属于遵从特定行印格式的同代官印。

既然两印同属元代毋庸置疑，那么，两印到底属于元代哪一图籍庋藏机构的收藏印记呢？元代图籍庋藏机构的设置较为复杂：最早于太宗八年（1236），立平阳经籍所；至元四年（1267），经籍所迁往京师，更名宏文院，不久，院罢立兴文署；至元九年（1272）十一月，设秘书监，"掌历代图籍，并阴阳禁书"[3]；天历二年（1329）三月，文宗在兴圣宫又建奎章阁，下设群玉内司和艺文监（辖艺林库），分掌秘玩古物和书籍，"凡墨本悉识以'天历之宝'，或加用'奎章阁宝'"。[4]鉴于现存典籍书画，仅《资治通鉴》元魏天祐刻本有明确纪年：该书于至元二十八年（1291）在福建刻成，不久解送大都。[5]此前，于至元十四年（1277）正月，中书左丞张文谦上书："经史子集、典故文字、阴阳禁书、书画宋神容，俱系秘书监合行收掌。如别衙门遇有合捡阅书籍，立收附于秘书监关

1　元代"管领燕京北京路打捕官之印"拓片，见武健《山东济宁出土元代官印》，《文物》1993年第12期，第89页。

2　清人陈炼称赵孟頫善作"圆朱文"："其文圆转妩媚，故曰'圆朱'，要丰神流动，如春花舞风，轻云出岫。"[（清）陈炼：《秋水园印说》，黄宾虹、邓实编《美术丛书》初集第四辑，浙江人民美术出版社，2013，第123页]"都省书画之印"的篆法可能受赵孟頫影响，甚或印文由他所书亦未可知。

3　（清）钱大昕：《元史艺文志》第一，田汉云点校，《嘉定钱大昕全集》第5册，江苏古籍出版社，1997，第1页。

4　（元）黄溍：《文献集》卷四《题跋·恭跋御书奎章阁记石刻》，《景印文渊阁四库全书》第1209册，第331页。奎章阁不受中书省管辖，其地位参见姜一涵《元代奎章阁及奎章人物》，台北联经出版事业公司，1981，第62~65页。

5　《资治通鉴》元刻本的刻成时间，见《中华再造善本》影印《资治通鉴》元刻本魏天祐书序，北京图书馆出版社，2004。

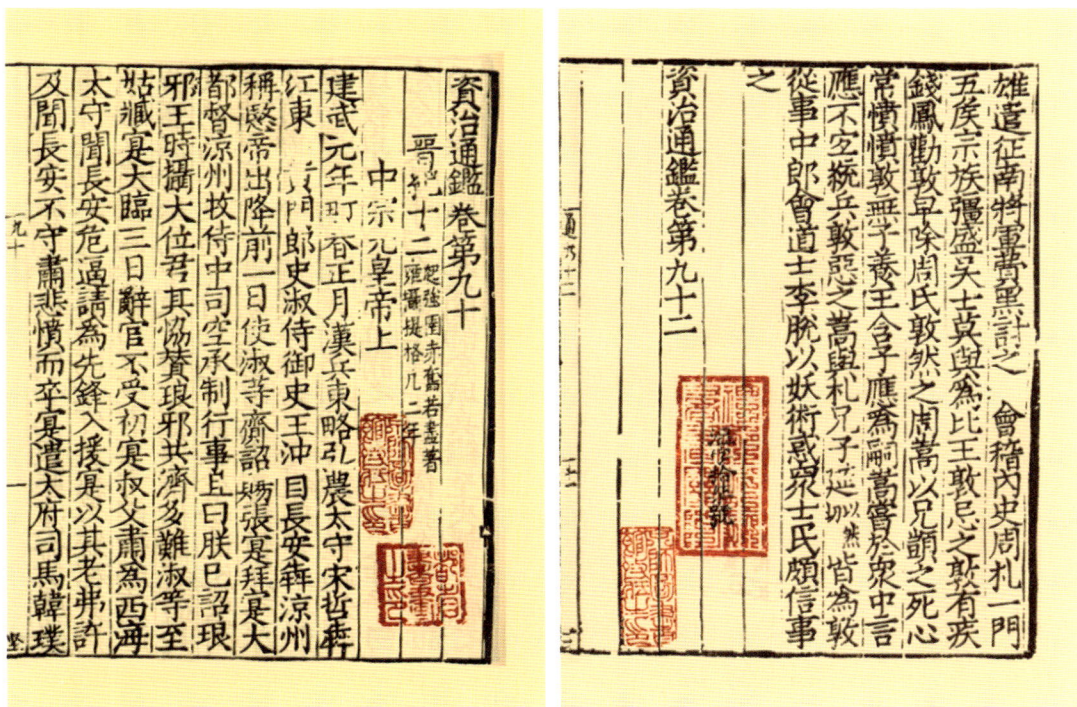

图 5 《资治通鉴》元魏天祐刻本
（框高 24.9 厘米，宽 19 厘米，中国国家图书馆藏）

取"。世祖准奏。[1] 所以，《资治通鉴》当依例交秘书监收管，由此可见，"都省书画之印"和"礼部评验书画关防"系秘书监图籍庋藏印记无疑。

元代官印有"御宝""印信""长条印"和"木朱印"之分，"礼部评验书画关防"在元代官印体系中，属于"长条印"。[2] 陶宗仪云："北齐有木印……腹下隐起篆文，曰'督摄万几'，惟以印籍缝。今骑合缝条印，盖原于此。"[3] 可见元代官衙普遍用条印作合缝章。如至元二十九年（1292）正月，户部颁令："若是丝绵等物，两平秤盘，如是宝钞，仔细检数，或是疋帛，托量长阔两头，俱用条印关防讫。"[4] 这条法令明确规

1　（元）王士点、商企翁编《秘书监志》卷六《秘书库》，高荣盛点校，浙江古籍出版社，1992，第 109 页。按：原载"张左丞奏"，据《元史·廉希宪》载，至元十四年（1277）五月，"中书左丞张文谦与之廷辨"［（明）宋濂等：《元史》卷一二六《廉希宪》，中华书局，1976，第 3095 页］，可知张左丞为张文谦。

2　（元）徐元瑞：《吏学指南》（外三种）卷二《玺章》，杨讷点校，浙江古籍出版社，1988，第 35 页。

3　（元）陶宗仪：《南村辍耕录》卷三〇《印章制度》，中华书局，1959，第 372 页。

4　《通制条格》卷一四《仓库》，黄时鉴点校，浙江古籍出版社，1986，第 158 页。

图6 宋人《渔乐图页》
（绢本设色，纵 23.7 厘米，横 25 厘米，北京故宫博物院藏）

定府库关防用条印。1983 年 5 月，湖南宁远县出土一枚"宁远务"铜印，正中有阳刻八思巴文字。[1] 蔡美彪先生译释八思巴文为"关防课税条印"，用于关防查验。[2] 亦以实物证明元代关防印的基本形制为条形。

元代文武百官铸给条印的范围不详。《南台备要》记至元十四年（1277）江南行御史台所用印信："行御史台行使银印一颗……都事印一颗，监察御史印一十颗，刷卷条印一十颗，承发司印一颗，架阁库印一颗。"[3] 江南行御史台简称"南台"，由台院和察院构成，察院"置监察御史十员"[4]，故监察御史人手佩职印和刷卷条印各一。现存典籍书画中的礼部关防印，与刷卷条印的属性相同，加之礼部所设正官以员外郎品阶最低，从六品，员额两名[5]，而监察御史正七品，亦是御史台品阶最低的职官。[6] 所以，倘若监察御史人手两印是官库文卷查究和账簿审计官员通行的配印惯例，那么礼部员外郎同样应该人手各持一颗职印和一颗关防条印。

典籍中出现的元代关防印，其实不止"礼部评验书画关防"一方。叶德辉《书林清话》卷八记：《陆集》、宋本《王状元集诸家注分类东坡先生诗集》二十五卷、《纪年录》一卷，卷中有'庆元路提学副使邵晒理书籍关防'。[7]《拜经楼藏书题跋记》卷五亦记，宋刻王十朋《集百家注东坡先生诗集》"卷首有'庆元路提学副使晒理书籍关防'"。[8] 这两方书籍关防印略有差异，尽

1 周九宜：《湖南宁远出土一枚铜质八思巴文"宁远务"官押》，《文物》1993 年第 6 期，第 88 页。

2 蔡美彪：《元宁远务关防课税条印音释》，《文物》1995 年第 7 期，第 69 页。

3 （元）刘孟琛等撰《南台备要》卷一，《四库全书存目丛书》第 257 册，齐鲁书社，1996，第 3 页。

4 （明）宋濂等撰《元史》卷八六《百官二》，第 2179 页。

5 在秘书监设立前一年，礼部与吏部并为吏礼部，员外郎四名，至元十三年（1276），又另立礼部。至元二十三年（1286），"六部尚书、侍郎、郎中、员外郎定以二员为额"。《元史》卷八五《百官一》，第 2136 页。

6 （明）宋濂等撰《元史》卷八六《百官二》，第 2178 页。

7 （清）叶德辉：《书林清话》卷八《宋元明官书许士子借读》，台北世界书局，1984，第 224 页。

8 （清）吴骞撰、吴寿旸辑录《拜经楼藏书题跋记》卷五《王梅溪集百家注东坡先生诗集》，上海商务印书馆，1939，第 116 页。

管难以做真伪判断[1]，但可以确定的是，以"关防"二字作属性词定义条印的特制关防印，定型于元代。明代关防印只是在此基础上进一步将其发展为一个独立印种。

二 秘书监图籍庋藏关防

由礼部掌管的"礼部评验书画关防"一印，属于监事类官印。围绕该印，除其从属时代与官印属性之外，还有诸多与元代图籍庋藏管理制度相关的重要问题需要探讨，其中一个问题是：秘书监入藏典籍书画，是否必须由礼部用印关防？记载元代秘书监事务的《秘书监志》虽然没有述及本监图籍庋藏关防，但书中收录的移交文书和相关记载隐晦地提到了关防事宜。

（一）黏连入卷，用印关防

《秘书监志》由著作郎王士点和著作佐郎商企翁承事编集，书中大约有 127 个

"关"字，多指同级衙门间的通报和询事关文，涉及吏户礼兵刑工六部，"礼部关"最多，"刑部关"最少，可见秘书监与礼部往来频繁。但部分"关"字非指关文，比如有一道发于至大二年（1309）十二月的礼部关文，要求秘书监收取《宝元天人祥异》《宋天文》等"天子亲览禁秘之书"。《秘书监志》记曰："黏连到所关书籍七部。"[2]这里的"关"字显然不是指关文。据王与《无冤录·格例》记尸帐关防云："听将原检尸帐权且黏连入卷，用印关防。"[3]可见"黏连"与"关"的完整表述，是指"黏连入卷，用印关防"。

《秘书监志》所录移交文书，多有"连"字。如元贞二年（1296）十一月，秘书监"黏连到《大一统志》"[4]；至大四年（1311）二月，秘书监奉皇太子令旨，交割书籍 644 部，公文要求"取到秘书库收管，缴连开呈"[5]；延祐六年（1319）冬，中书省检校官担心省部架阁库管理不善，"失于收架"，照得各库所收文卷簿籍诸物，于十二月"连送礼部郎中张朝"，次年五月"依数

1 《拜经楼藏书题跋记》卷五著录"庆元路提学副使晒理书籍关防"一印无"邵"字，是否漏记不得而知。在明刻本中，印文雷同的书籍关防印还有一枚"隆庆壬申夏提学副使邵囗晒理书籍关防"，如王俅《王文肃集》十二卷，"卷前有'隆庆壬申夏提学副使 / 邵囗晒理书籍关防'"〔（清）翁方纲：《翁方纲纂四库提要稿》补编，上海科学技术文献出版社，2005，第 1251 页〕；《资治通鉴、考异》嘉靖二十四年孔天胤杭州刊本，钤有"隆庆壬申夏提学副使邵囗晒理书籍关防"（傅增湘：《藏园群书经眼录》卷三《史部一》，第 235 页）。这枚明代关防印有仿刻之嫌，真伪存疑。

2 （元）王士点、商企翁编《秘书监志》卷五《秘书库》，第 102 页。

3 （元）王与：《无冤录》卷上《格例》，黄时鉴辑点《元代法律资料辑存》，浙江古籍出版社，1988，第 142 页。

4 （元）王士点、商企翁编《秘书监志》卷四《纂修》，第 81 页。

5 （元）王士点、商企翁编《秘书监志》卷五《秘书库》，第 94~95 页。

交付秘书监"。[1] 这类带有"连"字的结语在公文中普遍使用始于北宋[2]，学界对此很少有解释。据南宋绍兴六年（1136）十月，右司谏王缙向宋高宗报告交钞推行弊情，他说道："州县和籴关子，勘合缴连，多所阻滞。"[3] 由此可知，"连"与两宋推行的勘合制密切相关，专指用印关防后黏连入卷的钤印纸条。这类纸条须入卷上缴，故曰"缴连"或"连送"。

"连"取"连璧"之意，指凭信单据，具体样式未见实物遗存。《大元圣政典章新集至治条例》有一条涉及义仓关防的规定写道："各乡依例设义仓一所……更置粉壁，开写某年厶乡厶人粮米若干。官司另置文簿二扇，依上开写，用印关防。官司收掌一扇，里正收掌一扇。"[4] 这条规定下达于至治元年（1321）二月，条文显示："用印关防"涉及文簿两扇，记账完毕，再骑缝钤印，"官司""里正"各一扇。此前，延祐元年（1314）七月，政府下达市泊管理条例二十二条，第十六条规定："海商贸易物货，以舶司给籍用印关防，具注名件勤数，纲首、杂事、部领、梢工书押。"[5] 以

上规定都强调关防文簿必须具注事目。秘书监庋藏关防当然也不例外。如至治元年（1321）七月，秘书监奉旨接收"三颗玉宝，一颗象牙宝"，清单各有备注，其中一条云："宋皇帝宝，象牙素纽一颗，上有裂璺。"[6]《秘书监志》记载的其他清单亦与此类似。

从现存书画中礼部关防印的钤盖格式看，秘书监书画庋藏关防的具体形式应该是：置条形空纸（可能由礼部统一下发）与书画本幅一侧首尾相接，骑缝钤盖礼部关防印，书画留半印，空纸留半印；纸上注明品名、来源和完好程度等准确无误的相关事目，完成后再整理纸条，粘入相应卷宗，以备勘照。书籍和其他器物的关防形式大概与此相似，不会有根本变化。

（二）"缴连开呈"与"乞照详事"

《秘书监志》没有专文交代本监收储典籍书画及档案等物的具体流程，以及所要履行的主要手续，但相关文书不同程度地透露了本监图籍庋藏管理的相关制度。如《秘书监志》记：

1　（元）王士点、商企翁编《秘书监志》卷五《秘书库》，第99页。

2　如嘉祐二年（1057），欧阳修《论梁举直事封回内降札子》结语为"谨具状缴连进纳"［（北宋）欧阳修：《文忠集》卷一一一《奏议十五·翰苑》，《景印文渊阁四库全书》第1103册，第135页］；苏辙《申三省论张颉状》结语为"谨缮写缴连申上"［（北宋）苏辙：《栾城集》卷四〇《右司谏论时事十七首》，曾枣庄、马德富校点，上海古籍出版社，1987，第893页］。

3　（南宋）李心传编撰《建炎以来系年要录》卷一〇六"绍兴六年冬十月庚申"，中华书局，1956，第1726页。

4　《元典章》附录《大元圣政典章新集至治条例·户部·仓库》，第2088页。

5　《通制条格》卷一八《关市》，第236页。

6　（元）王士点、商企翁编《秘书监志》卷五《秘书库》，第102页。

至大四年二月初六日，有速古儿赤贵僧、只纳失里校书、焦校书赴监，传奉皇太子令旨，二月初五日，八海怯薛第三日，隆福宫西棕毛殿东耳房内有时分，对亦里赤詹事、速古儿赤贵僧，特奉皇太子令旨："把我看的文书都教般将秘书监里去者。"敬此。与盛少监、王少监一同交割到书籍六伯四十四部，计六千六伯九十八册，内七部纸褙计二伯七十一册，乞照详事。得此。施行间，今准礼部关：奉中书省札付：詹事院呈，太子校书呈：照得元收管书籍图画，内除节次，敬奉令旨："应有的图画并手卷都与哈海赤司徒者，其余的文书尽数交割与秘书监家好生收拾者，休教损坏了。"敬此。今将给赐各官并交割，与秘书监书籍各各数目，就取到秘书库收管，缴连开呈。[1]

上文结构较复杂。围绕皇太子爱育黎拔力八达所阅书籍的交割，前后出现了令旨、呈状、札付、关文和申等五道公文。呈状是移交前最重要的一道公文[2]，它同其他移交文书一样，也有一句包括"连"字的交代语。正如前述，"连"是指用印关防后留有半印并具注书名、册数和完整程度等备案信息的签贴，数量大概与书籍数目一致，有644张。这些签贴经过整理，黏连入卷，形成移交清单，黏附于皇太子令旨之后，以呈状形式由詹事院和太子校书递交都省审核。都省批复后，连带呈状札付礼部。礼部附呈状和都省札付，再行关文，通知秘书监接收书籍。至大四年（1311）二月初五，皇太子正式下旨搬书。次日，速古儿赤贵僧、校书郎只纳失里和焦校书赴秘书监传旨，并会同两位秘书少监，对照清单，交割书籍644部，共计6698册。交割后，秘书监又持公文并附令旨、呈状、札付和关文等前期手续，"乞照详事"。

"乞照详事"是秘书监申请都省复核的呈文结语，类似表述还有"申乞照验""具呈照详"等。这类公文结语表示秘书监收下典籍书画等物之后，还要经都省复核，才能下秘书库编号收储。所以从秘书监接收典籍书画等物的整个流程和手续看，"礼部评验书画关防"一印是由原管方在拟造移交清单时钤盖，"都省书画之印"则是在移交后的都省复核环节钤盖。两印代表了典籍书画等物在入藏秘书库之前必须履行的两大监管程序。移交之后，典籍书画等物是否加盖秘书监监印，史籍乏载。史书

1　（元）王士点、商企翁编《秘书监志》卷五《秘书库》，第94~95页。

2　《秘书监志》记载的呈状来自不同机构和官员，如大德三年（1299）三月，归附等军万户府备移刺重喜呈玉印一颗，先送礼部，礼部差铸印局辨认，系汉篆"内府图书之印"，铸印局开单并拟呈状（《秘书监志》卷五《秘书库》，第101页）；延祐七年（1320）五月，秘书监奉命接收省部架阁库所藏文卷簿籍诸物，当时移交清单由中书省检校官拟呈（《秘书监志》卷五《秘书库》，第99页）。

中有明确记载的书画钤印，只有一方"至正珍秘"小玉印，刻于元朝灭亡前的至正九年（1349）六月[1]，这方印章在传世书画中杳无踪迹。据南宋庆元五年（1199）杨王休云，秘阁书画"用堂印毕，仍于画背用秘书省印为识"。[2]加之黑水城出土的元代亦集乃路总管府架阁库档案残件，同样钤有"亦集乃路总管府"元国书方印。[3]所以，继承南宋秘阁庋藏制度并遵从元代架阁库管理规则的秘书监，凡入藏书画典籍等物，理应循例钤盖象征管理权的"秘书监印"。[4]其中，庋藏书画的钤印位置很可能也是在画背。

元代秘书库收储图籍档案等物须用条印关防，表明元代继承了南宋官库管理早已施行的"勘合缴连"制度，并将这项制度延伸到了图籍管理领域。此前，《南宋馆阁录》所录秘阁庋藏公文，都没有"缴连"或"照验"等类似表述。如南宋淳熙七年（1180）十月，国史院修成《四朝正史志》，吏部尚书王希吕等言"乞选日进呈"。[5]淳熙十一年（1184）七月，宋太宗《御书飞白秘阁字》和《御制御书秘阁赞、序》二轴，及《皇朝祖宗御书》十卷，装毕入匣欲行进呈，秘书少监沈揆等言"申都省缴进"。[6]这一宋元两代公文表述中的差异，说明南宋秘阁收储尚未出现"黏连入卷，用印关防"的例行程序，还说明元代对秘书库图籍庋藏关防进行了前所未有的改革。这项改革对后世官库图籍庋藏制度产生了深远影响。元亡以后，明承元制，典礼纪察司收储历代法书名画依然沿用半印关防，钤盖"典礼纪察司印"半印。虽然所用官印非条形关防印，但关防契勘的原理没有变化。到近代，半印关防仍有使用。[7]

秘书监施行"关防—照勘"制的时间不详，大概不会早于至元十六年（1279）。因为秘书监在成立初期，仍沿袭南宋秘阁借阅制[8]，容许在京官员借观刚送到京师的"图书、礼器"。著名学者王恽便于至元十一年（1274）十二月，借览秘书监法书147幅，

1　（明）宋濂等撰《元史》卷四二《顺帝五》，第886页。

2　（南宋）陈骙等撰《南宋馆阁录》续录卷三《储藏》，第188页。

3　参见照那斯图、薛磊《元国书官印汇释》，辽宁民族出版社，2011，第192~193页。

4　秘书监监印造于至元十年（1273），有"秘书监印"和"秘书监之印"一样二颗，"皆铸以铜"，大德九年（1305），监升正三品，印废而易以银。《秘书监志》卷三《印章》，第50~52页。

5　（南宋）陈骙等撰《南宋馆阁录》续录卷四《修纂》，第198页。

6　（南宋）陈骙等撰《南宋馆阁录》续录卷三《储藏》，第173页。

7　参见王菡、阎万钧《国家图书馆的关防与藏书印》，《山西档案》2000年第2期，第38~39页。

8　"南宋秘阁借阅制"见《南宋馆阁录》续录卷三《储藏》，第191~192页。

绘画 81 幅。[1] 数量之多说明秘书监图籍庋藏在早期管理松弛，但不久，到至元十六年三月，秘书监便下令库藏书画"非奉圣旨及上位不得出监"。[2] 之后，秘书监不断颁布新规强化管理，于至元二十五年（1288）三月，设辨验书画直长。[3] 该职的设置表明秘书监已经开始执行"关防—照勘"制了。

三　半印关防与庋藏勘验

礼部关防印在典籍书画中有半印和全印两种格式。最早著录关防半印的鉴藏家是卞永誉，他在《式古堂书画汇考》中记录马远《观泉图》、刘松年《风雨归庄图》和李迪《古木竹石图》，都钤有一方"缺半"的"大长官印"。[4] 后来，安岐在著录王蒙《松路迁岩图》时，亦发现"后下角钤一朱文长条印，惟存边痕"。[5] 虽然卞永誉和安岐因半印难辨，未能指出全印为何，但以各图均有"都省书画之印"判断，"缺半"的朱文长方半印当为"礼部评验书画关防"一印。

目前，已发现有十一幅绘画同时钤盖"都省书画之印"和礼部关防半印，除《揭钵图》裱为长卷外[6]，其余均为宋人图页（见表 1）。其中，钤印最典型的一帧图页是李迪《猎犬图》："都省书画之印"钤于左图额，礼部关防印半钤于左下角，两印一上一下，等级分明（见图 7）。

现存图页中的关防半印属于置外半印，另外一半印面显然以存根形式留于号簿。号簿是登记藏品的原始档案，也是反映藏品保存和流动状况的重要依据。这类号簿未见出土实物。[7] 据《元典章·课程》"盐课"

1　（元）王恽：《玉堂嘉话》卷二，杨晓春点校，中华书局，2006，第 64~69 页;《全元文》卷一七四《王恽八·书画目录序》，江苏古籍出版社，1999，第 163~164 页。按：傅申先生对照王恽《玉堂嘉话》卷二、卷三中的过眼秘书监书目，认为现存孙过庭《书谱》（台北"故宫博物院"藏）、怀素《自叙帖》（台北"故宫博物院"藏）、黄庭坚《书赠张大同卷》（普林斯顿大学艺术博物馆藏）、黄庭坚《行书廉颇蔺相如传》（纽约大都会博物馆藏）、顾恺之《洛神赋卷》传本之一、阎立本《历代帝王图卷》（波士顿博物馆藏）等六件书画，属于王恽所见元秘书监书画（傅申：《元代皇室书画收藏史略》，第 91~92 页）。傅申先生没有阐述他得出这一结论的史料依据，实际上，除了品名相同之外，没有任何资料能够证明这六件书画与王恽所见是同一作品。

2　（元）王士点、商企翁编《秘书监志》卷六《秘书库》，第 109 页。

3　（元）王士点、商企翁编《秘书监志》卷十《题名》，第 205 页。

4　参见（清）卞永誉《式古堂书画汇考》画卷三《历代集册》，浙江人民美术出版社，2012，第 1374 页、第 1375 页、第 1383 页。吴兴蒋氏密韵楼藏本。

5　（清）安岐：《墨缘汇观录》卷四《名画下·历代画册》，《续修四库全书》第 1067 册，第 340 页。

6　元人《揭钵图卷》现藏北京故宫博物院，本幅上端左右两侧各钤一方"都省书画之印"，与该印只钤一方的惯例相悖；同时还出现了"奎章""天历"朱文连珠印各一，与奎章阁使用"天历之宝"和"奎章阁宝"的用印制度亦不符。

7　黑水城出土的元代文书中有两份文书残件，一份是"天字号收米文书"，一份是"杨三宝收米文书"。两份文书共存 14 个右半天字编号，各号右侧记录领取人和收米石数，笔迹相同，说明两纸文书隶属某年"天"字号支米登记簿（《中国藏黑水城汉文文献》第 2 册，国家图书馆出版社，2008，第 253、254 页）。该簿与半印号簿的防伪功能是一致的，但并不是真正意义上的半印号簿，杜立晖认为缺少半印的"天"字号支米登记簿也可称为"半印勘合号簿"，值得商榷（杜立晖：《元代勘合文书探析——以黑水城文献为中心》，《历史研究》2015 年第 2 期，第 162 页）。

序号	品名	省印	条印	藏处
		表1　钤有"礼部评验书画关防"半印的现存馆藏书画一览		
1	（唐）曹元廓（传）《山水图页》	［都省书画之］印	礼部评验［书画关防］	弗利尔博物馆
2	（北宋）崔慤《杞实鹌鹑图页》	［都省书］画［之印］	礼部评验［书画关防］	台北"故宫博物院"
3	（南宋）李迪《猎犬图页》	都省书画之印	礼部评验［书画关防］	北京故宫博物院
4	（南宋）李迪《古木竹石图页》	都省书画之［印］	礼部评验［书画关防］	波士顿美术馆
5	（南宋）萧照《秋山红树图页》	［都］省［书］画［之印］	礼部［评验书画防］	辽宁省博物馆
6	（南宋）贾师古《岩关古寺图页》	都省书画之印	［礼部评验］书画关防	台北"故宫博物院"
7	（南宋）吴炳《竹雀图页》	都省书画之印	礼部评验［书画关防］	上海博物馆
8	（南宋）马麟《春郊回雁图页》	都省书画之印	礼部评［验书画关防］	克利夫兰博物馆
9	宋人《白梅翠禽图页》	都省书画之印	［礼部评验］书画关［防］	克利夫兰博物馆
10	宋人《渔乐图页》	都省书画之印	礼部评验［书画关防］	北京故宫博物院
11	元人《揭钵图卷》	都省书画之印	［礼部评验］书画关防	北京故宫博物院

图7　（南宋）李迪《猎犬图页》

（绢本设色，纵 26.5 厘米，横 26.9 厘米，北京故宫博物院藏）

条记："盐仓从运司置立关防号簿，每号余留空纸半张，印押过，预发诸仓收掌。如承运司勘合，比对元发字号相同，辨验引上客名印信别无诈冒漏落，即于簿上附写

'几年月日，承奉运司几年月日某字几号勘合，放支客人某人盐若干'。"[1]盐仓关防号簿以千字文编号，号下用印关防。与此相似的一份资料是清代同治三年（1864）刻行的《方氏宗谱》卷首领谱字号（见图8），领谱字号前有五行文字说明关防印的钤盖方法和具体功能：

凡各领者，俱将于所得字号下空白处中折压于"总裁"字横列空白处，本名行上书板上下格并齐钤以"方氏宗谱图书"，其领者，惟字号下有后半面钤记，总裁谱号号下皆有前半印钤，斯作伪无所施，而续修者稽查有所据矣。

1　《元典章》卷二二《户部卷之八·课程·盐课》，第826页。

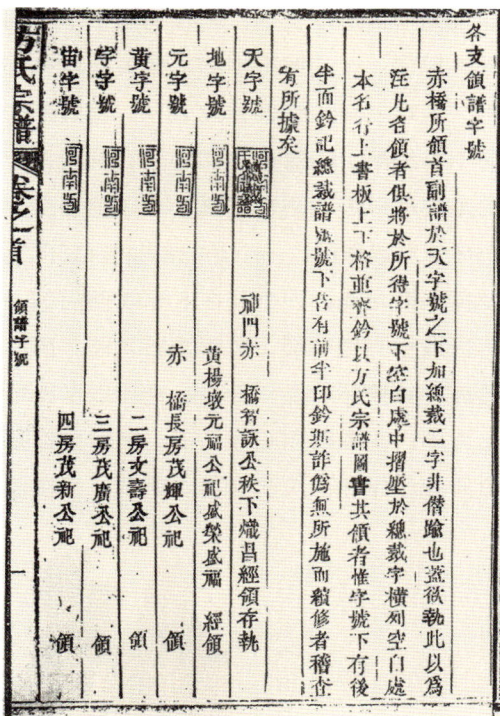

图 8 《方氏宗谱》卷首各支领谱字号
（《中国祠堂通论》，第 352 页）

《方氏宗谱》用千字文编号，领到相应字号的一房，折压字号页到"总裁"二字左侧空白处，对齐上下格，钤盖"河南方氏宗谱"叠篆印，左半印存支谱，右半印存总谱，簿内半印下端注明领谱支房。[1] 这一关防制作方法与最终的号簿形式与史载元代盐仓关防及号簿完全一样。

从现有资料看，秘书监图籍关防号簿与盐仓关防号簿的制作方法和具体样式不尽相同。前者在号簿中的千字文编号下钤盖关防印，而后者据《秘书监志》所载公文中的交代词多以"连"字指代半印纸条推测，在本监号簿中的千字文编号下，应该是一张张很可能"只粘贴上端"以便揭起对验的钤印纸条。[2] 在元代，粘贴号簿较为平常。大德五年（1301），政府颁布京师赈粜之制："令有司取会两城贫乏户口之数，置立半印号簿文帖，各书其姓名口数，逐月对帖以给之。"[3] 这里的"半印号簿文帖"便是指号簿粘以红色纸帖，帖中以户为单位记录家庭成员姓名和人数，灾民领取半印红帖后，政府据号簿存根文帖逐月验对，发放赈粜粮。

秘书监存有半印的号簿由本监典簿厅保管。据元贞二年（1296）二月中书省下发的公文："各路所设经历、知事、提控案牍，俱系亲临簿书人员，拟合将本路应

1　参见王鹤鸣、王澄《中国祠堂通论》，上海古籍出版社，2014，第 351~353 页。

2　曾经参与黑水城发掘工作的李逸友先生，依据元代亦集乃路总管府架阁库档案残件，推测档案外有长条纸签"折成两面，只粘贴上端，使纸签下垂，便于上下检阅"（李逸友：《元代文书档案制度举隅——记内蒙古额济纳旗黑城出土元代文书》，《档案学研究》1991 年第 4 期，第 54 页）。档案外贴长条纸签，与中国古代档案通常平放有关。

3　（元）苏天爵编《元文类》卷四〇《杂著》，商务印书馆，1958，第 544 页。

行并已绝架阁文卷编类置立号簿，明白开写，令提控案牍不妨本职充架阁库官。"[1] 足见负责号簿缮写的"簿书人员"，主要是经历、知事和提控案牍。秘书监设经历始于至元十六年（1279）七月[2]，次年十一月，增设首领官提控案牍一员，大德五年（1301）五月，改提控案牍为知事[3]，大德九年（1305）七月，又改知事为典簿。[4] 终元一代，有42人担任提控案牍（知事、典簿），还有3人担任经历。[5] 他们主要负责藏品登记和簿籍管理工作，并充任秘书库提调官，负责内库书画的提调工作。经历等秘书监簿书人员开写关防号簿的具体细节不详。据《秘书监志》卷六载："合无行下秘书库，依上编类成号，置簿缮写，诚为相应。"[6] 可知，关防号簿上的庋藏编号是在典籍书画等物送秘书库整理之际才编立，原管方在拟造物品移交清单时，只有关防半印。

号簿中的关防半印是照验查勘的原始依据，只有秘书监簿籍管理人员才能接触到这些半印。图页中的"礼部评验书画关防"半印则属于置外待勘印记，形式上近似于元代官库财务收支文书中的半印勘合（见图9），不同之处在于：半印勘合的制作是用号纸压住文书，骑缝书写千字文编号并押印；而制图页中的半印关防没有编号，是将书画和纸条并连对齐，骑缝押印而不书编号。相对于半印勘合，书画采用的是较低一级的防伪措施，半印主要在两个环节发挥作用：一个是在都省复核环节，发挥照勘功能；一个是在入库收储后的书画提调和归还环节，发挥辨验功能。照验凭证在复核环节是一份粘有半印纸条的移交清单；在提调和归还环节，辨验凭据是由典簿厅保存的关防号簿。所以，移交清

图9 半印勘合
（《中国藏黑水城汉文文献》第9册，第1845页）

1　《元典章》卷一四《公规二》，第528页。

2　至元二十四年（1287）正月，秘书监废经历一职。《秘书监志》卷九《题名》，第180页。

3　（元）王士点、商企翁编《秘书监志》卷一《职制》，第25页。

4　（元）王士点、商企翁编《秘书监志》卷九《题名》，第181页。

5　（元）王士点、商企翁编《秘书监志》卷九《题名》，第180~183页。提控案牍（知事、典簿）的民族成分，参见郭伟玲《中国秘书省藏书史》，武汉大学出版社，2015，第571页。

6　（元）王士点、商企翁编《秘书监志》卷六《秘书库》，第109~110页。

单正式交秘书监后，簿书人员应该会拆下清单上的半印纸条，"与本库官典一同分拣"[1]，重新整理后再粘入号簿，形成正式的藏品登记簿。

秘书监负责书画辨验的官员是辨验书画直长。该职设于至元二十五年（1288）三月，员额一人，正八品[2]，元代有24人先后担任该职。[3]辨验书画直长履职的情况在《秘书监志》未见记载，余辉先生认为它属于"鉴定官"，"其地位远远低于翰林兼国史院下艺文监和奎章阁中的鉴书博士"。[4]但这一职官属性难以在履任官员的构成上获得印证。傅申先生就说："各人在书画史上均不为人所熟知。其中唐文质是画家，亦无画迹传世，生平也不详。可注意的倒是有些'蛮人'，居然也能鉴辨书画而任此职。"[5]不过，他在辨验书画直长是否从事书画鉴定这一点上没有产生怀疑，依然认为该职与鉴书博士的职官性质是一致的。[6]事实上，秘书监只奉旨接收法书名画，不对移交书画做真伪鉴定，并且即使发现伪作，也没有权力拒收。

秘书监设辨验官，在元代并不算特殊。武备寺设有"辨验弓官二员，辨验筋角翎毛等官二员"[7]，负责弓箭质量检验。至元十四年（1277），主掌"供亿物色之务"的广谊司，改名"覆实司辨验官，兼提举市令司"，覆实司的主要官员亦是辨验官，由判官、经历、知事和照磨组成。[8]其中，"照磨"初名"提控案牍"，正八品。为严防伪造欺骗，中书省、六部和路总管府等衙门皆有设置，专掌卷宗照刷。核查内容主要包括文字上有无刮补涂注，文义上有无差错谬讹，时间上有无倒题改抹，印押上有无模糊伪冒等。[9]据前引盐仓关防号簿照验，须"比对元发字号相同，辨验引上客名印信别无诈冒漏落"，加之现存秘书监旧藏书画采用半印关防[10]，可知同样正八品

1　（元）王士点、商企翁编《秘书监志》卷五《秘书库》，第99页。

2　（元）王士点、商企翁编《秘书监志》卷十《题名》，第205页。辨验书画直长的品阶，见《元史》卷九〇《百官六》，第2296页。

3　（元）王士点、商企翁编《秘书监志》卷十《题名》，第205~207页。辨验书画直长的民族成分，参见郭伟玲《中国秘书省藏书史》，第571页。

4　余辉：《元代宫廷绘画机构初探》，《故宫博物院院刊》1998年第1期，第32页。

5　傅申：《元代皇室书画收藏史略》，第85页。

6　傅申：《元代皇室书画收藏史略》，第79页。

7　（明）宋濂等撰《元史》卷九〇《百官六》，第2284页。

8　（明）宋濂等撰《元史》卷九〇《百官六》，第2284页。

9　参见周雪恒主编《中国档案事业史》，中国人民大学出版社，2010，第141页。

10　参见李万康《半印关防——元代秘书监书画庋藏关防考》，《中国美术研究》2017年第2期，第114~117页。

的辨验书画直长，与照磨官的职官属性是一致的，主要负责提调书画在归还秘书监时，对照登记簿中的原始凭据，辨验出监书画是否有改易、窃换等奸妄现象。

秘书库庋藏书画中的预留半印，为稽查书画保存状况和防范私下调换提供了勘验依据。此前，南宋秘阁缺乏用印关防的制度设计，库禁不严，管理混乱。绍定元年（1228），秘书监叶禾便痛陈时弊："人情积玩，欺伪易生……近之士夫，至有借出馆书携而去国者，是久假不归，恶知其非有也；有人所未见之书，私印其本，刊售于外者，是以秘府之文为市井货鬻之利也。"叶禾奏请宋理宗"申严旧制"。[1] 但因秘阁管理存在制度设计缺陷，混乱局面始终没有改观，周密就说，"每卷表里，皆有尚书省印，防闲虽甚严，而往往以伪易真，殊不可晓"。[2] 这种情况到元代秘书监采用半印关防之后，以伪易真、久借不还等现象就很少发生了。

四 "礼部评验书画关防"与楷字墨印编号

元代关防条印通常骑缝钤盖，一半留档待勘，一半存纸入卷。但现存典籍书画中的"礼部评验书画关防"一印，有部分却是全印格式，与勘验无关，钤盖位置在典籍的册尾卷末和书画本幅的左、右两角。大部分礼部关防印上押有楷体手书编号或墨印编号，格式颇为罕见。

清初高士奇是最早著录这类编号的鉴藏家，他在《江村销夏录》卷二中著录元代画家李衎《墨竹图卷》时，提到本幅左下方的李衎私印下，"有'温字壹号'楷字墨印，覆以'礼部评验书画关防'"。[3] 后来，《石渠宝笈》初编又著录了三个温字编号，加上近人著录，已发现礼部关防印上标有楷体编号的传世书画典籍总计十二件，有七件书画，五部典籍（见表2）。

表2十二个编号涉及"温""二"两个字号。王耀庭先生最早注意到"温字柒号"和"二字壹号"之间的联系，他认为两者字体相同，可能是"明内府收藏字号"。[4] 但据1972年发掘明初朱檀墓出土的"日字一百十九号"宋人《金碧山水图》和"日字一四八号"宋人《葵花蛱蝶图》，两个千字文"日"字编号都写在条形纸签上[5]，画心部分只有"司印"半印，并未别标编号。事实上，就算依据"礼部评验书画关防"为元代官印，将两个字号归于元代，也不

1　（南宋）陈骙等撰《南宋馆阁录》续录卷三《储藏》，第192页。

2　（南宋）周密：《齐东野语》卷一四《馆阁观画》，张茂鹏点校，中华书局，1983，第249页。

3　（清）高士奇：《江村销夏录》卷二《元李息斋〈墨竹图〉》，辽宁教育出版社，2000，第100页。

4　王耀庭：《传顾恺之〈女史箴图〉画外的几个问题》，《台湾大学美术史研究集刊》2004年第17期，第27页。

5　山东省博物馆：《发掘明朱檀墓纪实》，《文物》1972年第5期，第30、29页。

序号	号次	品名	著录	藏处
		表2　典籍书画中的钤印编号一览		
1	温字壹号	（元）李衎《墨竹图卷》	高士奇《江村销夏录》卷四	不详，或佚
2	温字六号	（元）赵孟頫《书前后赤壁赋册》	《石渠宝笈》卷二八；《故宫书画录》卷三	台北"故宫博物院"
3	温字柒号	（南宋）谢元《折枝碧桃图卷》	《石渠宝笈》卷一六	私人藏
4	温字十六号	《朱文公编昌黎先生传》	傅增湘《藏园群书经眼录》卷一二	不详
5	温字十六号	《朱文公校昌黎先生集》	王国维《传书堂藏书志》卷四	不详
6	温字十六号	（南宋）戴侗《六书故》元刊本残存十卷	王重民《中国善本书提要》经部·小学类·字书	中国国家图书馆
7	温字拾柒	赵孟頫《临褚摹兰亭序卷》	未见著录	私人藏
8	温字拾柒号	《资治通鉴》元魏天祐刻本	《中华再造善本总目提要》金元编·史部	中国国家图书馆
9	温字拾柒号	《资治通鉴》元魏天祐刻本	傅增湘《藏园群书经眼录》卷一二	日本静嘉堂文库
10	温字拾玖号	（元）鲜于枢《杜甫魏将军歌卷》	未见著录	北京故宫博物院
11	温字贰拾号	（五代）巨然《江山晚兴图卷》	安岐《墨缘汇观录》卷四；《石渠宝笈》卷四二	不详，或佚
12	二字壹号	（唐）卢楞伽（传）《六尊者像册》次幅	未见著录	北京故宫博物院

能成立，因为两枚礼部关防印宽窄不一，均有疑伪之嫌（见图10、11）。其中，谢元《折枝碧桃图卷》中的礼部关防印押在"温字柒号"之上，说明早在关防印钤盖之前就已书写"温字柒号"四字，这一图像形态与礼部关防印钤于藏品移交之前，入库之后在关防印上再书写编号的顺序不符。所以，"温""二"两个编号难以同秘书库图籍编号相提并论而断其属性。

从目前掌握的资料看，中国国家图书馆藏《资治通鉴》元魏天祐刻本中的"温字拾柒号"（见图12），是最可信的元代秘书监典藏书籍押印编号。该编号有两大特征：一是编号五字仿赵孟頫楷书，笔画起收略带回锋，与元代刻字风格一致，且大小均一，明显属于无框活字组合印；二是编号押在《资治通鉴》残帙序末和各分册卷末中的"礼部评验书画关防"一印之上，可见礼部关防印的钤盖早于墨印编号，这一顺序与前述秘书监收储典籍书画及档案等物的官定流程是一致的，即书籍原管方在拟造移交清单时，钤盖礼部关防印，书籍移交秘书监后，簿书人员在编号、造簿环节，再制墨印钤盖。所以，"温字拾柒号"墨印属于内库整理编号。

一般说来，册卷序号因书籍平放，通常写在书根处[1]，册内印记编号颇为少见。王利器先生在著录《颜氏通谱》时，提到书中首页有两个朱文"楷书印记"：一是"文字廿一"，一是"锡字贰号"。这两个

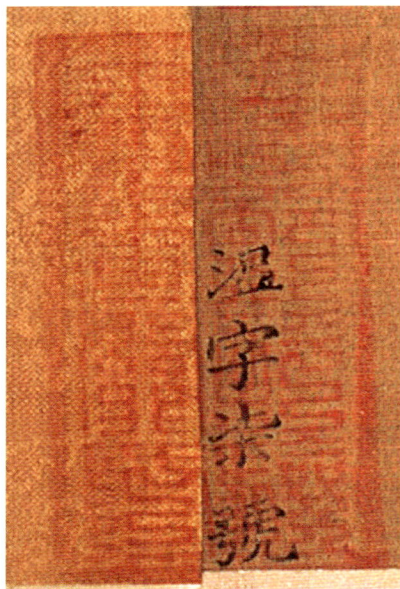

图 10 温字柒号 / 幅尾
[（南宋）谢元《折枝碧桃图卷》，
台北私人藏]

图 11 二字壹号 / 幅首
[（唐）卢楞伽（传）《六尊者像册》，
北京故宫博物院藏]

图 12 温字拾柒号 / 卷七八末
《资治通鉴》元魏天祐刻本，
中国国家图书馆藏）

印记编号与《资治通鉴》元刻本中的"温字拾柒号"的形式如出一辙。

余所藏本《三刻小引》首页有木记，前四行楷书："南省总谱，以'博文约礼'四字编（一行）定号数，每字八十号，总计三百二十（二行）号，外增一号，即为伪造。其各房给领（三行）支谱，必于总谱注明通数，以便考验（四行）。"后为朱文篆书"源远流长"四字。木记下有朱字楷书"文字廿一"印记，书眉上有"锡字贰号"朱文楷书印记，盖支谱编号也。[1]

王利器先生所藏《颜氏通谱》为清嘉庆二十二年（1817）刻本，"文字廿一"和"锡字贰号"属于清代印记编号。这类编号在限量印刷的家谱中采用，与书根处的手写编号不同，具有防伪功能。"温字拾柒号"墨印当然也不例外，因为押有关防印，它的防伪程度明显更高。

"墨印"据出土官方文书，早在北宋就已使用。如《俄藏黑水城文献》第六册录有靖康二年（1127）四月初四"御前会合

军马入援所"相关文书共四页，第 18 页有"鄜延路经略安抚使司"和"书吏杨谊写 / 职级马裕对"两方墨印，第 96 页文书钤有表示签发或收讫时间的"贰拾柒日"墨印，第 98 页文书钤有"□［管 鄜延路副都总管机密文字］"墨印。[1] 南宋淳熙五年（1178）二月，范成大等人陈情科场舞弊，提到年试卷子的卷首弥封处，钤有长条"礼部压缝墨印"。[2] 这说明墨印在两宋官方文书中已经与朱印并用。到元代，政府在宝钞和公文中继续使用墨印，还扩大了墨印的使用范围和功能，如至元八年（1271）正月，中书省议定：铺马札子由左右司钤盖刻有给马数目的墨印，覆省印发行，马匹数由兵部译史房统一书写。[3] 这类墨印与礼部关防上钤盖序号墨印的格式相似，说明两者都是同一行政制度下的产物。

元代楷字墨印的使用范围与用途，以及秘书监的图籍编号形式史无记载。但可以确信，"温字拾柒号"楷字墨印当属千字文编号。因为《秘书监志》收录有一道公文，指示新造公用银器，"送架阁库依数收贮"[4]，可见秘书库实为"秘书监架阁库"的省称。《至元新格》对全国架阁库管理有明确规定：凡已绝经刷文卷，"依例送库，立号封题，如法架阁"。[5] 虽然"号"字语焉不详，但据黑水城出土的元代亦集乃路总管府架阁库档案，有三件编号分别为"寒字四号""辰字贰号""天字廿八号"。[6] 其中，"天字廿八号"写在长条纸签上贴于卷宗外（见图 13），足以证明元代架阁库用千字文编号。秘书库作为元代规格最高的御用架阁库，自然不会例外。所以《资治通鉴》元刻本中的"温字拾柒号"，可以肯定是千字文编号无疑。[7]

将周兴嗣《千字文》用于官库档案、图籍收储管理，由北宋仁宗朝江西转运使周湛创立，名曰"千文架阁法"，于北宋朝廷颁令推广。[8] 周密所录《绍兴御府书画式》，就提到南宋初年御府所搜名画，在装

1　《俄藏黑水城文献》第 6 册，上海古籍出版社，2000，第 181、259、261 页。墨印释文，参见孙继民、张春兰《俄藏黑水城出土宋代"御前会合军马入援所"相关文书考释》，《出土文献研究》第 7 辑，上海古籍出版社，2005，第 320、325、326 页。

2　（清）徐松辑《宋会要辑稿》卷一〇六四五《选举五》，中华书局，1957，第 4314 页。

3　（明）解缙编《永乐大典》卷一九四一七《站赤二》，中华书局，1986，第 7197 页。

4　（元）王士点、商企翁编《秘书监志》卷三《公用银器》，第 63 页。

5　《元典章》卷一四《公规二·案牍》，第 527 页。

6　参见刘广瑞《元代千字文编号应用形式考——以黑水城文献为中心》，《档案学研究》2014 年第 1 期，第 94~96 页。按："寒字四号"文书与"辰字贰号"文书分见《俄藏黑水城文献》第 4 册，第 200、318 页；"天字廿八号"文书见《中国藏黑水城汉文文献》第 10 册，第 2310 页。

7　参见李万康《温字编号考——兼论元秘书监图籍庋藏关防与收储流程》，《南京艺术学院学报》（美术与设计）2018 年第 2 期，第 68~71 页。

8　参见王金玉《宋代"干支架阁法"辨析》，《历史研究》1994 年第 6 期，第 166~169 页。

图 13　天字廿八号公文
（元亦集乃路总管府架阁库档案，黑水城出土　《中国藏黑水城汉
文文献》第 10 册，第 2310 页）

裱入库前，"先降付魏茂实定验，打千字文号及定验印记"。[1] 周密还记载，他于南宋德祐元年（1275）秋，受秘书监丞黄怿邀请，登秘阁赏阅书画，见到"两旁皆列龛藏先朝会要及御书画，别有朱漆巨匣五十余，皆古今法书名画也。是日仅阅秋、收、冬、馀四匣"。[2] 可见秘阁排架收储，从书画到阁内橱柜均以千字文做分类编号。到明初，杨士奇整理文渊阁图书，同样"若

干部为一橱，若干橱为一号"，从"天"到"往"总计二十号五十橱。[3] 元代秘书库介于两朝之间，据至元十一年（1274）正月下达秘书监的一道圣旨，要求："除钦依外，即目多有收到文书，未曾制造书柜，恐经夏润虫鼠损坏，今拟用红油大竖柜六个，内各置抽匣三层，锁钥全，常川收顿秘书相应。"[4] 足见秘书库存放典籍书画的橱柜样式及库内陈设，同南宋秘阁与明代文渊阁的设施大同小异，所以尽管秘书库排架编号形式无明确记载，但从秘书库的设施和《秘书监志》所谓"依上编类成号"，可以确信库内橱柜之上同样标有分类字号。

由字号和序号构成的"温字拾柒号"，其"温"字与秘书库橱柜上的相应字号显然保持一致，既表示分类，也表示排架顺序；"拾柒号"则表示具体存放位置。鉴于索检编号是以贴签形式粘于卷宗和装潢后的书画、典籍外表，无官印钤盖，且多数简写，与朱檀墓出土的"日字一百十九号"和"日字一四八号"的格式相同，因此，从书中十二个"温字拾柒号"的标记位置都在《资治通鉴》元刻本中的序末和各分册卷末看，"温字拾柒号"并不是索检编号。

"温字拾柒号"的主要功能是表示分册归属，提高分册归籍效率。这种方法在同名典籍有不同刻本的情况下显得尤其必要，

1　（南宋）周密：《齐东野语》卷六《绍兴御府书画式》，第 100 页。

2　（南宋）周密：《齐东野语》卷一四《馆阁观画》，第 249 页。

3　《景印文渊阁四库全书总目》卷八五《史部四十一·文渊阁书目四卷》，《景印文渊阁四库全书》第 2 册，第 763 页。

4　（元）王士点、商企翁编《秘书监志》卷五《秘书库》，第 102 页。

即便书籍散乱相杂，也可以借助册尾编号，将散乱的书籍分册归到同一部书籍中。所以，元代秘书库可能只有版本较多、部帙较大的多册典籍，才另制墨印编号。至于书画及档案等物，因为是整件收贮，应该只有标示排次位置的索检编号。

五　图像证据与图证造伪

以图像形态存在的"礼部评验书画关防"一印，提供了深入了解元代关防照勘制度和秘书监图籍庋藏制度的极有价值的证据，弥补了文献记载的不足。但作为图像资料，并非所有同类图像都具有"证据"效力，"有些图像提供的是比较可靠的证据，但有些图像则不然"。[1]

"礼部评验书画关防"一印是秘书监为防文物散佚而预置的一个凭证性"机关"，主要发挥验对功能，具有三个基本特征：①与"都省书画之印"联用，在入藏程序上分别表示完成用印关防和通过中书省复核；②两印钤盖遵从礼制，有高低尊卑之分；③礼部关防印在书画本幅采用半印格式，在典籍内采用全印格式并押墨印编号，表示分册归属。以上特征取决于秘书监图籍庋藏制度，但从现存典籍书画看，

发现大部分图像并不符合上述特征，仅单钤"都省书画之印"或礼部关防条印，而与庋藏管理制度不符的书画碑帖就有十件。其中有四件仅钤"都省书画之印"，有六件只盖礼部关防印，还有五件钤以"皇姊图书"一印（见表3）。

"皇姊图书"是元仁宗爱育黎拔力八达之姊鲁国大长公主私印，刻制时间据"皇姊"二字，不会早于仁宗登基的皇庆元年（1312）。由于秘书监早在至元十六年（1279）就明确规定，内库庋藏书画"非奉圣旨及上位不得出监"。延祐五年（1318）三月，秘书监又特别规定，凡遇图籍出纳，须有监官在场与秘书郎"一同开封"。[2] 加之记载元仁宗前后往来文书的《秘书监志》，没有提到大长公主将其私藏移交秘书监收储，皇帝、太子下赐书画也不会履行关验手续，像至大四年（1311）二月，太子爱育黎拔力八达下旨将所阅书籍644部移交秘书监，同时交代"应有的图画并手卷都与哈海赤司徒[3]，秘书少监接旨移交时，这批书画没有出现在移交清单之中。所以，礼部关防印不可能与"皇姊图书"同幅钤盖，也不可能与奎章阁、端本堂等庋藏机构的印章出现在同一幅作品中。"皇姊图书"一印，目前已知最可靠的标准印，是明初朱檀墓出土的宋人《葵花蛱蝶图卷》中钤盖的两方印章[4]，

1　〔英〕彼得·伯克：《图像证史》，第10、12页。

2　（元）王士点、商企翁编《秘书监志》卷六《秘书库》，第109页。

3　（元）王士点、商企翁编《秘书监志》卷五《秘书库》，第94~95页。

4　《鲁荒王墓》下"图版一三三"，文物出版社，2014。

表3 "都省书画之印"和"礼部评验书画关防"二印构成异常的现存馆藏书画一览

序号	品名	省印	条印	元私印	藏处
1	（南宋）刘松年《天女献花图页》	都省书画之印	无	无	台北"故宫博物院"
2	（南宋）林椿《十全报喜图轴》	都省书画之印	无	无	台北"故宫博物院"
3	《宋拓范式碑》	都省书画之印	无	无	北京故宫博物院
4	（元）曹知白（传）《十八公图卷》	都省书画之印	无	皇姊图书	北京故宫博物院
5	卢楞伽（传）《六尊者像册》次幅	无	礼部评验书画关防	皇姊图书	北京故宫博物院
6	刘松年《罗汉图轴》之一	无	礼［部评验］书［画关防］	皇姊图书	台北"故宫博物院"
7	刘松年《罗汉图轴》之二	无	礼［部评验］书［画关防］	皇姊图书	台北"故宫博物院"
8	刘松年《猿猴献果图轴》	无	礼［部评验］书［画关防］	皇姊图书	台北"故宫博物院"
9	宋人《桐实修翎图页》	无	［礼部评验］书画关防	无	台北"故宫博物院"
10	赵孟頫《书前后赤壁赋册》	无	礼部评验书画关防	无	台北"故宫博物院"

与该印比对，发现与"礼部评验书画关防"和"都省书画之印"同幅钤盖有违事实的"皇姊图书"一印均伪。

这说明违背历史事实的图像证据本身，无法得到真实图像的同步印证。即使著录中下落不明缺乏图像遗存的书画，凡省印或条印单钤，依据史实判断，也都有疑伪之嫌。如高士奇《江村销夏录》卷一著录"元王孤云《墨幻角抵图》卷"，有"都省书画之印"，但所钤"王姊图书"和"皇帝图书"二印系杜撰伪印[1]，可见该图及"都省书画之印"不真。又如《盛京故宫书画录》著录宋郭熙《关山晓行图卷》，有"都省书画之印"，绢尾有"柯九思鉴定真迹"一印。[2]柯九思是奎章阁鉴书博士，由于奎章阁属内朝机构，不受都省监管，故"都省书画之印"和"柯九思鉴定真迹"二印出现在同一幅作品上，与庋藏制度不符，亦不可信。

图像与史实背离意味着图像本身是不可靠的。如何在真伪杂糅的图像中确定真实图像呢？以"证据"形式出现的赝伪图证，通常都有一个共同特征，即难以相互印证，形成圆通无碍的证据环。因为赝伪图证出自不同造伪者，加之年代久远，造伪者对印章之间的逻辑关系缺乏足够了解，导致赝伪图证在证据链上通常只是一个孤立的存在。所以，鉴别图像真伪的重要途径，是找到那些在不同作品之间可建立一致性关系并可相互印证的图像，即为可信图像。

1　（清）高士奇：《江村销夏录》卷一《元王孤云〈墨幻角抵图卷〉》，第47页。

2　金梁等：《盛京故宫书画录》卷二《宋郭熙〈关山晓行图卷〉》，台北世界书局股份有限公司，2008，第30页。

图 14 （南宋）萧照《秋山红树图页》
（绢本设色，纵 28 厘米，横 28 厘米，辽宁省博物馆藏）

依此，通过全印对比，发现符合秘书监图籍庋藏制度，能在"都省书画之印"上初步建立同印关系的书画典籍有两组：一组是李迪《猎犬图》、萧照《秋山红树图》（见图 14）、宋人《渔乐图》和《资治通鉴》元魏天祐刻本（见图 15～18）；另一组是贾师古《岩关古寺图》和宋人《白梅翠禽图》（图 19、20）。第一组四帧图页中的礼部关防半印均钤于本幅左侧，"都省书画之印"钤于半印上端；第二组两帧图页中的礼部关防半印钤于右侧，"都省书画之印"钤于图额一左一右。已发现钤有都省核验印记和礼部关防印的传世作品，钤印较可信的还有一帧吴炳《竹雀图》，但与两组图页中的钤印都略有差异（见图 21），是造伪还

是由其他原因造成，还有待研究。总体上，从钤印位置的规范性看，第一组藏品是最可靠的元代秘书监旧藏，其"都省书画之印"、礼部关防印和"温字拾柒号"，是最可信的图像证据，第二组是否真实尚存疑问。

参照第一组中真实可靠的图像证据，经比对不难发现，即使钤印符合秘书监图籍庋藏制度的传世书画，也存在图证造伪现象，如曹元廊（传）《山水图》和马麟《春郊回雁图》中的钤印格式尽管与史实大体吻合，但"都省书画之印"（见图 22、23）与礼部关防印均有疑伪之嫌。至于违背秘书监图籍庋藏制度的藏品钤印，其印章本身更是无一可信。如林椿《十全报喜图》中的"都省书画之印"，傅申先生发现是伪印。[1] 刘松年《天女献花图》中位于左上角的"都省书画之印"以及《宋拓三国范式碑》首页钤有"都省书画之印"的一页残纸，皆有明显的挖补痕迹（见图 24、25）。这些印章既得不到制度印证，也得不到图像印证，均系图证造伪。

此外，对比同文印，还发现礼部关防印采用全印格式并有编号的现存七件书画，存在图证造伪现象。这七件书画有两件未钤"都省书画之印"，两件钤有"皇姊图书"一印（见表 4）。

表 4 所列书画疑点重重。王连起先生曾指出《临褚摹兰亭序》是伪本[2]，礼部关

1　傅申：《元代皇室书画收藏史略》，第 94 页。

2　王连起先生认为赵孟頫《临褚摹兰亭序》"水平较差"："我怀疑这应当是陆继善所摹五纸中的第一或第二纸，也就是说，是陆氏最初的不太成熟的摹本，或被动过手脚、或竟是陆继善摹本的再摹。"王连起：《元陆继善摹〈兰亭序〉考》，《文物》2006 年第 5 期，第 96 页。

图 15　都省书画之印，
（李迪《猎犬图页》，
北京故宫博物院藏）

图 16　都省书画之印，
（萧照《秋山红树图页》，
辽宁省博物馆藏）

图 17　都省书画之印，
（宋人《渔乐图页》，
北京故宫博物院藏）

图 18　都省书画之印[1]
（《资治通鉴》元魏天祐刻本，中国国家
图书馆藏）

图 19　都省书画之印
［（南宋）贾师古《岩关古寺图页》，
台北"故宫博物院"藏］

图 20　都省书画之印
（宋人《白梅翠禽图页》，美国克利夫
兰博物馆藏）

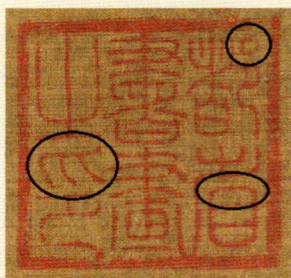

图 21　都省书画之印
［（南宋）吴炳《竹雀图页》，上海博
物馆藏］

图 22　［都省书画之］印
［（唐）曹元廊（传）《山水图页》，美国
弗利尔博物馆藏］

图 23　都省书画之印
［（南宋）马麟《春郊回雁图页》，美
国克利夫兰博物馆藏］

*　中国国家图书馆藏《资治通鉴》元魏天祐刻本卷十、卷七四、卷七六、卷七九、卷九〇、卷一二六、卷一三二、卷
　一四五、卷一六〇、卷一八七的卷首下端钤有"都省书画之印"，因钤印不尽清晰规整，故据各印复合而成。

图 24 《宋拓三国范式碑》第一开
（北京故宫博物院藏）

图 25 《宋拓三国范式碑》首页局部
（北京故宫博物院藏）

表 4 "礼部评验书画关防"一印采用全印格式的现存书画一览

序号	号次	品名	省印	条印	元私印
1	温字壹号	李衎《墨竹图卷》	都省书画之印	礼部评验书画关防	无
2	温字六号	赵孟頫《书前后赤壁赋册》	无	礼部评验书画关防	无
3	温字柒号	谢元《折枝碧桃图卷》	都省书画之印	礼部评验书画关防	皇姊图书
4	温字拾柒	赵孟頫《临褚摹兰亭序卷》	都省书画之印	礼部评验书画关防	无
5	温字拾玖号	鲜于枢《杜甫魏将军歌卷》	都省书画之印	礼部评验书画关防	无
6	温字贰拾号	巨然《江山晚兴图卷》	都省书画之印	礼部评验书画关防	无
7	二字壹号	卢楞伽（传）《六尊者像册》次幅	无	礼部评验书画关防	皇姊图书

防印与真印不符（见图 26）。《杜甫魏将军歌》亦疑伪[1]，幅首右下角的礼部关防印明显较真印要窄（见图 27）。另外两件绘画虽然下落不明，但据著录描述，《江山

1　王乃栋认为鲜于枢《杜甫魏将军歌》"貌似狂放，但用笔力不从心，缺乏转折提按。书写时乱拖乱涂乱画圆圈，线条质感差，笔力弱，结体拘束，实与鲜于枢睁目握拳奋笔直书的豪情和凝重厚实富立体感的笔画相去甚远"，当属伪本。王乃栋编《中国书法墨迹鉴定图典》，文物出版社，2004，第 159 页。

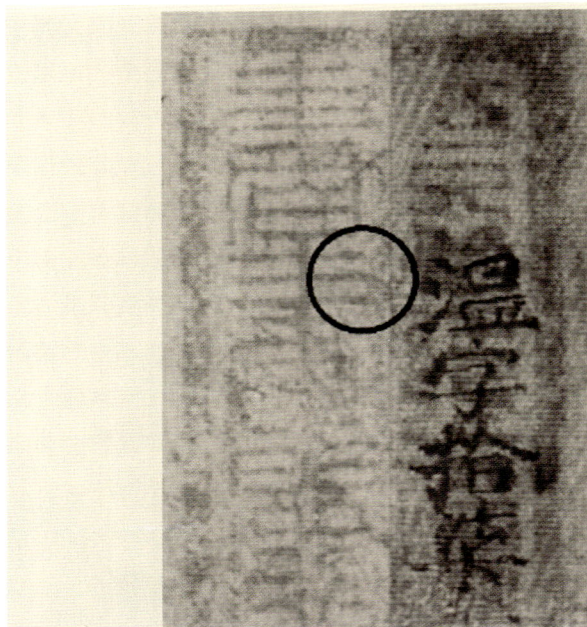

图 26　温字拾柒 / 前隔水
[（元）赵孟頫《临褚摹兰亭序卷》，私人藏]

图 27　温字拾玖号 / 幅首
[（元）鲜于枢《杜甫魏将军歌卷》，北京
故宫博物院藏]

晚兴图》中的都省官印和礼部关防印及其编号，在"后绫隔水上"[1]，与两印均钤于本幅以防窃换的钤印制度不符；李衎《墨竹图卷》拖尾有虞集题跋云"天山马雍古祖常题'云江所藏息翁风竹'"[2]，显示该图为私家收藏，与秘书库典藏作品的秘禁属性不符。加上其余三件的钤印结构异常，故七件书画其图像证据均有疑伪之嫌，不能将礼部关防印的全印格式与编号，视为真实存在的秘书监图籍庋藏范式。事实上，

书画中的押印编号位于本幅右下角或左下角，隐蔽于卷、册内部，缺乏明确的实际功能，违背了简明醒目以便检索的编号书写原则，难以作为真实的图像资料而予以采信。

目前，最难判断的图像证据是传世典籍中的相关图像，因为多数典籍未公之于世，具体图像如何不得而知。不过，据传本书目，有些礼部关防印及"温"字编号，可能存在图证造伪现象。比如"温字十六

1　安岐《墨缘汇观录》卷四记，巨然《江山晚兴图》"后绫隔水上钤朱文'都省书画之印'，下钤朱文长条印及'温字二十号'编记"。《墨缘汇观录》卷四《名画下·历代画册》，《续修四库全书》第 1067 册，第 341 页。

2　（清）高士奇:《江村销夏录》卷二《元李息斋〈墨竹图〉》，第 100 页。

号"有三件重号[1]，分别是《朱文公编昌黎先生传》《朱文公校昌黎先生集》和戴侗《六书故》元刊本残卷。虽然傅增湘先生推测《朱文公编昌黎先生传》为《朱文公校昌黎先生集》首册[2]，说明两书中的"温字十六号"并不构成实质重叠，但它仍与《六书故》元刊本残卷上的编号重合。戴侗《六书故》现藏于中国国家图书馆，据王重民先生《中国善本书提要》记："卷内有'都省书画之印'，末有'礼部评检书画关防'，关防上有墨书'温字十六号'。"[3]王重民先生将关防印中的"验"字记为"检"，可能是误辨或笔误。同样有"温字十六号"的《朱文公校昌黎先生集》，王国维先生著录："有'都省书画之印'、'礼部□□书画关防'二印，并有'温字十六号'木记。"[4]其中关防印有两字未辨，后来傅增湘先生辨出关防印为"礼部收藏书画关防"，他说："卷首钤有'都省书画之印'，卷十四后有'温字十六号'墨记，上钤'礼部收藏书画关防'朱记。"[5]从傅增湘先生的描述看，印记编号俱有造伪之嫌，因为"上钤"二字与元代秘书监入藏书画的钤印顺序不符，合乎史实的押印结构应该是关防印在下，编号墨印在上。此外，"收藏"与"评检"字形悬殊，倘若不存在辨印或记录错误，那么"礼部收藏书画关防"当属伪印，木记"温字十六号"亦不真。

书目中的善本著录，还有部分礼部关防印未押墨印编号，如《资治通鉴》宋刊本[6]，《通鉴续编》至正刊本残帙两卷[7]，台北"故宫博物院"藏戴侗《六书故》元刊本三十三卷[8]等，都只有"都省书画之印"和"礼部评验书画关防"二印，与《资治通鉴》元魏天祐刻本表现出的秘书监图书整

---

1 除"温字十六号"有三件重号之外，"温字拾柒号"也有三件重号，分别是：赵孟頫《临褚摹兰亭序》、中国国家图书馆藏《资治通鉴》元魏天祐刻本和日本静嘉堂文库藏《资治通鉴》元魏天祐刻本。由于《临褚摹兰亭序》为赝本，编号不真，而分藏中、日两国的《资治通鉴》元刻残本又属于同一部书，故只有《资治通鉴》元魏天祐刻本编号可信。

2 傅增湘：《藏园群书经眼录》卷一二《集部一》，第 1059 页。

3 王重民：《中国善本书提要》，上海古籍出版社，1983，第 56 页。

4 王国维撰《传书堂藏书志》卷四《集部》，王亮整理，上海古籍出版社，2014，第 878 页。

5 傅增湘：《藏园群书经眼录》卷一二《集部一》，第 1059 页。

6 《资治通鉴》宋刊本"有'礼部评验书画关防'官印，'都省书画之印'朱文方印"，《京师图书馆善本简明书目·史部》，载《明清以来公藏书目汇刊》（12），北京图书馆出版社，2008，第 35 页。

7 《通鉴续编》元刊本有两处著录。罗振常《善本书所见录》卷二记："九行，二十二字。有'都省书画之印'（朱方）。"（罗振常撰《善本书所见录》卷二《史部》，汪柏江、方俞明整理，上海古籍出版社，2014，第 37 页）；傅增湘《藏园群书题记》记："每叶十八行，每行二十二字"，"卷端有'都省书画之印'，末有'礼部评验书画关防'长方朱记。"（傅增湘：《藏园群书题记》卷二《史部一》，上海古籍出版社，1989，第 108 页）。罗振常先生著录《通鉴续编》元刊本"九行"为半叶行数，故两书实为同一部书。

8 卢雪燕：《台北故宫博物院现藏清内阁大库藏书》，载沈乃文主编《版本目录学研究》第 5 辑，北京大学出版社，2014，第 664 页。

理方式大为不同，逻辑上真伪存疑，仅因未见图像资料，暂时还难以做出判断。

余 论

现存典籍书画中的"礼部评验书画关防"和"都省书画之印"，属于典型的制度相关性图像证据，反映了元代秘书监图籍庋藏管理中的关防与复核两项制度。但分析现存官印图像，发现书画中的礼部关防全印，以及不符合秘书监图籍庋藏管理制度的印章钤盖，如"都省书画之印"或礼部关防条印单钤，或两印与两印之一同"皇姊图书"并钤等，皆涉嫌图证造伪。

图证造伪的主要动机是以递藏链的虚构掩人耳目，在艺术市场中通过伪证欺骗顾客，牟取厚利，本质则是虚构历史。所以如果将"都省书画之印"和礼部关防印单钤当成事实，那么秘书监的图籍庋藏制度，会因为钤印不规范而被认为管理混乱；如果私家印记如"皇姊图书"被当成事实，那么有关历史真相的阐释，将变为元代私家收藏曾被迫移交秘书监，或秘书库收藏有流出的现象；如果其他官府或殿阁印——如《揭钵图》中的"奎章"和"天历"朱文连珠印——被当成事实，那么秘书监庋藏书画会被认为有部分曾调入奎章阁；如果书画中的礼部关防全印及其字号被当成事实，那么秘书库所藏书画中的礼部关防印就有全印和半印两种格式。事实上，以上基于图像证据的推测都难以成立，因为采信的图像证据不可靠。

传世文物是人类认知历史的重要途径，赝伪图证以传世文物为载体深刻、持久地影响历史认识。因此要避免虚假图证的误导，需要论证图像资料作为历史证据的有效性。就秘书监庋藏印记而言，目前，能够确定的最可靠的图像证据，是李迪的《猎犬图》、萧照的《秋山红树图》、宋人的《渔乐图》和《资治通鉴》元魏天祐刻本中的"都省书画之印"和礼部关防印，以及"温字拾柒号"墨印编号。这些证据不仅弥补了文献记载的不足，还充分说明早在元代就已经出现了篆有"关防"二字的叠篆条印。其中，书画庋藏采用半印关防，证明秘书监在防范措施上做了前所未有的改革。这一改革对明初典礼纪察司的书画庋藏关防制度产生了深远影响。

早期宝卷版本中的插图（15~16世纪）及"看图讲故事"的理论问题*

■ **白若思**（复旦大学文史研究院）

　　近年来，宝卷研究引起中国及海外学者的广泛关注。然而，大部分研究集中于宝卷内容的探讨，对于文本材料方面的讨论则鲜少提及。[1] 本文主要关注 15~16 世纪的早期宝卷抄本和木刻本中的插图问题。迄今为止，学界对于这一问题尚无细致讨论。

　　宝卷是给传统社会不同阶层的世俗观众——通常以女性观众为主——朗诵的通俗讲唱文本，用"散韵结合"的形式写成。宝卷体裁产生于 13~14 世纪，在 15~16 世纪变得相当普遍。在早期发展阶段，宝卷文本宣扬的是相对主流的佛教教义，16 世纪之后开始与快速发展的民间宗教结合起来，后者融入了中国主要的宗教思想，但通常注重的是对女性神灵——无生老母的崇拜。

　　关于宝卷文本的插图及其与宝卷表演的关系，美国学者梅维恒（Victor H. Mair）提出了最有影响力的理论。他将宝卷表演视为中国"看图讲故事"的案例。[2] 这一传统可以追溯到唐代，以变文为代表。虽然这些面向世俗的佛教布道讲唱文本由于官方禁止而逐渐消失，不过变文的抄本却得以保存于 1900 年发现的敦煌莫高窟藏经洞中。有文献证据能证明当时变文演唱采用展示画卷讲述故事的形式，被称为"转变"。[3] 这些画卷或许是从"变相"之类的佛教画衍生而来，"变相"表现了各种神灵和佛教世界观。遗憾的是，现存只有一幅这种画卷（也发现于敦煌），绘有《降魔

* 本文是国家社会科学基金重大项目"海外藏中国宝卷整理与研究"（17ZDA266）阶段性成果。

1　如〔日〕泽田瑞穗《增补宝卷の研究》，国书刊行会，1975 年；Daniel L. Overmyer, *Precious Volumes: An Introduction to Chinese Scriptures from the Sixteenth and Seventeenth Centuries* (Cambridge: Harvard University Press, 1999)；车锡伦：《中国宝卷研究》，广西师范大学出版社，2009。

2　Victor H. Mair, *Painting and Performance: Chinese Picture Recitation and its Indian Genesis*, Honolulu: University of Hawaii Press, 1988, p. 12.

3　Victor H. Mair, *T'ang Transformation Texts. A Study of the Buddhist Contribution to the Rise of Vernacular Fiction and Drama in China*, Cambridge: Harvard University Press, 1989, pp. 73, 99, 101-102.

变文》的内容，变文文本中的诗句被题写在这幅画卷背面。唐代佛经故事的讲唱文本（所谓"讲经文"，应为变文的前身）也会使用图画。例如敦煌《悉达太子修道因缘》的结尾部分谈到在丝绸上绣出的图画以及壁画内容。[1] 讲述故事的佛僧大概用这两幅画来解释佛教的一些教义。

20 世纪 80 年代，梅维恒发现河西走廊的现代"念卷人"会在念唱宝卷中使用天堂与地狱的图像，他将这一现象与该地区的变文表演踪迹联系起来。[2] 变文与河西宝卷在内容与形式上有些相似，它们都讲述了世俗的故事，包括历史故事和著名的民间传说。郑振铎曾提出明清宝卷起源于唐代变文的看法[3]，后来几位中国学者（尤其是来自甘肃的）也支持这种假设。[4] 目前已有中国学者从变文与宝卷同源的观点出发，对河西宝卷念唱过程中使用的图像策略进行探讨。[5]

然而，最近这些观点被重新审视。没有历史证据显示变文与宝卷之间存在直接联系。首先，几位研究宝卷的知名学者，包括李世瑜、泽田瑞穗及车锡伦等，已经证明宝卷出现的时间较晚（13~15 世纪），不可能与变文有直接联系。[6] 比起变文，最早的宝卷风格与内容似乎更多与"讲经文"相关，那是另一种唐五代时期表演性的讲唱文本，唐代的讲经文也只幸存于敦煌，但该文学形式在更晚的时期也持续存在。[7] 其次，根据车锡伦等学者的研究，宝卷大约是在 16 世纪末至 17 世纪初由中国内陆地区传播到河西走廊。[8] 在河西已发现的几种较早文本，是从内地流传过来的。因此，我们需要重新思考涉及宝卷视觉部分的观点。本文通过探寻宝卷与图像之间的最早联系，着力探讨现存最早的宝卷版本中插图的作用，以探明这些图像的起源。

一　宝卷文本的插图

从宝卷抄本（14~15 世纪）及 16 世纪的木刻本中，我们可以发现其中包含了

1　黄征、张涌泉主编《敦煌变文校注》，中华书局，1997，第 480 页。

2　Victor H. Mair, *Painting and Performance*, pp. 11-12.

3　郑振铎：《中国俗文学史》（第二册），作家出版社，1954，第 306~307 页。

4　如谢生保《河西宝卷与敦煌变文的比较》，《敦煌研究》1987 年第 4 期，第 78~83 页；段平：《河西宝卷的调查研究》，兰州大学出版社，1992；方步和编著《河西宝卷真本校注研究》，兰州大学出版社，1992。

5　庆振轩：《图文并茂，借图述事：河西宝卷与敦煌变文渊源探论之一》，《敦煌学辑刊》2011 年第 3 期，第 41~48 页。

6　李世瑜：《宝卷论集》，台北兰台出版社，2007，第 50 页；泽田瑞穗：『増補宝卷の研究』，第 28~29 页；车锡伦：《中国宝卷研究》，第 57~62 页。

7　车锡伦：《中国宝卷研究》，第 62~64 页。

8　车锡伦：《中国宝卷研究》，第 268~271 页。

两种插图类型。第一类是"叙述式"，精细的图片贯穿整个文本；第二类是图片仅出现在卷首及卷尾。

（一）第一类插图本

第一类插图本以《目犍连尊者救母出离地狱升天宝卷》为代表（简称《目犍连宝卷》，车锡伦《中国宝卷总目》号 691），现存两部残本分别为藏于中国国家图书馆的北元宣光三年（1372）脱脱氏施舍彩绘抄本与俄罗斯圣彼得堡冬宫博物馆的明正统五年（1440）抄本。《目犍连宝卷》抄本是现存最早的宝卷版本。由于这两部抄本较为出名，在此不赘述有关它们的起源及体裁特点。[1] 只讨论两部抄本彩色图像的特色，它们让人联想到变文表演者展开的画卷（见图 1）。同时，这些抄本中的插图样式与假设的用于变文讲唱（"转变"）的画卷不同。它们不太适合在生动的表演中向观众展示，除非我们能想象集体阅读这些抄本的场景。

另外，《目犍连宝卷》抄本中的插图让我们联想到插图版《佛说目连救母经》（以下称《目连经》），1346 年日本重刊的木刻本（原版刊刻于鄞县，今属浙江省宁波市），原藏于京都金光寺（现存于东京国立博物馆）。[2] 除了《目犍连宝卷》散文加入了几种不同韵律的韵文和曲牌之外，《目连经》和《目犍连宝卷》的文本内容十分相似。其插图细节也有很多相同之处，只是日本重刊的《目连经》版画有很多专门的题记文字，而《目犍连宝卷》没有。[3]《目连经》木刻本的插图风格不适合"看图讲故事"，却方便教育水平不高的人阅读。同时，它与一些现存的 14~15 世纪中国俗文学作品的木刻本也很相似，比如平话、词话——学者一般把它们视为阅读而非口头讲唱用的材料。[4] 有关日本重刊《目连经》的用途，刘祯认为它原来为大众阅读材料，

图 1　刘青提升天图
（《目犍连尊者救母出离地狱升天宝卷》插图，1372 年抄本）

1　See Rostislav Berezkin, "A Rare Early Manuscript of the Mulian Story in the Baojuan (precious scroll) Genre Preserved in Russia and its Place in the History of the Genre," *CHINOPERL: Journal of Chinese Oral and Performing Literature* 32.2 (2013.12): 109-131.

2　卷轴末尾也标注了另一日期：1558 年。《佛说目连救母经》的原文（影印与排印本）见宫次男「目連救母說話とその繪畫－目連救母經繪の出現に因んで」『美術研究』255 号、1968 年第 1 期、第 154~178 頁；吉川良和「〈救母經〉と〈救母寶卷〉の目連物に関する説唱藝能的試論」，一橋大学『社会学研究』41 号、2003 年第 2 期、第 61~135 頁。

3　韩国也藏有该佛经的插图重刊本，但是其版本较晚（16 世纪末），其插图风格与日本重刊本的版画不同，因此在这里不讨论。

4　见 Robert E. Hegel, *Reading Illustrated Fiction in Late Imperial China* (Stanford: Stanford University Press, 1998); Anne E. McLaren, *Chinese Popular Culture and Ming Chantefables*, Leiden: Brill, 1998.

尽管它很可能改编自口述故事的版本。[1]基于以上事实，我们可以对这种观点表示赞同。《目犍连宝卷》的插图本应当也属于这类阅读材料，这意味着卷中插图不太可能是具有"看图讲故事"功能的画卷。

（二）第二类插图本

第二类插图在宝卷的历史中也出现得相当早。许多文本只是在开头和结尾有插图。我所能见到的这类彩色插图的最早版本是1543年木刻版的《药师本愿功德宝卷》（简称《药师宝卷》，车锡伦《中国宝卷总目》号1451），它由嘉靖皇帝的德妃张氏和五公主出资印制。[2]《药师宝卷》明显属于民间教派宝卷，因为它宣扬无生老母及"真空家乡"的信仰，但是这一文本的具体宗教属性仍未可知。[3]《药师宝卷》的卷首有彩绘的插图，展示了佛教善行及佛菩萨对遭遇各种灾难的信仰者的拯救，这些插图明显与该文本宣扬的药师佛（Bhaiṣajya）信仰有关系，但是很难将它们与宝卷讲述的内容情节联系起来（见图2-1）。在最后卷有一张韦驮的图像，他是佛教的护法天神（见图2-2）。与《目犍连宝卷》不同，文本正文中没有图像来解释其内容，这是与《目犍连宝卷》中图像

的不同之处。

这种插图版式明显与佛教和道教经文的插图相关，它们也经常制成于当时的朝廷。一个例子是木刻版《销释金刚科仪》（简称《金刚科仪》，车锡伦《中国宝卷总目》号1346），它原由周绍良（1917~2005）收藏，1999年在台湾影印出版。[4]《金刚科仪》是用于宗教集会朗诵的文本，是中国极为流行的《金刚经》[由鸠摩罗什（334~413）翻译]的注释本，由宗镜和尚大约于1242年写成。它是宗教宝卷文本的一个重要前身，在之

图 2-1　《药师本愿功德宝卷》　图 2-2　佛教护法天神
扉页插图
（1544 年木刻本）

1　刘祯：《中国民间目连文化》，巴蜀书社，1997，第 241~257 页。

2　最初由郑振铎收藏，现存于中国国家图书馆；影印本见濮文起主编《民间宝卷》第七册，黄山书社，2005，第 671~727 页。

3　Overmyer, *Precious Volumes*, pp. 308-310.

4　王见川、林万传编《明清民间宗教经卷文献》第一册，台北新文丰出版公司，1999，第 5~61 页。

图 3 大佛会
（《普明如来无为了义宝卷》扉页插图，1599 年木刻本）

后的中国俗文学作品中其通常被称为宝卷。[1]1528 年的版本开头是佛教大会的图片，结尾是韦驮的图片，这遵循了佛教经典插图的惯例。

这种插图版式在民间宗教宝卷木刻本中很常见，现存许多宝卷刻本是 16 世纪之后的。其中一部《正信除疑无修证自在宝卷》（车锡伦《中国宝卷总目》号 1518），被认为是罗清（1442~1527），即无为教的创立者所撰，重刊于 1584 年，开头是

佛教大会的图像。[2]这是笔者能见到的最早的注有年代的宝卷木刻本，虽然罗清所撰的宝卷（总称"五部六册"）很早就被刊刻了（16 世纪初），且这些版本仍然存世。[3]相似的插图版式保存在 16 世纪末的民间宗教宝卷刻本中。比如《普明如来无为了意宝卷》木刻本（车锡伦《中国宝卷总目》号 794，藏于圣彼得堡俄罗斯科学院东方文献研究所），传播黄天教的教义，标注年代为 1599 年，卷首有大佛会的图

1 泽田瑞穗：『増补宝卷の研究』，第 101~102 頁；Overmyer, *Precious Volumes*, pp. 30-31；车锡伦：《中国宝卷研究》，第 69~70 页。

2 马西沙编《中华珍本宝卷》第 1 辑第 2 册，中华书局，2013，第 496~663 页。

3 See Overmyer, *Precious Volumes*, pp. 92-135; Barend J. ter Haar, *Practicing Scripture: A Lay Buddhist Movement in Late Imperial China*, Honolulu: Hawaii University Press, 2014, pp. 15-20.

像（见图 3）。[1] 这表示其延续了更早的版本，虽然这一文本宣扬的是对无生老母及其使者的信仰，而不是主流的佛教教义。[2]

16 世纪的几份叙述性宝卷文本，讲述了各种各样的流行神灵的故事（大部分由宗教信徒根据他们特殊的教义编辑而成），在卷首展示与文本里讲述的神灵故事有关的神灵的插图。笔者所能见到的最早的注明年代的这类文本是 1555 年的《清源妙道显圣真君二郎宝卷》木刻本（车锡伦《中国宝卷总目》号 837），其开篇是一张二郎神被其随从围绕的图像。[3] 虽然这一木刻本标注的年代非常可疑（这一宝卷属于西大乘教系统，显然创作于 16 世纪末）[4]，稍晚些的这类文本大多数仍然存世。这种插图版式基本无法用于"看图讲故事"，并且这种起装饰作用的卷首插图在近代早期的东西方木刻本小说中很普遍。

尽管第二类插图在现存 16 世纪末的木刻版宝卷中很常见，但是也有当时的木刻本延续了《目犍连宝卷》中的插图分布原则，也就是分散在正文中的叙述性的图像。但是它们只是黑白的版画，即未着色的插图，在这方面与《目犍连宝卷》的彩图不一样。有几部宝卷被认为是韩太湖（或飘高祖，约 1569~1598）所撰写，他是弘阳教的创立者，这几部一起被称为《五部经》（很明显是沿袭了罗清的经文传统）。这五部未注明年代的宝卷版本（大约 16 世纪末 17 世纪初），不仅在卷首和卷尾有"三教"祖师与护法神的图像（如在 16 世纪的其他民间宗教宝卷中一样），在文本每一篇的开头也有插图。[5] 如此，这些插图在弘阳教所宣扬的精神修行方法"七十二功"中承担了视觉引导的功能（见图 4）。有历史资料能证明弘阳教与明朝皇宫的太监有关系，因此有学者推测韩太湖的五卷经卷是由万历年间的太监在"内经厂"这一宫廷出版机构刊刻。[6] 虽然这些刻本质量很好，与其他内经厂所出的书差不多，表明这种情况有可能存在，但很遗憾，现在很难从版本本身找出证据来证明这些弘阳教经卷的印刻与太监有关。同时这些插图版本似乎与同一时期的小说和戏剧刻本非常相近，但也没有明确特征表明它们与"配图讲唱"存在联系。

1　影印本见 *Baotsziuan' o Pu-mine*, ed., translated into Russian and annotated by El' vira S. Stulova, Moscow: Nauka, 1979.

2　见李世瑜《现在华北秘密宗教》，台北兰台出版社，2007，第 429~463 页；泽田瑞穗：『増补宝卷の研究』，第 343~365 頁；马西沙、韩秉方：《中国民间宗教史》（上卷），中国社会科学出版社，2004，第 308~369 页。

3　濮文起主编《民间宝卷》第四册，第 584~682 页。

4　陈宏：《〈二郎宝卷〉与小说〈西游记〉关系考》，《甘肃社会科学》2004 年第 2 期，第 21~24 页。

5　濮文起主编《民间宝卷》第五册，第 225~540 页。

6　马西沙、韩秉方：《中国民间宗教史》（上卷），第 377 页；宋军：《清代弘阳教研究》，社会科学文献出版社，2002，第 83 页；关于内经厂的书籍刊刻，见 Scarlett Jang, "The Eunuch Agency Directorate of Ceremonial and the Ming Imperial Publishing Enterprise," in *Culture, Courtiers, and Competition: the Ming Court (1368-1644)*, David M. Robinson, ed., Cambridge: Harvard University Asia Center, 2008, pp. 25-128.

图 4 《弘阳悟道明心经》插图
（16 世纪末木刻本）

二　宝卷表演中的画卷

　　关于 15~16 世纪宝卷演唱活动的材料不多。最详细的外部参考文献是创作于 16 世纪末 17 世纪初的小说——《金瓶梅词话》（约 1594 年）（简称《金瓶梅》）及《平妖传》（全名《三遂平妖传》），后者的四十回本由冯梦龙（1574~1646）约于 1620 年编辑而成——包含了对私人和公开场合进行的这类演唱的详细描述。[1] 然而，这些资料并未提及在宝卷演唱中展示的画卷，尤其是那些有叙述性的图像。

　　同时也有其他早期史料提到了这些演唱中的图像。明代诗人陈铎在散曲《道人》中（约 15 世纪末 16 世纪初）描述了这一种配图讲唱，他提到了专业法师使用通俗科仪文本，并把自己扮成完全不同于佛教僧侣或道教道士的模样。[2] 他在仪式中也要展示圣像：

　　　　称呼烂面，倚称佛教，那有
　　师传。
　　　　沿门打听还经愿，整夜无眠。
　　　　长布衫当袈裟施展，旧家堂
　　作圣像高悬。
　　　　宣罢了《金刚卷》，斋食儿
　　未免，单顾嘴不图钱。

1　如泽田瑞穗『増补宝卷の研究』，第 285~299 页；Rostislav Berezkin, "On the Performance and Ritual Aspects of the *Xiangshan Baojuan*: A Case Studies of the Religious Assemblies in the Changshu Area," *Hanxue yanjiu* 33.3, cumulative 82, September 2015, pp. 335-337.

2　谢伯阳编《全明散曲》（第一卷），齐鲁书社，1988，第 547 页，第 613~624 页；亦见车锡伦《中国宝卷研究》，第 130~131 页。

该"道人"使用的文本明显跟前面提及的《金刚科仪》有关系,并且陈铎所用的"宣唱"的称呼与现代中国传统以及《金瓶梅》中表现宝卷演唱的术语"宣卷"是一致的。这些圣像究竟是什么呢?很明显应该是有关各种神灵、天堂和地狱的挂轴,与河西和江苏东南部的现代宝卷演唱传统中的图像相似。

上述提及的《药师本愿功德宝卷》1543 年刻本卷末牌记也有这类神灵图像的记录,"圣像"也被用于下处:"大明德妃张氏同五公主谨发诚心,喜舍资财命工彩画佛总灵山会、西方境、斗母等圣像十四轴,道总、三皇圣祖、南北斗等圣像十四轴,共三十三轴。"[1] 现在已无法确定这些图像是否存世,但它们明显不是《药师本愿功德宝卷》卷首的彩色插图,如欧大年(Daniel L. Overmyer)教授所认为的。[2] 扉页的图像内容完全不同(见上述)。上述牌记中所使用的词语"卷轴",指的是在宝卷演唱中展示的挂轴。

为了探究现在宝卷表演中的图像起源,我们应该转而思考佛教和道教仪式中图像的作用。在这些仪式中展示神灵的图像很普遍,包括在中国几个地区的现代葬礼表演中,只是仪式主持人通常不会提及这些图像。这些图像只是营造了仪式表演的神秘气氛。尤其是水陆画,它应该是宝卷演唱中所用的图像前身。这一仪式具有召集并超度水上和陆上所有生物的作用,这些生物被绘制在举办仪式时展示的画卷上。[3] 这一联系表现在宝卷表演者所使用的术语中。比如,20 世纪中叶,天津郊区的弘阳教信徒在朗诵宗教宝卷时展示了十殿阎王的图像,并称他们为"水路 / 陆"。[4] 这些图像当然不同于平常精心制作的佛教寺院里的水陆画,而应当被视为民间对流行但复杂的佛教仪式的回应。然而,这二者都遵循相同的原则。

在河西和江苏宝卷演唱的现代传统中可以发现相似的示图情况。表演者通常在演唱地点展示神灵的图像。有时,还需要制作特殊的临时祭坛,比如,在朗诵《地狱宝卷》和《十王宝卷》时,在常熟和张家港(均在江苏苏州的管辖范围之内)展示神灵图像构成了葬礼仪式的一部分,"宣卷先生"(或被称为"讲经先生")职业性表演者将画卷悬挂在"经堂"的墙壁上,展示十殿阎王。然而,如今他们在讲述有关十殿阎王的故事并不会提及这些图像。[5]

1　濮文起主编《民间宝卷》第七册,第 727 页。

2　Overmyer, *Precious Volumes*, pp. 308-309.

3　Daniel B. Stevenson, "Text, Image and Transformation in the History of the *Shuilu fahui*: the Buddhist Rite for Deliverance of Creatures of Water and Land," in *Cultural Intersections in Later Chinese Buddhism*, ed. Marsha Weidner, Honolulu: Hawaii University Press, 2001, pp. 30–70; 戴晓芸:《佛教水陆画研究》,中国社会科学出版社,2009。

4　李世瑜:《现在华北秘密宗教》,第 354 页。

5　如车锡伦《中国宝卷研究》,第 389~395 页。

过去十殿阎王和地狱的图像偶尔也可以成为"配图讲唱"的资料。例如，根据无锡"说因果"老艺人的回忆，清初江南民间流行"念十王"讲唱的形式（亦称"露天宣卷"）。艺人演出时墙上悬挂十殿阎王的画卷，边指图像，边解说阎王的职权以及相关的故事。[1] 河西宝卷演唱也有类似配图解说地狱受苦的情况，而讲唱底本为《目莲救母三世宝卷》。[2] 但是这种讲唱方式是较少见的，宣卷表演者展示的神灵图像经常与讲唱内容无关。

在表演时展示神灵的图像明显成了仪式化表演中"邀请"及敬奉神灵的仪式的一部分，它最早出现在 13～15 世纪的宝卷中，在 16 世纪的文本中持续存在。它与 16 世纪宝卷文本的插图版式是类似的，在文本的前面有神灵的图像。早期宝卷文本也出现了这类图像，比如现存于山西省博物馆的《佛说杨氏鬼绣红罗化仙哥宝卷》（简称《红罗宝卷》，明代刻本，车锡伦《中国宝卷总目》号 226）中，杨氏为了救回儿子化仙哥的性命，而绣了一顶红罗宝帐，上有许多天上和地狱的神灵图像。此前的研究已经表明了这种"万神殿"与水陆画之间可能存在联系。[3] 不过这一万神殿

与主流的水陆画卷不同，因为其中一些神明具有明显的民间教派的色彩：在灵山召开的大会上有无生老母以及三世佛、佛祖和佛母。[4]《红罗宝卷》刻本扉页也有插图，但是它们所描绘的宝卷故事情节，其中没有万神殿图像。

这部《红罗宝卷》刻本卷末带有重刊于 1290 年的牌记（原版刻于 1212 年），这样它能成为已知最早的叙述性的宝卷文本。然而，中国和西方的学者质疑这部《红罗宝卷》出版年代：现在的版本或许要追溯到 17 世纪初，末页上的年代明显是伪造的。[5] 然而，由于《金瓶梅词话》第 82 章提及了《红罗宝卷》演唱，我们知道它存在于 16 世纪末。不管怎样，《红罗宝卷》证明了早期宝卷文本与万神殿图像之间存在联系。

结　论

虽然 15～16 世纪宝卷中的图像并非都能满足"看图讲故事"的功能，但从以上梳理，我们能够看出宝卷在版本装饰方面扮演了重要角色，也为宝卷口头演唱

1　朱海容：《宗教观念与民间说唱艺术融合的奇葩——无锡地区"说因果"调查》，载上海民间文艺家协会编《中国民间文化研究》第 6 集，学林出版社，1992，第 203~204 页。

2　段平：《河西宝卷的调查研究》，第 45 页。

3　车锡伦：《中国宝卷研究》，第 517 页。

4　马西沙编《中华珍本宝卷》第 1 辑第 7 册，第 206~209 页。

5　Overmyer, *Precious Volumes*, pp. 287-289; 车锡伦：《中国宝卷研究》，第 513~515 页。

营造了特殊的表演氛围。将图像加入宝卷中是为了将神灵具象化，在表演期间将神灵召唤出来；图像也有助于增强这些表演的形象性。同时，这些抄本和木刻本中的插图有各种风格。几部现存的 15~16 世纪的宝卷文本运用了连续叙事的插图风格。然而，在 16 世纪后的大多数刊本中，神灵（或者一些叙述性的场景）图像只出现在书面文本的开头。虽然两种风格都作为装饰出现在同一时期其他类型的本土文学版本中，但是第二种与明代本土小说的插图风格非常相近。

"看图讲故事"形式的存在是否与现代河西地区的宝卷演唱有关，这一点虽无法从早期宝卷发展史中获得确证，但我们可以认为，宝卷发展可能受到了其他的影响。借助图片讲故事的活动仍然存在于现代的中国内陆地区。同时，笔者也注意到，西藏地区的"看图讲故事"对距离河西不远的地区可能产生了影响[1]，当然这需要进一步专门考证。

---

1 Victor H. Mair, *Painting and Performance*, pp. 116-118.

《钦定格体全录》的人体骨骼图
及其中国化演变*

■ **杨奕望**（上海中医药大学医学史教研室）

满文人体解剖著作《钦定格体全录》，简称《格体全录》，亦音译为《割体全录》。它的编撰，源于清康熙帝对西方科技的浓厚兴趣，由入华法国耶稣会士张诚（Jean-François Gerbillon，1654–1707）、白晋（Joachim Bouvet，1656–1730）起草，后经巴多明（Dominique Parrenin，1665–1741）5 年多的努力，在康熙的关注、促成下，于 18 世纪初完稿。但清中期后，数部抄本流出宫廷，散落各地，目前法国、丹麦、俄罗斯、日本等藏有抄本。

20 世纪 20 年代起，世界各地学者开始了《格体全录》的相关研究，如日本的黑田源次、后藤末雄，法国的伯希和（Paul Pelliot），丹麦的汉森（Abraham Clod-Hansen），中国的鲍鉴清、范行准、李涛、王吉民和伍连德等。20 世纪 80 年代以来，各国学者各擅胜场，如美国加利福尼亚大学的桑德史（John B. deC M. Saunders）教授和李瑞爽（Francis R. Lee）博士出版《康熙朱批脏腑图考释》[1]，德国汉学家魏汉茂（Hartmut Walravens）对《格体全录》各抄本展开梳理[2]，日本学者渡边纯成则对日藏抄本深入探讨[3]；中国

---

* 本文为上海市哲学社会科学规划课题 "海内外《钦定格体全录》藏本流传脉络研究"（编号：2015BLS003）、国家社会科学基金重大项目 "中外科学文化交流历史文献整理与研究"（编号：10&ZD063）阶段性成果。

1 参 见 With Annotaions and Translations by John B. deC. M. Saunders and Francis R. Lee, *The Manchu Anatomy and its Historical Origin* (Taipei: Li Ming Cultural Enterprise Co, 1981), pp.1-8。

2 参见 Hartmut Walravens, "Medical Knowledge of the Manchus and the Manchu Anatomy," *Etudes Mongoles Et Siberiennes* 27 (1996): 359-374。

3 参见〔日〕渡边纯成《满洲语医学书〈格体全录〉について》，《满族史研究》2005 年第 4 期，第 22~113 页;〔日〕渡边纯成：《满洲语医学文献杂考》，《满族史研究》2007 年第 6 期，第 96~122 页。

学者赵璞珊[1]、潘吉星[2]、于永敏[3]、马伯英[4]、曹增友[5]、韩琦[6]、关雪玲[7]、牛亚华[8]、王银泉[9]、王敌非[10] 等，从中外交流、文化接受、医学传播、语言翻译等不同视角对《格体全录》进行研究。近十年来，尤以董少新、高晞、张哲嘉三位教授的成果最为显著，董少新致力于钩沉西洋解剖著作的翻译、传播与演变[11]；高晞对《格体全录》各抄本的记录发现与流传进行全方位考证[12]；张哲嘉则以《格体全录》满文译本为例，展示康熙皇帝医学健康教育的建构过程。[13]

一　人体骨骼解剖图问题

《格体全录》编纂之时，康熙帝就一再叮嘱巴多明："这部书很特别，不能视为等闲书籍，也不能让它被不学无术的人任意处置。"[14] 故而，《格体全录》仅在清廷内部极小范围流传，对我国医学整体发展产生的学术影响不大。造成这种局面的原因，多数学者认同这一源出欧洲的满文人体解剖著作，与我国的传统文化、风教伦理格格不入。桑德史教授和李瑞爽博士以他们重点研究的丹麦抄本《周身血脉图》为依据，强调骨骼解剖图在此间的意义，认为

1　参见赵璞珊《西洋医学在中国的传播》，《历史研究》1980 年第 3 期，第 37~48 页。

2　参见潘吉星《康熙帝与西洋科学》，《自然科学史研究》1984 年第 2 期，第 177~188 页。

3　参见于永敏《康熙帝与满族第一部医学译著〈钦定骼体全录〉》，《满族研究》1991 年第 1 期，第 59~61 页。

4　参见马伯英、高晞、洪中立《中外医学文化交流史——中外医学跨文化传通》，文汇出版社，1993，第 312~314 页；马伯英《中国医学文化史》下卷，上海人民出版社，2010，第 361~363 页。

5　参见曹增友《耶稣会士巴多明及其中国科学、历史观念》，《北京社会科学》1995 年第 4 期，第 88~94 页。

6　参见韩琦《康熙朝法国耶稣会士在华的科学活动》，《故宫博物院院刊》1998 年第 2 期，第 68~75 页；韩琦《中国科学技术的西传及其影响》，河北人民出版社，1999，第 24 页。

7　参见关雪玲《康熙朝宫廷中的西洋医事活动》，《故宫博物院院刊》2004 年第 1 期，第 99~111 页。

8　参见牛亚华《中日接受西方解剖学之比较研究》，博士学位论文，西北大学，2005，第 64~67 页。

9　参见王银泉《清初耶稣会士巴多明中西文化科技交流活动述评》，《云南大学学报》（社会科学版）2010 年第 5 期，第 88~94 页；王银泉、徐海女《清初入华耶稣会士巴多明中医西传活动述评》，《贵州社会科学》2015 年第 8 期，第 50~56 页。

10　参见王敌非《俄罗斯圣彼得堡大学收藏的满文写本和刻本》，《黑龙江民族丛刊》2015 年第 1 期，第 151~155 页。

11　参见董少新《形神之间——早期西洋医学入华史稿》，上海古籍出版社，2008，第 435~460 页。

12　参见高晞《〈格体全录〉抄本的记录发现与流传》，"史料扩充与史学演进：中国近现代史研究的反思与前瞻"学术讨论会论文集》，2017，第 1~12 页。

13　参见张哲嘉《康熙皇帝的健康教育课本》，《"跨越边际的古代东方医学：对话与互动"国际学术讨论会论文集》，2018，第 282~299 页。

14　〔法〕巴多明：《耶稣会传教士巴多明神父致法兰西科学院诸位先生的信》，1723 年 5 月 1 日，载〔法〕杜赫德编《耶稣会士中国书简集——中国回忆录 Ⅱ》，郑德弟译，大象出版社，2001，第 300 页。

《格体全录》缺失人体骨骼图不是因为疏忽，而是出于观念的考虑，并以此引申为满族游牧民族统治者与中国传统农业感性间的文化差异。[1]

这一问题存有商榷的空间，丹麦抄本《周身血脉图》总共 90 面图页，包括大小解剖图 184 幅。多数解剖图有满文名称及满文图说，主要包括正面和背面人体全图、人体肌肉图、人体血管图、颅脑解剖图、心脏解剖图、男女生殖器官解剖图等。在鲍鉴清教授[2]整理的基础上，笔者逐页核对，《周身血脉图》脏腑对应图页分布如表 1 所示。

如果说清代国人在观念上尚难以接受人体骨骼图，那尝试考察《周身血脉图》所包含的全身人体肌肉图、血管图、神经图等。袒裸的肌肉、清晰的血管、纤细的神经，这些与暴露的骨骼，本质上并无多大的差异。若具体到各分系统的肌肉、血管、骨骼图，《周身血脉图》更有大量呈现，如第一、第二、第三颈椎图（图 1）。张哲嘉教授提出，康熙皇帝早在《格体全录》翻译之初就早已获知图像中人体裸露、肉体割裂的情况，不会直至翻译结束才以此为由特别拘谨。[3]董少新教授也认为，《格体全录》中任何一幅解剖图都会引起中国人的文化不适感，特别是全身图和精确的

生殖器官解剖图，都会触动中国人敏感的伦理神经；所以，省略骨骼图应是根据此书内容所做的取舍结果。[4]这些看法，无疑更为客观公允。

那问题在于，《格体全录》是否包含全身人体骨骼图呢？近年伴随文献信息数字化的高速发展，这一难题迎刃而解。法国国家图书馆所收藏的抄本《钦定格体全

图 1　第一、第二、第三颈椎图（引自 John B. deC. M. Saunders and Francis R. Lee, *The Manchu Anatomy and its Historical Origin*, Taipei, 1981, P.74）

1　John B. deC. M. Saunders and Francis R. Lee, *The Manchu Anatomy and its Historical Origin*, p.2.

2　鲍鉴清：《周身血脉图》，《解剖学通报》1964 年第 1 期，第 89~91 页。

3　张哲嘉：《康熙皇帝的健康教育课本》，第 299 页。

4　董少新：《形神之间——早期西洋医学入华史稿》，第 451 页。

表1 《周身血脉图》的脏腑对应简况	
1—2 图页	正面、背面所见人体全图
3—14 图页	人体肌肉、血管与神经
15—31 图页	脑实质、脑膜与颅骨的结构
32 图页	鼻筛部
33—35 图页	眼球、眼外肌及其神经
36 图页	腮腺、耳及颞骨的关系
37 图页	第一、第二、第三颈椎
38 图页	腹部肌肉
39—40 图页	肺的构成
41—53 图页	腹腔脏器（胰、肝、脾、大小肠、胃及食道）及血管、神经
54—59 图页	心脏结构及其大血管、神经
60 图页	脾脏
61—64 图页	气管与支气管
65—67 图页	肝胆结构及其血管、神经
68—72 图页	泌尿系统（肾、输尿管、膀胱、尿道）
73—74 图页	睾丸结构
75 图页	颅底的血管、神经
76、78 图页	男性内、外生殖器
77 图页	心腔内部结构
79—82 图页	女性内生殖器（子宫、卵巢）
83—85 图页	妊娠子宫、胎儿
86 图页	肾上腺解剖结构
87 图页	椎动脉及其分支的关系
88 图页	食管、大血管及迷走神经的关系
89 图页	鱼类心脏与主动脉弓血液至鳃部的循环图
90 图页	心室腔、心肌及瓣膜的结构

录》[1]（封页题为《西医人身骨脉图说》，见图2），清晰地展现出全身的人体骨骼（见图3）。日本大阪杏雨书屋的《格体全录》藏本，同样包括这一骨骼图。[2] 这也进一步证实了高晞教授的观点，丹麦哥本哈根皇家图书馆所藏的《格体全录》，也就是国内

---

1 见法国国家图书馆网页 https://gallica.bnf.fr/ark:/12148/btv1b9002929h。为了与《格体全录》其他藏本以示区别，文中将这一抄本直接称为《西医人身骨脉图说》，并采用法国国家图书馆现有编号，《西医人身骨脉图说》第 1~8 卷为上册，共 299 页；第 9~16 卷为下册，共 289 页。

2 牛亚华:《中日接受西方解剖学之比较研究》，第 66 页。

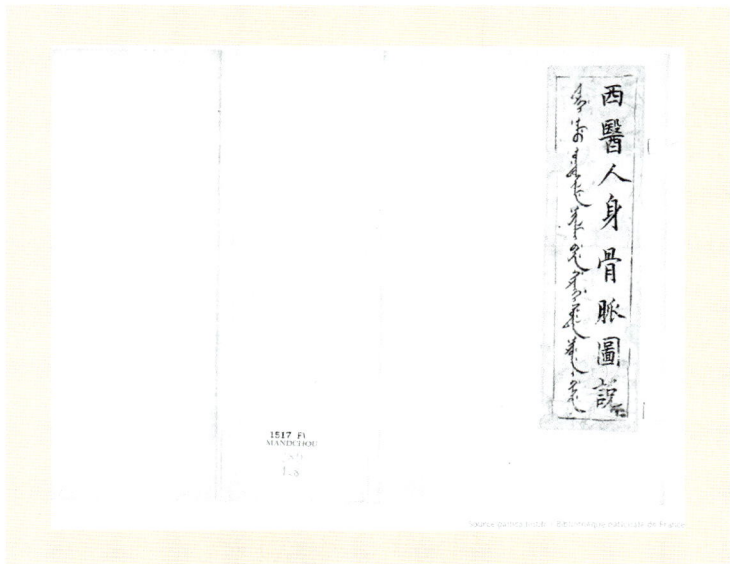

图 2 《西医人身骨脉图说》上册，封页

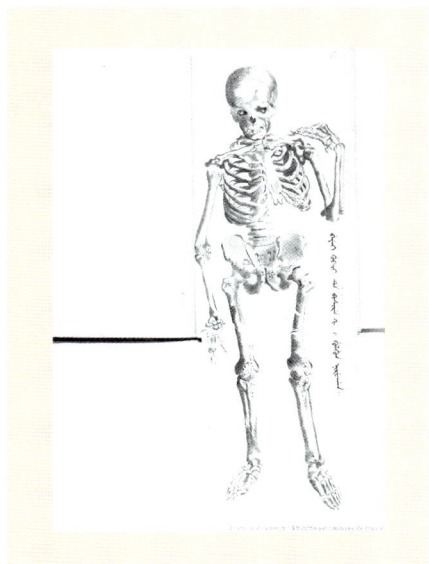

图 3 人体骨骼图（引自《西医人身骨脉图说》下册，第 65 页）

常见的《周身血脉图》，并非抄本的全部，称之为图谱本更为合适。[1]

二 欧洲文艺复兴以后人体解剖学的光影艺术

始于 14 世纪延续至 17 世纪的欧洲文艺复兴，对解剖学的热心程度超乎想象，让世人对人体结构获得了一种全新的理解，而这种理解常常通过绘画（包括人体解剖图）得以展现。正如美国普渡大学教授洛伊斯·N.玛格纳（Lois N. Magner）《生命科学史》所说："医学和绘画都要求精确的解剖知识。文艺复兴时期，画家和解剖学家一样，和解剖改革不可避免地联系在一起。文艺复兴时期的绘画与解剖、光学和数学之间有特殊的关系，这种特殊的关系不仅是希腊理念鼓励赞颂和研究人体的回归，同时也形成了文艺复兴时期绘画艺术的很多特性……艺术家们确信对尸体的研究可以使他们能够更加真实地表现生命，因此他们想要研究肌肉、骨骼和身体内部器官的工作情况。"[2] 故而，有学者直接将人体解剖学视为医学与艺术的交叉点。[3]

这一时期诞生的透视法、解剖学以及光影术这三种科学性的手段，它们相互结合、相互作用，共同构成了西方绘画的

---

1 高晞:《〈格体全录〉抄本的记录发现与流传》，第 12 页。

2 〔美〕洛伊斯·N.玛格纳:《生命科学史》第三版，刘学礼主译，上海人民出版社，2012，第 69 页。

3 张可佳:《人体解剖学——医学与艺术的交叉点》，《艺术研究》2009 年第 2 期，第 16~17 页。

科学性表现。光的表现对于西洋绘画之意义毋庸置疑，透视法好让画面出现纵深的感觉，然后艺术家选择了解剖学使画面形象科学性地带有血液般的鲜活起来。[1] 文艺复兴时期，比利时名医安德烈·维萨里（Andreas Vesalius, 1514–1564），开创了近代人体解剖学。所著之 *De Humani Corporis Fabrica*（《人体的构造》，1543），其中的大量图例，则由奥波利纳斯（Joannes Oporinus）制版生产。而《人体的构造》产生的巨大影响在很大程度上要归功于德国卡尔克（Kalker）的画家施蒂芬（John Stephen），他为该书提供了自然主义的、技法精湛的绘画，用生活化的姿势显示解剖的身体[2]（见图4）。

入华的法国耶稣会士们深受文艺复兴思想的濡染，时至18世纪初《格体全录》编绘时，巴多明对解剖图著的来源做出选定，"我在所知的以拉丁文、法文或意大利文写作的解剖学家中选择了迪奥尼斯（Dionis）先生的著作，我觉得它最清楚、最准确。我根据他的顺序和方法做了解释。至于插图，我则喜欢巴托兰（Bartolin）先生的作品，因为它们比其他的更大、刻印得也更好"。[3] 无论是法国外科御医皮埃尔·迪奥尼斯（Pierre Dionis, 1643–1718）的 *Anatomie de l'homme Suivant la Circulation du Sang et les Dernières*

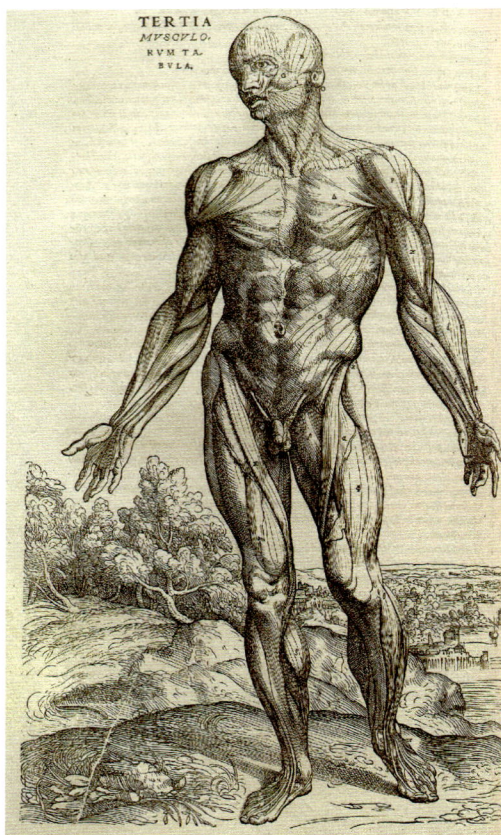

图4　人体解剖图（引自 Andreas Vesalius, *De Humani Corporis Fabrica*, Basel, 1543, P.178）

1　刘江：《简论文艺复兴到十七世纪前西方绘画中的光影表现》，《读者欣赏》（理论版）2011年第1期，第69~71页。

2　〔英〕罗伊·波特主编《剑桥插图医学史》修订版，张大庆主译，山东画报出版社，2007，第98页。

3　〔法〕巴多明：《耶稣会传教士巴多明神父致法兰西科学院诸位先生的信》，第298页。

Découvertes（《根据血液流动和新发现而写的人类解剖学著作》，1690），抑或丹麦解剖学家托马斯·巴托兰（Thomas Bartholin，1616–1680）的 *Anatome Quartum Renovata*（《解剖学的四次革新》，1677），这些 17 世纪后期的人体解剖著作均有欧洲文艺复兴以后光影艺术的浓重特点，推行医学和艺术的有机结合，与维萨里《人体的构造》一脉相承。[1]《格体全录》编纂时临摹欧洲原版，运用透视、明暗、阴影等画法，使之成为当时在我国绘制最为精美的西洋解剖图。[2]

三　解剖图谱的中国化演变

在精心描摹原作的同时，《格体全录》所绘制的人体解剖图也做出了相应改动，可以认为是针对中国传统文化的一种演变，更可以理解为中西两种文明在交汇时的某种融合。例如"正面所见人体全图"（见图 5），与卡斯帕·巴托兰（Caspar Bartholin，1585–1629，丹麦解剖学家、哥本哈根大学医学教授，托马斯·巴托兰之父）《人体各部分的生动图像》原图相比（见图 6），增加遮羞布一条，刻意遮挡男性下体；同时对欧洲模特的头部轮廓进行修改，脸型更为狭长、颧骨不再凸显、眼裂呈上斜形、出现较明显三角形耳垂[3]，典型东亚黄种人（满族人）的形象跃然纸上。又如"腹腔内肠管解剖图"（见图 7），较之托马斯·巴托兰《解剖学的四次革新》原图（见图 8），增加头部形象，并隐去下部的男性外生殖器；让视者着重于腹部大小肠的解剖形态是一个方面，妥协于中国儒家传统之考虑肯定也是存在的。更显著者，"女性盆腔脏器结构图"（见图 9），对比托马斯·巴托兰《解剖学的四次革新》原图（见图 10），上部女性的乳房组织与下部女性的外生殖器，均遭到有意识的舍弃以适应中国的满汉文化。[4]

西洋解剖图本身或缺，而在《格体全录》出现的少数服饰中，亦可见端倪。如"鼻筛部解剖图"（见图 11），人物着装，窄小立领、对襟纽襻，这是清代康雍时期常见的男性服饰，即"对襟马褂"。[5]"耳腮部图"（见图 12），则展现人物服饰的侧面，依然穿着对襟马褂。再次观察"鼻筛部解剖图""耳腮部图"两幅，人物正面、侧面的毛发稀疏，表现为剃发易服后"半剃半留"的清人男性发式。

此外，日本学者渡边纯成通过对收

1　陈瑞林：《西方医学图画与近代中国写实绘画的兴起》，《美术研究》2010 年第 4 期，第 27~45 页。

2　董少新：《形神之间——早期西洋医学入华史稿》，第 451 页。

3　韩向君、何欣、段秀吉等：《吉林省满族体质特征调查》，《人类学学报》1993 年第 1 期，第 55~63 页。

4　杨奕望：《康熙朝满文人体解剖著作〈钦定格体全录〉探赜》，《历史档案》2017 年第 4 期，第 136~141 页。

5　周锡保：《中国古代服饰史》，中国戏剧出版社，1984，第 465 页。

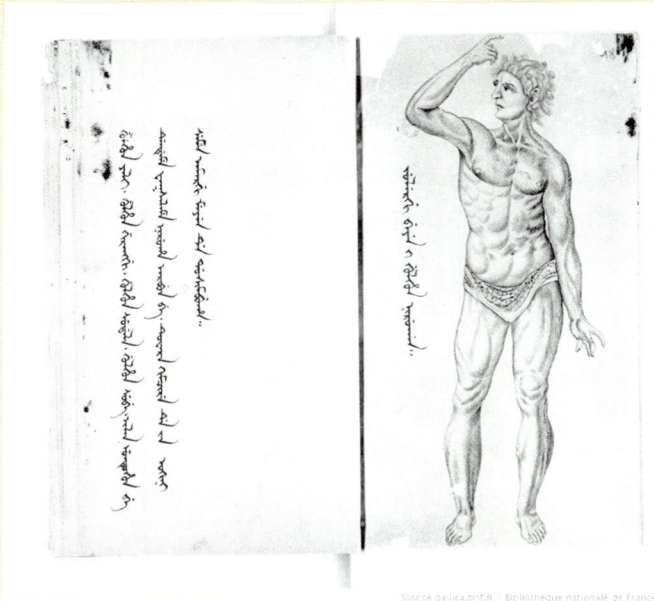

图 5　人体正面全图（引自《西医人身骨脉图说》
上册，第 18 页）

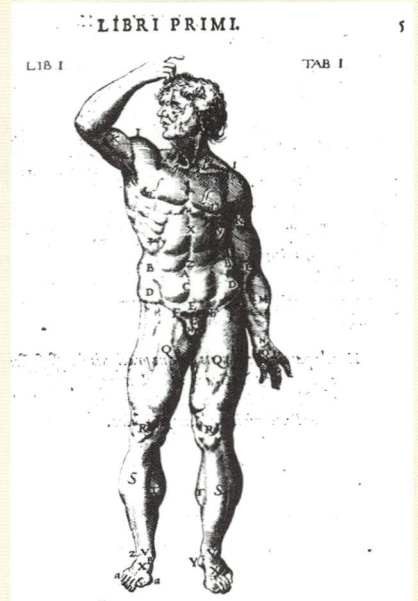

图 6　人体正面全图（引自 Caspar Bartholin,
Frankfurt, *Vivae Imagines Partium Corporis
Humani*, 1621, P.5）

图 7　腹腔内肠管解剖图（引自《西医人身骨脉图
说》下册，第 129 页）

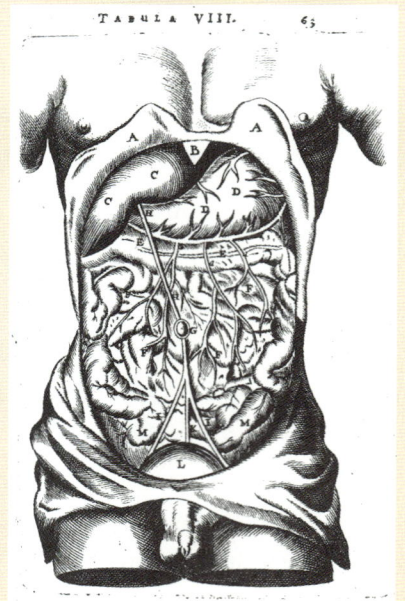

图 8　腹腔内肠管解剖图（引自 Thomae
Bartholin, *Anatome Quartum
Renovata*, Lugduni, 1677, P.63）

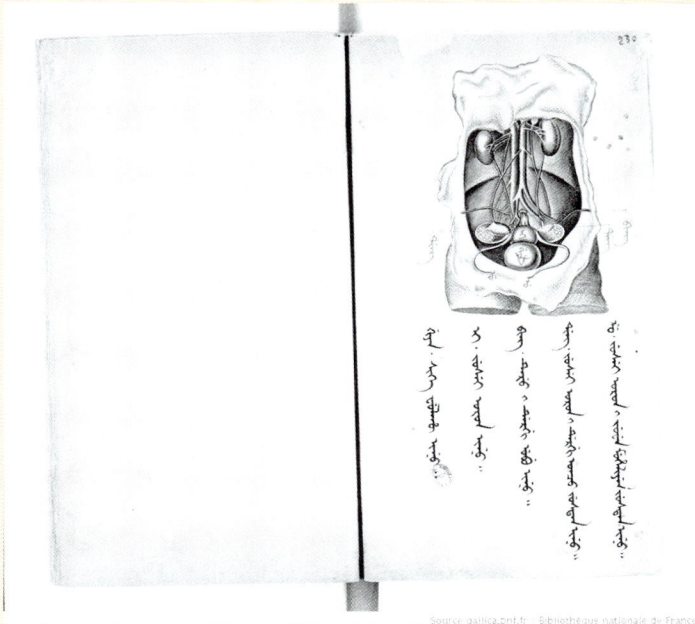

图 9　女性盆腔脏器结构图（引自《西医人身骨脉
图说》下册，第 230 页）

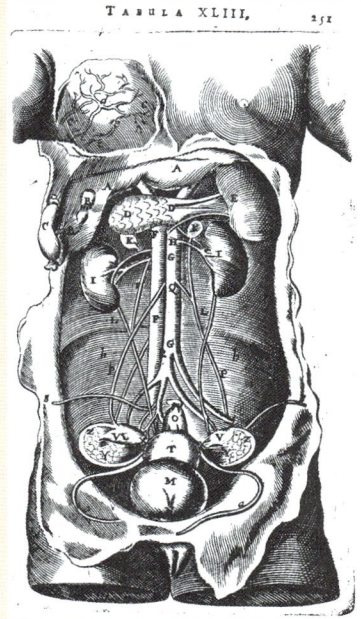

图 10　女性盆腔脏器结构图（引自
Thomae Bartholin, Lugduni,
Anatome Quartum Renovata,
1677, P.251）

图 11　鼻筛部解剖图（引自《西医人身骨脉图说》
上册，第 120 页）

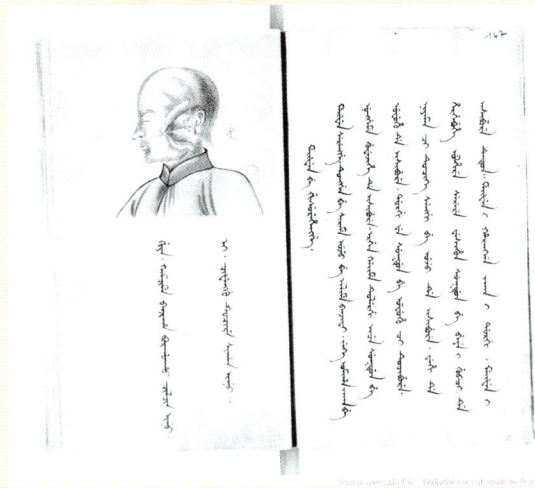

图 12　耳腮部图（引自《西医人身骨脉图说》上册，
第 147 页）

藏于日本各写本的反复考察，进一步发现《钦定格体全录》上、下部均采取了中国传统医学的脏腑体系，也就是肺与大肠、胃与脾脏、心脏与小肠、肾脏与膀胱、肝脏与胆囊，按照五行学说五脏六腑表里相配合。[1]完全承袭《黄帝内经》的知识结构，一如《灵枢·本输》所云："肺合大肠，大肠者，传道之府。心合小肠，小肠者，受盛之府。肝合胆，胆者，中精之府。脾合胃，胃者，五谷之府。肾合膀胱，膀胱者，津液之府也。"[2]上述研究成果令人惊讶，以17世纪欧洲人体解剖著作为底本的《格体全录》，在编制人体脏腑时，居然采用了中医经典《黄帝内经》的排列。可能法国耶稣会士巴多明认为，这是中国医生更容易接受的序列；或许也是他对康熙帝医学观和医疗政策的迎合。但无论如何，《格体全录》中国化的改变无疑非常显著。妥协抑或迎合，均展现出中西两种文明在碰撞时的融汇。

1　〔日〕渡边纯成：《满洲语医学书〈格体全录〉について》，第53~55页。

2　《灵枢经》，人民卫生出版社，1963，第8页。

（二）

礼
仪
与
宗
教

秦汉社会礼仪中的用色考察
——以丧礼和降礼为例 *

■ 曾 磊（中国社会科学院古代史研究所 出土文献与中国古代文明研究协同创新中心）

色彩本是一种客观存在的光学现象。自然界中的颜色经过人类视觉系统的处理呈现在我们眼前。人类对颜色进行语言描述，就产生了颜色词。在人类文明的初期，颜色因其鲜明的视觉特性，可能比文字更容易表达特定的情感和思想。人类在各自的文化环境中，通过自身的生产实践逐渐赋予颜色不同的文化寓意。颜色也成为一种鲜明的文化符号。人类学家马歇尔·萨林斯（Marshall Sahlins）指出：

> 实际上，颜色就是符号。在世界各地的各种社会关系中，颜色无论是作为词汇，还是作为具体事物，都是一种标志：通过这种有意味的形式，个人和团体，物体和环境，有区别地融合在文化秩序中。[1]

颜色作为文化符号，能够带来强烈的视觉冲击，具有重要的象征意义。法国学者米歇尔·帕斯图罗在其《色彩列传：绿色》的导言中对颜色的社会属性有精彩的论述：

> 对于历史学家——也包括社会学家和人类学家——而言，色彩的定义首先是一种社会行为，而不是一种物质，更不是光线的碎片或者人眼的感觉。是社会"造就"了色彩，社会规定了色彩的定义及其象征含义，社会确立了色彩的规则和用途，社会形成了有关色彩的惯例和禁忌。因此，色彩的历史首先就

---

* 本文为国家社会科学基金青年项目"秦汉颜色观念研究"（17CZS009）阶段性研究成果。

1　M. Sahlins, *Colour and Cultures*, Simiotica, No.16 (1976), p.3. 转引自〔英〕汪涛《颜色与祭祀：中国古代文化中颜色涵义探幽》，郅晓娜译，上海古籍出版社，2013，第 7 页。

是社会的历史。[1]

因为人类文明的延续性和差异性，同一种颜色在不同历史时期、不同文化族群中会有不同的文化寓意。直至今日，颜色仍然是区分国家、族群的显著标志。[2] 因此，研究颜色的社会属性，要与使用该颜色的族群的时代风貌、社会文化心理紧密结合。

颜色的象征意义在具有多变性的同时，又有其相对的稳定性。汪涛指出："尽管某种颜色的具体含义，会因时间、地点或个体而迥然有别，但在多数情况下，颜色含义的确并非任意的，而是有条件或有目的性的。在某种特定的文化语境，尤其是宗教语境中，象征性通常会被集合化[3] 和法典化，成为一种文化现象。"[4] 这使我们对特定时段内特定颜色象征意义的考察成为可能。

中国古代对事物颜色的重视往往超出今人的想象。这种重视自商周以来就表现得十分明显[5]，在秦汉时期依然可以见到。《史记·封禅书》《汉书·郊祀志》《续汉书·祭祀志》可以见到对祭品、祭服颜色的繁复规定。《续汉书·礼仪志》《续汉书·舆服志》中也可以看到对服色制度的详细规定。这些规定并非多余，而自有其象征意义。

颜色只是表象，其背后思想基因的源流十分久远，影响也非常深远。本文尝试以丧礼和降礼为例，对秦汉社会礼仪中的用色进行初步考察，以就教于方家。

一 白色与丧葬礼仪

《汉书·酷吏传·尹赏传》载：

> 长安中奸猾浸多，闾里少年群辈杀吏，受赇报仇，相与探丸为弹，得赤丸者斫武吏，得黑丸者斫文吏，白者主治丧。城中薄暮尘起，剽劫行者，死伤横道，枹鼓不绝。

所谓"白者主治丧"，颜师古注："其党与

1　〔法〕米歇尔·帕斯图罗：《色彩列传：绿色》，张文敬译，生活·读书·新知三联书店，2016，导言第 5 页。

2　例如，各国国旗的颜色大多具有特定的文化意义。服饰颜色的差异，也往往是区分不同民族的标志。举一个更具体的事例，一支足球队队服的颜色往往有特定的文化含义。英国威尔士的卡迪夫城足球俱乐部（Cardiff City Football Club）的主场队服原本为蓝色，近年马来西亚华裔富豪陈志远入主球队后，出于亚洲市场的考虑，将球队主场队服改为红色，球队队徽也由"蓝鸟"改为"红龙"，引起当地大批球迷的不满。球队主场队服最终恢复为蓝色，队徽也改回"蓝鸟"。这可以看作因颜色引发的文化冲突的典型范例。

3　原文作"集体合化"，疑误。

4　〔英〕汪涛：《颜色与祭祀：中国古代文化中颜色涵义探幽》，第 7 页。

5　参见〔英〕汪涛《颜色与祭祀：中国古代文化中颜色涵义探幽》；郭静云《"幽玄之谜"：商周时期表达青色的字汇及其意义》，《历史研究》2010 年第 2 期，第 4~24 页。

有为吏及它人所杀者，则主其丧事也。"[1] 长安闾里的"奸猾"恶少年以探丸杀人为业，探得白丸者主办丧事，正是以白色象征丧葬。白色作为丧葬礼仪的主色调几千年来并未发生太大变化。[2]

按照五行学说，白色属金，是西方肃杀之气，是衰败的开始。丧葬礼仪自然是肃杀衰败，但白色成为丧葬的主色调，应该远在五行说产生之前。

《仪礼注疏》卷二八《丧服》卷首贾公彦疏以为，"黄帝之时朴略尚质，行心丧之礼终身不变"。唐虞之时则"淳朴渐亏，虽行心丧，更以三年为限"。而三王以降，"浇伪渐起，故制《丧服》以表哀情"。贾公彦进一步解释说：

> 明三王已降，浇伪渐起，故制丧服以表哀情者，案《郊特牲》云："大古冠布，齐则缁之。"郑注云："唐虞已上曰大古。"又云"冠而敝之可也"，注云："此重古而冠之耳。三代改制，齐冠不

复用也。以白布冠质，以为丧冠也。"据此而言，则唐虞已上，吉凶同服，惟有白布衣、白布冠而已。故郑注云白布冠为丧冠。又案三王以来，以唐虞白布冠为丧冠。又案《丧服》记云："凡衰外削幅，裳内削幅。"注云："大古冠布衣布，先知为上，外杀其幅，以便体也。后知为下，内杀其幅，稍有饰也。后世圣人易之，以此为丧服。"据此《丧服》记与《郊特牲》两注而言，则郑云后世圣人，夏、禹也。是三王用唐虞白布冠、白布衣为丧服矣。[3]

按照贾公彦的解释，唐虞之前的"大古"之时，吉凶所用服色相同，均为白布衣、白布冠。白布衣、白布冠成为专用丧服始自三王。[4] 这自然是后世儒家对上古生活的空想，但白色作为丧葬礼仪的象征色，确实由来已久。在丧葬礼仪中，参与丧事者要穿戴粗疏的麻布丧服，衣服要质朴无华，

1　（汉）班固：《汉书》卷九〇《酷吏传·尹赏传》，中华书局，1962，第 3673 页。

2　先秦丧服也有黑色者。如《左传·僖公三十三年》载秦晋殽之战，"子墨衰绖"。杜预注："晋文公未葬，故襄公称'子'。以凶服从戎，故墨之。"后晋败秦师于殽，"遂墨以葬文公。晋于是始墨。"杜预注："后遂常以为俗，记礼所由变。"[（晋）杜预注，（唐）孔颖达疏《春秋左传正义》卷一七"僖公三十三年"，（清）阮元校刻《十三经注疏》，中华书局，1980，第 1833 页] 对于晋襄公"墨衰绖"一事，《史记》卷三九《晋世家》裴骃《集解》引贾逵曰："墨，变凶。"对"墨以葬文公"一事，裴骃《集解》又引服虔曰："非礼也。"（中华书局，1959，第 1670 页）

3　（汉）郑玄注，（唐）贾公彦疏《仪礼注疏》卷二八《丧服》，（清）阮元校刻《十三经注疏》，第 1096 页。

4　类似的说法又见《礼记·三年问》孔颖达疏："其丧服所起，则黄帝尧舜之时，虽有衣裳，仍未有丧服也。但唐虞已前，丧服与吉服同，皆以白布为之，故《郊特牲》云：'大古冠布，齐则缁之。'若不齐则皆用白布也。郑注《丧服》，其冠衰之异，从三代以下，由唐虞以上曰大古，吉凶皆用白布，则知三代吉凶异也。"（汉）郑玄注，（唐）孔颖达疏《礼记正义》卷五八《三年问》，（清）阮元校刻《十三经注疏》，第 1664 页。

不能装饰[1]，而麻布的自然色泽就是白中泛黄。因此，丧葬选用白色的原因，最初可能是取其质朴素洁之意。《礼记·郊特牲》云："素服，以送终也。"[2]对死者的祭奠也要"奠以素器，以生者有哀素之心也"。这里的"素器"，是指没有装饰的器物[3]，也是取其质朴素洁之意。马王堆三号汉墓出土《丧服图》如图1所示。

丧主身着白色衣物，自不待言。而吊丧及送丧者，也要身着白衣，以示哀悼。《说苑·敬慎》说孙叔敖为楚令尹，"一国吏民皆来贺。有一老父衣粗衣，冠白冠，后来吊"。[4]老父身着白色丧服前往吊丧，以警示孙叔敖。秦军在殽之战后败师而归，"缪公素服郊迎"。[5]《史记·刺客列传》说荆轲刺秦王，"太子及宾客知其事者，皆白衣冠以送之"。所谓"壮士一去兮不复还"，刺杀秦王生死难料，易水送行可能是生死永诀，因此燕太子丹及宾客提前穿戴素服，为荆轲、秦舞阳送行。[6]

白色丧服又称"素缟""缟素"。《穀梁传·成公五年》："君亲素缟，帅群臣而哭之。"范宁注："素衣缟冠，凶服也。"[7]楚汉相争时，汉王刘邦曾为义帝发丧，"诸侯皆缟素"。[8]光武爱将来歙遇刺身亡，"乘舆缟素临吊送葬"。[9]汉和帝尊谥梁贵人为"恭怀皇后"，追服丧制，百官缟素。[10]《搜神记》卷一四："昔魏武军中，无故作白帢，此丧征也。"[11]《焦氏易林·否之旅》也说："履服白缟，殃咎并到，忧不能笑。"[12]

1　如果父母健在，则要"冠衣不纯素"。[《礼记·曲礼》："为人子者，父母存，冠衣不纯素。"郑玄注："为其有丧象也。纯，缘也。"（汉）郑玄注，（唐）孔颖达疏《礼记正义》卷一《曲礼上》，（清）阮元校刻《十三经注疏》，第1234页]

2　（汉）郑玄注，（唐）孔颖达疏《礼记正义》卷二六《郊特牲》，（清）阮元校刻《十三经注疏》，第1454页。

3　（汉）郑玄注，（唐）孔颖达疏《礼记正义》卷九《檀弓下》，（清）阮元校刻《十三经注疏》，第1301页。郑玄注："哀素，言哀痛无饰也。凡物无饰曰素。"

4　（汉）刘向撰《说苑校证》卷一〇《敬慎》，向宗鲁校证，中华书局，1987，第252页。

5　（汉）司马迁：《史记》卷五《秦本纪》，第192页。

6　（汉）司马迁：《史记》卷八六《刺客列传》，第2534页。

7　（晋）范宁注，（唐）杨士勋疏《春秋穀梁传注疏》卷一三"成公五年"，（清）阮元校刻《十三经注疏》，第2419页。

8　（汉）司马迁：《史记》卷八《高祖本纪》，第370页。

9　（南朝宋）范晔：《后汉书》卷一五《来歙传》，中华书局，1965，第589页。又如《后汉书》卷四五《张酺传》："乘舆缟素临吊，赐冢茔地，赠赙恩宠异于它相。"（第1533页）《后汉书》卷六五《皇甫规传》："友人上郡太守王旻丧还，规缟素越界，到下亭迎之。"（第2136页）

10　（南朝宋）范晔：《后汉书》卷一〇上《皇后纪上·章德窦皇后纪》，第417页。

11　（晋）干宝撰《新辑搜神记》卷一四《无颜帢》，李剑国辑校，中华书局，2007，第235页。事又见《宋书》卷三〇《五行志一》："魏武帝以天下凶荒，资财乏匮，始拟古皮弁，裁缣帛为白帢，以易旧服。傅玄曰：'白乃军容，非国容也。'干宝以为缟素，凶丧之象，帢，毁辱之言也。盖革代之后，攻杀之妖也。"（中华书局，1974，第886页）

12　（汉）焦延寿著《焦氏易林注》卷三《否之旅》，尚秉和注，常秉义批点，中央编译出版社，2012，第141页。

图 1　马王堆三号汉墓出土《丧服图》

[湖南省博物馆、复旦大学出土文献与古文字研究中心编纂，裘锡圭主编《长沙马王堆汉墓简帛集成》（七），中华书局，2014，第 35 页。]

"素车白马"也是吊丧者的标志。《后汉书·独行传·范式传》载张劭病逝，范式"素车白马，号哭而来"。[1]《续汉书·五行志一》："桓帝之末，京都童谣曰：'白盖小车何延延。河间来合谐，河间来合谐。'居无几何而桓帝崩，使者与解犊侯皆白盖车从河间来。"[2]解犊侯即后来的汉灵帝刘宏。他从河间去往京都奔丧，所乘亦是白

盖车。据《汉仪注》，汉代"有天地大变，天下大过，皇帝使侍中持节乘四白马，赐上尊酒十斛，牛一头，策告殃咎。使者去半道，丞相即上病。使者还，未白事，尚书以丞相不起病闻。"[3]使者所乘"四白马"的马车，与"素车白马"相似，是令丞相自杀的信号。《史记·周本纪》张守节《正义》引《周春秋》说："宣王杀杜伯而无辜，后三年，宣王会诸侯田于圃，日中，杜伯起于道左，衣朱衣冠，操朱弓矢，射宣王，中心折脊而死。"[4]《墨子·明鬼下》又载："日中，杜伯乘白马素车，朱衣冠，执朱弓，挟朱矢，追周宣王，射之车上，中心折脊，殪车中，伏弢而死。"[5]相较《周春秋》，《墨子》之文增加了"杜伯乘白马素车"的情节，更加明确了杜伯复仇者的身份。与此类似的故事，也发生在秦始皇身上。《史记·秦始皇本纪》记载，秦始皇三十六年（前 211）秋：

使者从关东夜过华阴平舒道，有人持璧遮使者曰："为吾遗滈池君。"因言曰："今年祖龙死。"使者问其故，因忽不见，置其璧去。使者奉璧具以闻。始皇默然良久，曰："山鬼固不过知一

1　（南朝宋）范晔：《后汉书》卷八一《独行传·范式传》，第 2677 页。

2　（晋）司马彪撰，（梁）刘昭注补《续汉书·五行志一》，第 3283 页。

3　（汉）班固：《汉书》卷八四《翟方进传》颜师古注引如淳曰，第 3424 页。

4　（汉）司马迁：《史记》卷四《周本纪》，第 145 页。

5　吴毓江：《墨子校注》卷八《明鬼下》，中华书局，2006，第 331 页。

岁事也。"退言曰："祖龙者，人之先也。"使御府视璧，乃二十八年行渡江所沉璧也。[1]

《汉书·五行志中之上》的记载发生了若干变化：

> 史记秦始皇帝三十六年，郑客从关东来，至华阴，望见素车白马从华山上下，知其非人，道住止而待之。遂至，持璧与客曰："为我遗镐池君。"因言"今年祖龙死"。忽不见。郑客奉璧，即始皇二十八年过江所湛璧也。[2]

相较《史记》，《汉书》增加了"素车白马"的情节，更强调故事的神异色彩。"素车白马"为丧葬之象，郑客所遇精怪实是提前为秦始皇吊丧。《汉书·五行志》将此事与同年"石陨于东郡"的事件并列，以为"此皆白祥"[3]，更是强调了白色的不祥之兆。

汉代文献中又有"白衣会"的说法。《史记·天官书》："昴曰髦头，胡星也，为白衣会。"[4]又载："木星与土合，为内乱。饥，主勿用战，败。水则变谋而更事。火为旱。金为白衣会若水。"张守节《正义》引《星经》云："凡五星，木与土合为内乱，饥。与水合为变谋，更事。与火合为旱。与金合为白衣会也。"[5]《续汉书·天文志中》："三星合辁为白衣之会，金、火俱在参、东井，皆为外兵，有死将。"[6]《后汉书·皇后纪下·灵思何皇后纪》说皇后被害后，"董卓令帝出奉常亭举哀，公卿皆白衣会，不成丧也"。李贤注："有凶事素服而朝，谓之白衣会。"[7]《续汉书·天文志中》李贤注引《韩扬占》曰："天下有丧。一曰有白衣之会。"[8]可见，所谓"白衣会"，即为因有丧事而穿着白服。

白色的云气与丧事有关。《周礼·春官·保章氏》："以五云之物，辨吉凶、水旱降丰荒之祲象。"郑玄注引郑司农云："以二至二分观云色，青为虫，白为丧，赤

1 （汉）司马迁：《史记》卷六《秦始皇本纪》，第 259 页。

2 （汉）班固：《汉书》卷二七中之上《五行志中之上》，第 1399~1400 页。事又见《后汉书》卷三〇下《襄楷传》李贤注引乐资《春秋后传》，第 1079 页。

3 （汉）班固：《汉书》卷二七中之上《五行志中之上》，第 1400 页。

4 （汉）司马迁：《史记》卷二七《天官书》，第 1305 页。

5 （汉）司马迁：《史记》卷二七《天官书》，第 1320 页。

6 （晋）司马彪撰，（梁）刘昭注补《续汉书·天文志中》，第 3235 页。

7 （南朝宋）范晔：《后汉书》卷一〇下《皇后纪下·灵思何皇后纪》，第 450 页。

8 （晋）司马彪撰，（梁）刘昭注补《续汉书·天文志中》，第 3247 页。

为兵荒，黑为水，黄为丰。"[1]天上紫微星垣出现"白气"也是地上"白衣会"的征兆。《续汉书·天文志上》载："（建武）三十年闰月甲午，水在东井二十度，生白气，东南指，炎长五尺，为彗，东北行，至紫宫西藩止，五月甲子不见，凡见三十一日。"司马彪解释说："白气为丧，有炎作彗，彗所以除秽。紫宫，天子之宫，彗加其藩，除宫之象。"果然，"后三年，光武帝崩"。[2]光武帝死后，刘荆致书刘强说："今年轩辕星有白气，星家及喜事者，皆云白气者丧，轩辕女主之位。"[3]又，"（永元）十六年四月丁未，紫宫中生白气如粉絮"。而"白气生紫宫中为丧"。"后一年，元兴元年十二月，和帝崩，殇帝即位一年又崩，无嗣，邓太后遣使者迎清河孝王子即位，是为孝安皇帝，是其应也。"[4]

与"白衣会"的说法类似，出土文献中又有"白衣之遇""白衣之冣"的说法。马王堆帛书《五星占》：

> 凡五星五岁而壹合，三岁而

遇。其遇也美，则白衣之遇也。[5]

周家台秦简《日书》（见图2）载：

> 甲子，其下有白衣之冣，黔首疾疢。
>
> （297叁—298叁）[6]

整理者注："'白衣'，指古代给官府当差的人。《汉书·龚胜传》：'（夏侯常）即应曰：闻之白衣，戒君勿言也，奏事不详，妄作触罪。'颜师古注：'白衣，给官府趋走贱人，若今诸司亭长掌固之属。''冣'，《说文》'冣，积也'，段玉裁注：'冣与聚音义皆同，与月部之最音义皆别……至乎南北朝，冣、最不分。'"整理者将"冣"解释为"聚"，可从。但这里的"白衣"，却并非"给官府趋走贱人"。陈伟、刘乐贤认为，"白衣之冣"也就是"白衣之会"或者"白衣之遇"。[7]其说甚是。

1　（汉）郑玄注，（唐）贾公彦疏《周礼注疏》卷二六《春官·保章氏》，（清）阮元校刻《十三经注疏》，第819页。

2　（晋）司马彪撰，（梁）刘昭注补《续汉书·天文志上》，第3223页。

3　（南朝宋）范晔：《后汉书》卷四二《光武十王传·广陵思王荆传》，第1446~1447页。

4　（晋）司马彪撰，（梁）刘昭注补《续汉书·天文志中》，第3237页。

5　刘乐贤：《马王堆天文书考释》，中山大学出版社，2004，第78页。

6　湖北省荆州市周梁玉桥遗址博物馆编《关沮秦汉墓简牍》，中华书局，2001，第125~126页。

7　陈伟：《读沙市周家台秦简札记》，载楚文化研究会编《楚文化研究论集》第5集，黄山书社，2003；刘乐贤：《纬书中的天文资料——以〈河图帝览嬉〉为例》，《中国史研究》2007年第2期，第71~82页。关于"白衣会"的更多研究，参见赵贞《汉唐天文志书中的"白衣会"小考》，《中国典籍与文化》2011年第3期，第118~121页。

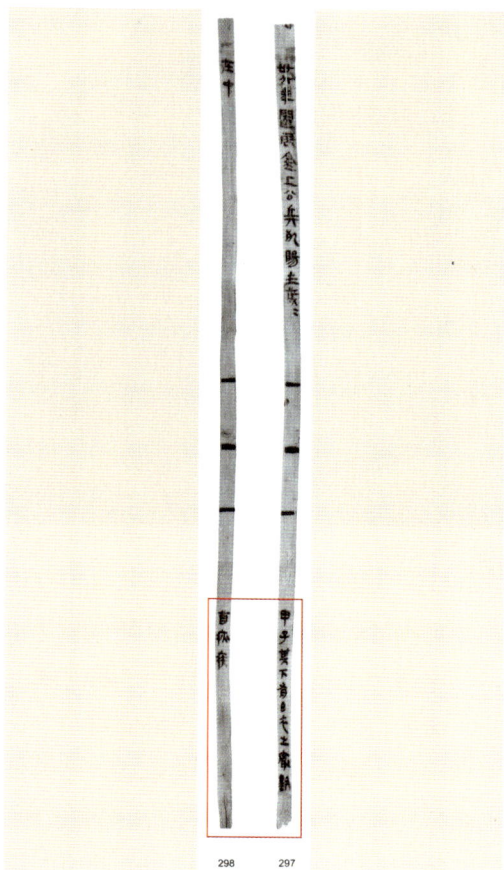

图 2　周家台秦简《日书》简 297、298
[武汉大学简帛研究中心、荆州博物馆编，陈伟主编《秦简牍合集》（三），武汉大学出版社，2014，第 143 页]

刘歆之女刘愔"能为星，语（王）临宫中且有白衣会"[1]，强调"白衣会"的地点发生在"宫中"。上引李贤注也说"白衣会"是指"有凶事素服而朝"。《汉书·天文志》：（景帝）中元"四年四月丙申，金、木合于东井。占曰：'为白衣之会。井，秦也。'其五年四月乙巳，水、火合于参。占曰：'国不吉。参，梁也。'其六年四月，梁孝王死。五月，城阳王、济阴王死。六月，成阳公主死。出入三月，天子四衣白，临邸第。"[2]三月之间，"天子四衣白"，而去世者皆为诸侯王和公主。可见，"白衣会"更强调是皇室成员的丧礼。

二　白色与投降礼仪

古人在战争交往过程中，逐渐形成一套投降礼仪。[3]如《左传·僖公六年》载许僖公投降楚成王："面缚，衔璧，大夫衰绖，士舆榇。"[4]又如《左传·昭公四年》载赖国国

1　（汉）班固：《汉书》卷九九下《王莽传下》，第 4165 页。

2　（汉）班固：《汉书》卷二六《天文志》，第 1305 页。

3　相关研究参见杨希枚《先秦诸侯受降、献捷、遣俘制度考》，《中央研究院历史语言研究所集刊》第 27 本，1956，第 107~116 页，收入《先秦文化史论集》，中国社会科学出版社，1995，第 155~168 页；黄金贵：《"面缚"考》，《文史》第 23 辑，第 301~303 页；李来涛：《"面缚"别解》，《汕头大学学报》1987 年第 2 期，第 131 页；胡正武：《"面缚"降礼的起源与发展》，《台州师专学报》（社会科学版）1999 年第 2 期，第 30~35 页；张维慎：《西汉及其以前的"肉袒谢"》，《寻根》1999 年第 2 期，第 22~23 页；张维慎：《"面缚"：古代投降仪式解读》，《中州学刊》2004 年第 2 期，第 87~91 页；祝中熹：《"面缚"辨义》，《兰州大学学报》1989 年第 2 期，第 128~131 页；万秉星：《"肉袒"演变》，《汉语学习》1985 年第 5 期，第 35~36 页；王进锋：《"面缚"新证》，《管子学刊》2008 年第 2 期，第 107~109 页；王进锋：《"肉袒"降礼考》，《文博》2008 年第 2 期，第 70~72 页；王进锋：《春秋战国投降礼仪述论》，《五邑大学学报》（社会科学版）2008 年第 4 期，第 71~75 页；王进锋：《春秋降礼与丧服起源》，《衡阳师范学院学报》2009 年第 1 期，第 120~123 页；叶少飞、路伟：《〈史记〉中的投降礼仪》，《长江学术》2009 年第 3 期，第 145~149 页；路伟、叶少飞：《〈左传〉里的投降礼仪》，《温州大学学报》（社会科学版）2009 年第 4 期，第 17~22 页；叶少飞、路伟：《〈三国志〉中的投降礼仪》，《襄樊学院学报》2011 年第 3 期，第 5~9 页。

4　（晋）杜预注，（唐）孔颖达疏《春秋左传正义》卷一三"僖公六年"，（清）阮元校刻《十三经注疏》，第 1798 页。

图 3 孝堂山石祠西壁画像《献俘图》
（北京，山水美术馆，2018 年 4 月摄于"中国汉画大展"）

君投降楚灵王："面缚，衔璧，士袒，舆榇从之。"[1] 不难看出，投降礼仪借用了许多丧葬礼仪的道具。投降者将自己视作死者，捆绑身体，口衔玉璧，袒裸上身，从者穿着丧服，抬运棺材，表示愿以性命奉上请罪。投降者所穿丧服，自然也是白色的。

《史记·秦始皇本纪》说秦子婴投降，"系颈以组，白马素车"。裴骃《集解》引应劭曰："组者，天子绶也。系颈者，言欲自杀。素车白马，丧人之服也。"[2]《三国志·魏书·邓艾传》载蜀后主刘禅投降时，"率太子诸王及群臣六十余人面缚舆榇诣军门，艾执节解缚焚榇，受而宥之"。[3]《晋书·王濬传》说孙皓投降时，"备亡国之礼，素车白马，肉袒面缚，衔璧牵羊，大夫衰服，士舆榇，率其伪太子瑾、瑾弟鲁王虔等二十一人，造于垒门。濬躬解其缚，受璧焚榇，送于京师"。[4] 可见先秦时的投降礼仪至汉魏之时仍然沿用。又，李孚率众诈降曹操，"皆使持白幡，从三门并出降"。[5] 出降使用"白幡"，与后世"白旗"类似。

《汉书·贾谊传》说上古的大臣，"闻谴何则白冠氂缨，盘水加剑，造请室而请

1　（晋）杜预注，（唐）孔颖达疏《春秋左传正义》卷四二"昭公四年"，（清）阮元校刻《十三经注疏》，第 2035 页。

2　（汉）司马迁：《史记》卷六《秦始皇本纪》，第 275 页。事又见《史记》卷八《高祖本纪》："汉元年十月，沛公兵遂先诸侯至霸上。秦王子婴素车白马，系颈以组，封皇帝玺符节，降轵道旁。"（第 362 页）

3　（晋）陈寿：《三国志》卷二八《魏书·邓艾传》，中华书局，1959，第 779 页。类似记载又见《三国志·蜀书·后主传》："艾至城北，后主舆榇面缚，诣军垒门。艾解缚焚榇，延请相见。"（第 900 页）

4　（唐）房玄龄等：《晋书》卷四二《王濬传》，中华书局，1974，第 1210 页。

5　（晋）陈寿：《三国志》卷一五《魏书·贾逵传》裴松之注引《魏略列传》，第 487 页。

罪耳，上不执缚系引而行也"。颜师古注引郑氏曰："以毛作缨。白冠，丧服也。"又引应劭曰："请室，请罪之室。"如淳曰："水性平，若己有正罪，君以平法治之也。加剑，当以自刎也。或曰，杀牲者以盘水取颈血，故示若此也。"[1] 大臣以"白冠氂缨，盘水加剑"请罪，心态与投降者并无二致，都是表示臣服对方，愿以死接受惩罚。

战争中的使者出使，也要身穿白色丧服。《说苑·指武》载子贡言说自己的志向："赐也愿齐、楚合战于莽洋之野，两垒相当，旌旗相望，尘埃相接，接战构兵，赐愿着缟衣白冠，陈说白刃之间，解两国之患，独赐能耳。"[2]《三国志·魏书·王昶传》裴松之注引《世语》曰："黄初中，孙权通章表。（曹）伟以白衣登江上，与权交书求赂，欲以交结京师，故诛之。"[3] 使者身穿白衣，可能是向敌方表示屈服，以便双方坦诚交流。

综上所述，白色可以象征投降请罪，投降者穿着白色丧服而来，其源头则指向丧葬礼俗。

结　语

秦汉时代白色的象征意义非常丰富且互相关联[4]，我们很难厘清各种象征意义出现的先后顺序。不过，这些象征意义大体指向三个源头，即光、纯洁、朴素。丧葬选用白色的原因，最初可能是取其质朴素洁之意。白色因与丧葬有关也成为不祥之兆，以致后来人们视白色为禁忌，衍生出许多与此相关的民俗。白色作为丧葬礼仪的主色调延续了几千年。汉代传世文献和出土文献中出现的"白衣会""白衣之遇""白衣之冣"的说法，更强调是皇室成员的丧礼。

投降礼仪中使用白色当由丧葬礼俗而来。投降礼仪借用了许多丧葬礼仪的道具。投降者将自己视作死者，表示愿以性命请罪。从者穿着白色丧服，抬运棺材，表示为投降者送丧。史籍所见战争中使者出使，也要身穿白色衣服，这可能是向敌方示弱的一种方式。

1　（汉）班固：《汉书》卷四八《贾谊传》，第 2257 页。

2　向宗鲁校证："关（嘉）引《家语》王肃注曰：'兵，凶事，故白冠服也。'"［（汉）刘向撰《说苑校证》卷一五《指武》，向宗鲁校证，第 375 页］《韩诗外传》卷九作："得素衣缟冠，使于两国之间，不持尺寸之兵，升斗之粮，使两国相亲如兄弟。"［（汉）韩婴撰《韩诗外传集释》，许维遹校释，中华书局，1980，第 320~321 页］

3　（晋）陈寿：《三国志》卷二七《魏书·王昶传》，第 746 页。

4　参见曾磊《说"白黑"——秦汉颜色观念文化分析一例》，载《秦汉研究》第 8 辑，陕西人民出版社，2014，第 204~213 页；曾磊《秦汉白色神秘象征意义试析》，《中国古中世史研究》第 43 辑（韩国），2017，第 31~73 页；曾磊《汉晋六朝瑞应图录中的白色祥瑞》，《形象史学》2017 下半年，第 30~62 页。

围绕敦煌莫高窟第 217 窟的开凿与重修之历史
——汉语史料中的供养人 *

■ 〔日〕菊地淑子（大妻女子大学、二松学舍大学）

导　言

本稿为菊地淑子（旧名山崎淑子）受到 2012 年度日本鹿岛美术财团研究基金资助所得研究成果的报告论文译文。该研究论文的日文原文刊登在 2013 年 11 月《鹿岛美术研究》（年报第 30 号别册），其后获日本科学研究费补助金资助翻译成中文，于 2016 年 8 月敦煌研究院举办的"2016 敦煌论坛：交融与创新——纪念莫高窟创建 1650 周年国际学术研讨会"上进行了口头报告。[1] 本稿在日文报告论文原文的基础上增添了插图，并充实了结语的内容。除下野玲子的博士论文和陈菊霞、曾俊琴著《莫高窟第 217 窟东壁供养人洪认生平考》一文及松井太、荒川慎太郎编《敦煌石窟多言语资料集成》以外，参考文献与已发表的 2013 年日文原文一致。2013 年以后，

该洞窟的供养人题记的讨论依然十分热烈。关于 2013 年之后的研究动向，笔者将在其他文章中另做论述。

佛教石窟寺院敦煌莫高窟，位于内陆亚洲敦煌近郊石山中，存有近 500 个洞窟。洞窟内装饰有壁画雕塑。每个洞窟都是一个完整的"艺术学"意义上的作品。笔者并不满足于单纯地研究窟内的某一部位某一题材，而是意在将整个洞窟作为考察对象，将其作为一个完整的作品来展现。因此，选择了唐前期开凿的重要洞窟——第 217 窟作为范例，本文即记录了对该窟的考察结果。本年度助研基金研究的主要对象是该洞窟中与供养人画像相对应的汉语题记；同时，在推断该洞窟自开凿以来各历史时期的修复、补绘等情况方面，本研究也有一定的贡献。虽然，自 20 世纪 80 年代以来的许多论文已经多次提及该洞窟

* 伯希和抄写笔记的复制与转载已获得法国吉美博物馆（Le Musée Guimet）的许可。在此表示感谢。本稿为 JSPS 科研费 No. 16K13286 资助的研究成果之一部分。本稿原文为菊地淑子的日文稿，由颜菊馨翻译。

1 详参菊地淑子《围绕敦煌莫高窟第 217 窟的开凿与重修之历史——汉语史料中的供养人》，《2016 敦煌论坛：交融与创新——纪念莫高窟创建 1650 周年国际学术研讨会论文集》下册，敦煌，2016 年 8 月。

内的汉语供养人题记，但是笔者认为有必要再次探讨。在下文中，笔者将结合前人的调查记录及我本人的实地调研展开讨论。

在引用前人和笔者关于汉语供养人题记的实地调查记录时，使用以下简称。伯希和（1908）：伯希和于1908年的调查记录。[1] 史（1947）：史岩于1947年出版的调查记录。[2] 谢（1955）：谢稚柳于1955年出版的调查记录，该调查于1942年至1943年实施。[3]《题记》（1986）：敦煌研究院编的《敦煌莫高窟供养人题记》的简称。[4] 段文杰先生在前言（第1~2页）中记述了敦煌研究院的调查经过和该书编纂的过程。山崎（1995，2003）：笔者分别于1995年4月和2003年9月进行实地调查时的记录。山崎是笔者的旧姓，笔者于2004年改姓。下野（2011）：下野玲子女士于2010年度进行的助研基金研究的记录。[5] 菊地（2013）：笔者在本次助研基金研究中进行实地调查的记录。

一　主室西壁佛龛下部北侧（男供养人像[6]列）

（一）男供养人第1身—图1之1

关于男供养人第1身（见图1）史（1947）、谢（1955）论著中无记载。下野（2011）推断伯希和（1908）所抄未明确记录窟内位置的一条题记是男供养人第1身的题名。可是下野女士没有引用伯希和（1908）的carnet（手写笔记），而是引用了手写笔记被印刷出版成书时所附的插图Fig.183："安國寺沙門陳（？）"。但是，伯希和的手写笔记里，在"門"和"陳"中间有几个文字的空白，并且在这两个字之间抄写了一个形似"法"的文字。速水大先生指出："沙門陳"作为僧侣的名号有些不可思议[7]，实际上伯希和也并没有那样记录。

供养人图像为僧侣形象，手持带柄香炉。[8] 榜题牌内文字无法确认。土肥义和先

1　Collège de France Instituts D'Asie Centre de Recherche sur L'Asie Centrale et la Haute Asie, 1983. *Mission Paul Pelliot, documents conservés au Musée Guimet. Documents Archéologiques XI ; Grottes de Touen-Houang ; Carnet de Notes de Paul Pelliot. Inscriptions et Peintures Murales Ⅱ . –Grottes 31 a 72,* Paris, pp.57-58, carnet A-35,36, pp. 75-76, carnet B-56, 57.

2　史岩：《敦煌石室画象题识》，敦煌艺术研究所、华西大学比较文化研究所，1947。

3　谢稚柳：《敦煌艺术叙录》，上海出版公司，1955。

4　敦煌研究院编《敦煌莫高窟供养人题记》，文物出版社，1986。

5　下野玲子：《敦煌仏頂尊勝陀羅尼経変相図の成立に関する研究》，《鹿島美術研究》年報第28号别册，2011。

6　关于下文中各题记的窟内位置，可参考图1的主室和甬道的平面图。图1的italic字体的数字表示笔者赋予各题记的编号。

7　笔者曾在2013年5月11日的东洋文库研究部举行的8-11世纪内陆亚洲出土汉文文书轮读会（以下简称"轮读会"）中以《敦煌莫高窟第217窟の漢語銘文について》为题报告。在问答环节接受的意见。

8　上述轮读会中，关尾史郎先生指出："应注意男供养人像的最前头画着僧侣形象的人物。"

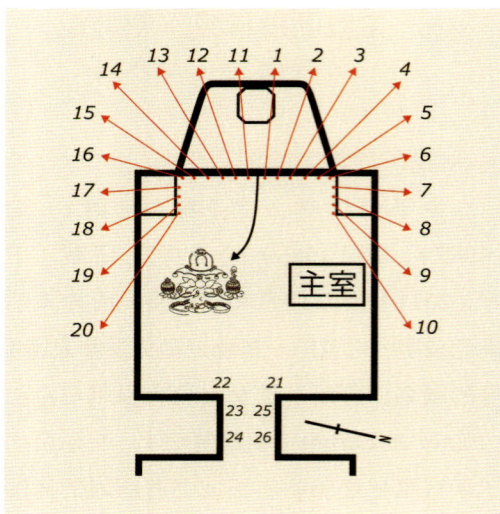

图1　莫高窟第217窟主室及甬道的平面展示
（数字表示题记的位置）

生指出：在考虑这条记录是否属于男供养人第1身，并且考虑该壁面上这条题记的书写年代时，要注意到伯希和（1908）与《题记》（1986）中未明确记录窟内位置的文字"安國寺"和敦煌吐蕃时代的一所尼寺同名这一点。[1]

（二）男供养人第2身—图1之2

史（1947）、谢（1955）中无记载。下野（2011）记录：实地调查时"榜题无法辨认"，同时指出伯希和（1908）中未明确记录位置的"上柱國劉懷念"属于男供养人第2身题名的可能性很大。同时，

《题记》（1986）中也写道："上柱國劉懷念"是"据伯希和笔记补"，且未明示该题记的窟内位置。可见，和下野（2011）中所记录的相同，当时，敦煌研究院在调查时，"上柱國劉懷念"的文字已经风化至无法辨认的程度。山崎（1995，2003）和菊地（2013）中也都记录了文字已无法辨认。

此外，速水大先生指出：伯希和（1908）和《题记》（1986）中可考的"劉懷念"，与伯希和（1908）、《题记》（1986）中明确记录位于甬道北壁第2身的题名"劉懷德"名字里的第二个汉字相同。一个家族同辈人的名字中共享某一特定的汉字在中国是常见的习惯。因此，认为两者的年代相近也十分自然。可是，年代相近的两位供养人却分列在甬道北壁和主室西壁佛龛下部颇令人费解。[2]

（三）男供养人第3身—图1之3

史（1947）、谢（1955）中无记载。下野（2011）写道："连榜题的轮廓都无法辨清"，同时指出伯希和（1907）中未明确记录窟内位置的抄写"上柱國德暢"对应主室男供养人像列第3身的可能性很大。[3]《题记》（1986）据伯希和笔记补充的部分，也刊登了这些文字。山崎（1995，

1　上述轮读会中的意见。

2　上述轮读会中的意见。

3　伯希和（1907）在"德""暢"下方标注了问号。参见 Collège de France Instituts D'Asie Centre de Recherche sur L'Asie Centrale et la Haute Asie: *Mission Paul Pelliot, documents conservés au Musée Guimet. Documents Archéologiques Ⅺ；Grottes de Touen-Houang; Carnet de Notes de Paul Pelliot. Inscriptions et Peintures Murales Ⅱ . –Grottes 31 a 72*, Paris, 1983, p.58, carnet A-36.

2003）和菊地（2013）中也都记录了文字已无法辨认。

此外，速水大先生指出：如果"上柱国"前方没有抄写任何文字的话，那么这两位供养人只拥有勋官的官号。速水大先生表示：很难认同地位如此低的人物列于供养人像列较前方位置的这种观点，换言之，很难认同下野（2011）的推断：伯希和（1908）记录的"上柱國劉懷念"和"上柱國德暢"为主室男供养人第2、3身题名的看法。[1]

（四）男供养人第4身—图1之4

男供养人第4身题记见图2。

史（1947）、谢（1955）中无记载。伯希和（1908）和《题记》（1986）中收录了三行文字。山崎（1995，2003）记录了实地考察时亲眼确认的其中4个字，其临摹笔记附后（见图2注3、4、5、7）。[2]而据下野（2011）的记述：在实地调查时，"可以看到文字的痕迹，但是已经无法辨认"。

下野（2011）写道：伯希和（1908）和《题记》（1986）的记载"几乎一样"。但是，事实并非如此。伯希和在手写笔记中抄写的是"右毅衛"，同时，又注明"右"可能是"左"，"毅"也可能是"驍"（见图2注1、2）。《题记》（1986）也写

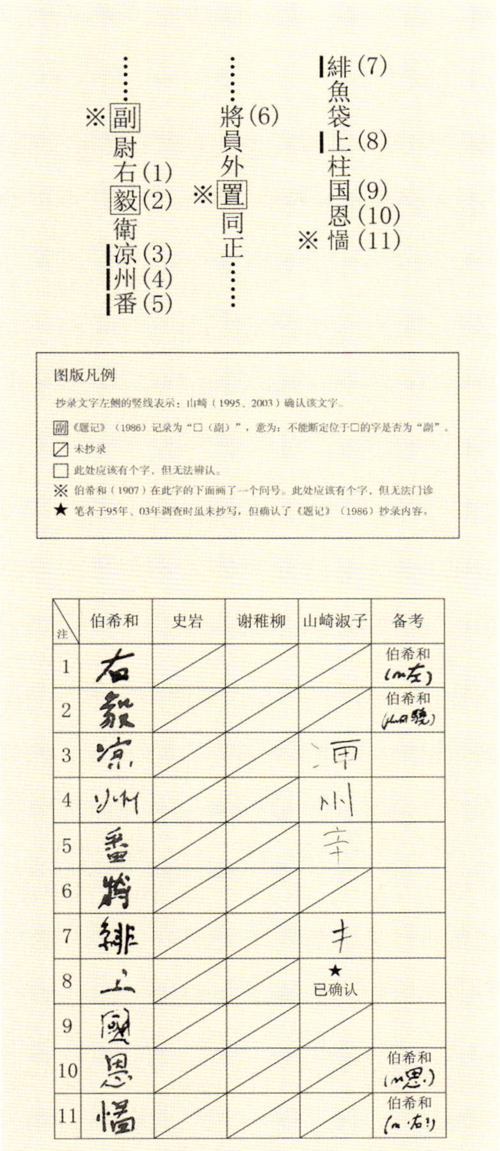

```
緋(7)  將(6)   ※副
魚      員      尉
袋(8)  外      右(1)
上     ※置    毅(2)
柱      同      衛(3)
國(9)  正      涼(4)
恩(10)         州
※慆(11)        番(5)
```

图版凡例

圖 抄录文字左侧的竖线表示：山崎（1995、2003）确认读文字。
副 《题记》（1986）记录为"口（副）"，意为：不能断定位于口的字是否为"副"。
⊠ 未抄录
□ 此处应该有个字，但无法辨认。
※ 伯希和（1907）在此字的下面画了一个同号。此处应该有个字，但无法辨认。
★ 笔者在95年、03年调查时虽未抄写，但确认了《题记》（1986）抄录内容。

注	伯希和	史岩	谢稚柳	山崎淑子	备考
1	右				伯希和（或左）
2	毅				伯希和（或驍）
3	涼			涼	
4	少州			州宇	
5	番			宇	
6	將				
7	緋			才	
8	上				★ 已确认
9	國				
10	恩				伯希和（或恩）
11	慆				伯希和（或右）

图2　主室西壁男供养人第4身题记

1　上述轮读会中的意见。另外，承蒙速水大先生的以下指教。"上柱国"是唐代的从二品勋官。参见《旧唐书》卷四十二《职官一》。一般的说法认为，在制度上勋官虽然是官僚阶级，但是据《旧唐书》记载，武则天时代以后，仅仅拥有勋官称号的人地位逐渐没落，与一般的百姓（庶民）无异。

2　图2及之后的图为各题记的抄录文字。抄录文字在上述敦煌研究院编《题记》（1986）的基础上作成，图中标示的注主要是关于《题记》（1986）和其他调查者对解读方法和字形有差异的部分。笔者确认的所有文字也都标注在插图的表中。

道"右□（毅）衞"。"毅"字加上括号或表示："右"的下一个字据推测应该是"毅"。池田温先生 2002 年 10 月至 11 月期间在寄给笔者的两封书信中写道："《题记》（1986）记载的'右毅衞'作为卫名并不存在。因此，这个字不应该是'毅'，而可能是'骁'，或者是其他字。"收到这些书信后，笔者在 2003 年 9 月进行了实地调查，当时共确认了五个文字，分别是图 2 所示的四个字，加上伯希和（1908）与《题记》（1986）中记录的"上柱国"的"上"字。笔者当时没有能够确认这个卫名。但是，在这里不得不提的是，山崎（1995，2003）在实地考察时确认的"上柱国"的"上"字的形状，和伯希和（1908）的手写笔记中抄写的"上"字形状极为相似（见图 2 注 8）。由此看出，伯希和尽其所能，忠实地再现了实地观察的字形。这让笔者深切体会到，正如 2003 年 9 月贺世哲先生在晤面中对笔者指点的那样，想要研究莫高窟供养人题记，伯希和的手写笔记必不可少。

此外，在山崎（1995，2003）中记录了由笔者临摹所得的"凉州"的"凉"字（见图 2 注 3）。这个字应该属于别体字。在《题记》（1986）第 237 页的《莫高窟供养人题记别体字简表》[1] 中，列举了莫高窟供养人汉语题记中所见的别体字。这其中就记录了"凉"字的别体字，且与笔者所观察的字形十分相近。所谓的字体，是指抄写的风格特点。字体不仅反映了抄写人的地方特点，而且反映了当时的时代特点，想来意味十分深远。

（五）男供养人第 5 身—图 1 之 5

男供养人第 5 身题记如图 3。

史（1947）、谢（1955）中无记载。伯希和（1908）中记录该题记内容为"翊衞·木表"。《题记》（1986）在伯希和（1908）中"木"字的位置上记录"□"，也就是以"□"取代了"木"（见图 3 注 4）。在山崎（1995，2003）中，确认了该题记中的两个字的各一部分。第一个字是"翊"的一部分（图 3 注 1），第二个字的双立人偏旁可以推断是"衞"的一部分（见图 3 注 2）。下野（2011）写道：通过自身的实地调查，"辨认出了榜题中的立字偏旁"。

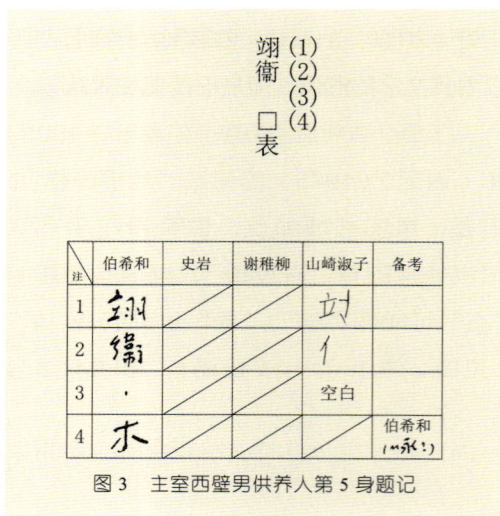

翊 (1)
衞 (2)
　 (3)
□ (4)
表

注	伯希和	史岩	谢稚柳	山崎淑子	备考
1	翊			辺	
2	衞			彳	
3	·			空白	
4	木				伯希和 （木）

图 3　主室西壁男供养人第 5 身题记

---

[1]　敦煌研究院范泉先生向笔者指出，此表有很高的学术价值。

（六）男供养人第6身—图1之6

男供养人第6身题记如图4所示。

史（1947）、谢（1955）中无记载。伯希和（1908）中记述："·守左衛正守左衛延州延川//……尉上柱國（空白）//"。"正"字和"川"字下面各有问号。这段记录写成两行，在"延川"之后换行。《题记》（1986）在伯希和（1908）所记录内容的基础上，在"尉"前面添上了一个"都"字，写作"都尉"。

山崎（1995，2003）中，记录了笔者临摹的9个文字（见图4）。笔者认为这9个文字是前人记载的"守""左""衛""延"？"州""……尉上柱國"。

下野（2011）写道：伯希和（1908）和《题记》（1986）的记载"几乎一样"。实际上，如上述所言，《题记》比伯希和（1908）多出一个"都"字，表明《题记》认为"口尉"这两个字不是指其他的官名，而是"都尉"。而在下野（2011）自身调查时，"榜题已无法辨认"。（主室西壁佛龛下部北侧的记录到此为止）

（七）男供养人第7身（由此开始为主室西壁佛龛前方北侧的土坛南面）—图1之7

史（1947）、谢（1955）和《题记》（1986）中均无记载。山崎（1995，2003）调查时，文字已无法辨认。下野（2011）也记录："榜题无法辨认。"菊地（2013）调查时，也已无法辨认。

（八）男供养人第8身—图1之8

史（1947）、谢（1955）和《题记》（1986）中均无记载。山崎（1995，2003）调查时，文字已无法辨认。下野（2011）也记录："榜题无法辨认。"菊地（2013）调查时，也已无法辨认。

（九）男供养人第9身—图1之9

男供养人第9身题记见图5。

在该窟内主室西壁佛龛下部的男供养人像列中，第9身的图像和榜题牌内题记的保存状况最良好。伯希和（1908）、史（1947）和《题记》（1986）都抄录了整整三行的题记。史（1947）称这条题记为"本殿里壁左列第八身题名""此为左胁坛前第三身"。下野（2011）画出了男供养人像列的排列图并且对应了人像和榜题牌的位置，参照下野（2011）的研究成果，我们可以了解史岩记载的第8身题名实际上应该对应男供养人第9身。史（1947）认为这条题记对应位于主室西壁佛龛前方土坛南面的第3身供养人。史（1947）在记录题记内容的同时，还测量了题记的尺寸，留下了"题记高二〇公分、广六公分、字径二公分"的宝贵记录。[1]

《题记》（1986）将该题记抄录为："口男口戎校尉守左毅衛翊前右郎（改行）将员外置同正员外口（郎）紫金鱼袋（改行）上柱國嗣瓊。"

1　土肥义和先生在上述轮读会中高度赞赏史岩，称史岩在抄写题记的同时还测量了尺寸。他告诉笔者：在调查供养人题记时也应该亲自确认尺寸。

图 4　主室西壁佛龛下部男供养人第 6 身题记

注	伯希和	史岩	谢稚柳	山崎淑子	备考
1	·				
2	守			寸	
3	左			左	
4	衛			衛	
5	延				
6	州				
7	·				
8					伯希和未抄录"都"字。
9	尉			刾	
10	上			上	
11	柱			柱	
12	國			刀	
13	空白				伯希和笔记为空白。

（图4左侧竖排题记）
都尉上柱國 (7)(8)(9)(10)(11)(12)(13)
守左衛※正守左衛延州延川 (1)(2)(3)(4)(5)(6)

图 5　主室男供养人第 9 身题记

注	伯希和	史岩	谢稚柳	山崎淑子	备考
1	※仸	口		口	
2	男	口		四	
3	世	口			
4	※找	口		X	
5	按	按		祋	
6	尉	尉		口	
7	守	口		宁	
8	左	右		万	
9	毅			口	伯希和（小曉以山）
10	衛			口	
11	功			刕	
12	翦			二	

注	伯希和	史岩	谢稚柳	山崎淑子	备考
13	右			乇	
14	郎	郎		身	
15	將	將		杍	
16	員	頁		貟	
17	外	外		外	
18	置	置		豊	伯希和（白置刀）
19	同	同		同	
20	正	上			"同"字之下未抄录／"同"字之下无法辨认
21	上	上		上	
22	柱	柱			T
23	國	國		口	
24	嗣	嗣		刪	
25	瓊	瓊		瑝	

（图5左侧竖排题记）
※口男口※戎校尉守左毅※衛翊前右郎 (1)(2)(3)(4)(5)(6)(7)(8)(9)(10)(11)(12)(13)(14)
將員外置同正員外※郎紫金魚袋 (15)(16)(17)(18)(19)(20)
上柱國嗣瓊 (21)(22)(23)(24)(25)

伯希和（1908）将该题记的第一个字记录为"瓜"（见图 5 注 1），并在"瓜"下面画了一个问号，此外，还记录第三个字为"世"（见图 5 注 3）。但《题记》（1986）抄录的第三个字为"口"。关于第四个字，伯希和（1908）写作"找"（见图 5 注 4），并在下面画了问号。而《题记》（1986）写作"戎"，认为这几个字连起来应该是"口戎校尉"。池田温先生在2002 年给笔者的书信中指出：从当时的官制来看，第三个字只可能是"陪"。也就是说，从实际存在的官制方面考虑，如果该题记是按照官制抄写的话，内容为"陪戎校尉"的可能性很大。受到池田温先生的指点后，2003 年，笔者再次到实地进行考察。和 1995 年考察时一样，笔者努力尝试辨认这条题记。但是，第三个字已经风化到无法辨认的程度。虽然如此，依然可以辨清第四到第六的三个文字"……戎校尉"的各一部分。在史（1947）的记录里，第五个字"校"被抄写成了"挍"（见图 5 注 5）。据笔者推测，在古代，很难区分出木字偏旁和手字偏旁，而史岩抄写的内容，恰恰反映了他忠实再现窟内题记的意图。山崎（1995，2003）也记录，相比木字旁，这个字看起来更像手字旁（见图 5 注 5）。

此外，池田温先生在 2002 年的书信中还提到：如果按照实际的官制抄写的话，《题记》（1986）中记录的"衛翊"，应该是"翊衛"，所以有可能是当时抄写时写反了。带着这个疑问，笔者在 2003 年进行了实地考察，发现如图 5 注 11 所示，在实地仍然可以观察到行字部首和"羽"的右半边，由此可知，正如《题记》（1986）中抄录的那样，窟内题记原字很可能是"衛翊"（见图 5 注 10、11）。笔者还就此事在调查结束的归途中，拜访了贺世哲先生和施萍婷女士。贺世哲先生认为："从官制来看，的确这两个字应该是'翊衛'。但是当时的敦煌人将官名倒置，或者写错的事情常有。如果抄写人发现错写倒写，会在相应位置上标注'レ'点。"[1]

史（1947）将第二行的第四个字写作"日"，并同时在"日"的下面写了一个看似"豆"的字（图 5 注 18）。山崎（1995，2003）也确认了这一记录。菊地（2013）同样确认了这一结果。由此可见，史岩当年尽其所能忠实地抄写了亲眼所见的字形。笔者认为，正是因为史（1947）是手写原件石印本[2]，才准确地传达了原稿中记录的丰富信息。同时，活字印刷而成的《题记》（1986）抄录这个字为"置"，并在该书的237 页列举了"置"的两个别体字。"置"的这两个别体字的上半部分都是"日"，

1　2003 年 9 月末，当时贺先生是口头表达的见解。为了得到在论文中引用、发表贺先生当时见解的许可，笔者于 2013 年 4 月再次拜访了当年与贺先生见面时同时在场的施萍婷女士。施女士爽快地答应了笔者的请求。笔者十分荣幸能够在 2003 年 9 月得到贺先生的指点。

2　史（1947）的文献信息是由桥本秀美先生（北京大学）提供。

而且的确与伯希和（1908），史（1947）和山崎（1995，2003）所亲见的字形相近。从这个例子我们可以了解在古代的敦煌，"置"字有各种不同字形，十分耐人寻味。

下野（2011）在引用《题记》（1986）时称：《题记》（1986）收录第二行为"將員外置同正員外□郎紫金魚袋"。实际上，《题记》（1986）记录该处为："將員外置同正員外□（郎）紫金魚袋"，这里的括号表示《题记》（1986）认为"外"字后面可能是"郎"字。伯希和（1908）也在"員外"的后面写上了"郎"字，并在"郎"字下面画了一个问号。

笔者在 1995 年和 2003 年进行的两次实地考察中，临摹了长达三行的题记。在 2001 年发表的论文中，登载了笔者在洞窟里亲手绘制的男供养人第 9 身图像的线描图。[1] 下野（2011）也研究了该图像[2]，却没有提及山崎论文当中的线描图。[3] 此外，

下野（2011）还写道：在自身的实地调查中，"可以辨认出该题记的中间一行和右边 1 行（第 2 行和第 3 行）的上半部分"。但其实笔者在山崎（1995，2003）中就已经研究过这段总共三行的题记，并且在 2013 年 4 月时，在以前所做调查留下的记忆和记录基础上，又再次在实地观察到了该题记最左边的第 1 行。

《题记》（1986）记录第三行为"上柱國嗣瓊"。而秋山光和先生指出：伯希和（1908）抄写的所谓的"瓊"比实际的"瓊"字本身要多出一些笔画（见图 5 注 25）。[4] 史（1947）和山崎（1993，2005）也观察记录了这个字（见图 5 注 25）。综合上述这些研究，所谓"瓊"的下半部分看起来的确是"夂"的形状，其上半部分看起来像是"目"。笔者认为在活字印刷时把这个字做成"瓊"比较合理。

迄今为止，很多前人学者尝试根据窟内的人名来推测判定这座洞窟里的供养人

---

1 山崎淑子：《敦煌莫高窟における初唐から盛唐への過渡期の一様相——莫高窟二一七窟試論》，《成城文藝》第 174 号，2001，第 9 页的插图 10。http://id.nii.ac.jp/1109/00004119，最后访问日期：2018 年 9 月 3 日。

2 前揭下野玲子《敦煌仏頂尊勝陀羅尼経変相図の成立に関する研究》，第 187 页图 3。

3 此外，下野女士还在上述报告论文的其他章节中表示："很多学者指出：对该壁画从各方面考察之后，可以认定该窟的壁画是从公元 8 世纪初的初唐末年至盛唐初期的作品"，并引用上述山崎论文举了一例。下野女士在之后的文章中写道："关于供养人题记，甚至包括伯希和的记录，都有重新考察的余地。"读下野的报告论文，可以看出下野女士想表达的是：该窟的制作年代是主要根据主室西壁佛龛下部的汉语供养人题记所推定的，而下野的文章使得重新考证该窟的制作年代这件事成了一个迫在眉睫的问题。但其实山崎的论文就曾指出：关于该窟在造型特点变迁的历史过程中的定位，在研究者之间存在意见分歧，而且"初唐""盛唐"原本是文学史中所使用的称谓，把这些用语照搬到造型特点变迁的历史过程中用于时代区分有些不合适。而且，山崎论文的主要论点是：该洞窟内既可以见到所谓的初唐时期（范围是公元 7 世纪上半叶至公元 8 世纪初期，或至公元 8 世纪上半叶，关于以哪一个作为下限，学者之间存在分歧）窟群较早的造型元素，也可以见到所谓的盛唐时期（至吐蕃时代开始前）较晚的造型元素，因此山崎的论文没有判定认为该窟年代绝对在公元 8 世纪初期前后。山崎论文的主旨不在于断定该窟的制作年代。

4 秋山光和：《唐代敦煌壁画にあらわれた山水表現》，载敦煌文物研究所编《中国石窟 敦煌莫高窟》第 5 卷，平凡社，1982，第 196 页注 12。

及其制作年代。秋山先生在他的论文的注12中引用了贺世哲先生的论文[1]，提及贺先生将该人名解读为"嗣瓊"。秋山先生在该注释中还指出：贺先生解读为"瓊"的这个字在伯希和（1908）的笔记中比实际的"瓊"字本身要多出一些笔画。下文将接上文引用秋山先生该条注释的全部内容。"如果非要在《阴氏家谱》中找出和抄写的这两个字笔画相近的名字的话，能联想到的有阴稠的长子仁干的第三个儿子'嗣瓘'，或者是阴稠的第四个儿子仁希的次子'嗣瑗'等等。贺先生和池田温先生曾指出：其中'嗣瑗'这个名字可以在北京图书馆所藏敦煌文书景龙二年（708）敦煌本《金刚般若波罗蜜经》的跋文中找到。关于'嗣瓘'，其兄长嗣鉴的名字在天授二年（691）的记录中亦可见到。有理由相信，上述法国所藏资料的调查结果，更加充分支持了贺先生的观点，换言之也就是可以断定第217窟建造于公元8世纪初。此外，关于 P.2625 文书，池田温先生在《唐朝氏族志の一考察——いわゆる敦煌名族志残卷をめぐって——》（《北海道大学文学部纪要》13-2，1965）以及《八世纪初における敦煌の氏族》（《東洋史研究》24-3，1965）中进行了论述考证。"秋山先生在该注释中提到的《阴氏家谱》指的是 P.2625 的一部分，即所谓《敦煌名族志残卷》中关于阴氏记载的部分。

在上述注释中秋山先生表示："如果非要在《阴氏家谱》中找出和抄写的这两个字笔画相近的名字的话，能联想到的有阴稠的长子仁干的三个儿子'嗣瓘'，或者是阴稠的第四个儿子仁希的次子'嗣瑗'等等。"但据笔者于 1995 年、2003 年和 2013 年对该窟内该人名的实地观察，想必贺先生是在参考伯希和等前人的调查记录的基础上推证的，贺先生认为这两个字应该是"嗣瓊"，而不是"瓘"或"瑗"。"瓊""瓘"和"瑗"这三个字乍看之下"笔画相近"，但是如上面所述，现在在洞窟内依然可以观察到该字的"目"和"夂"的部分。笔者认为似乎没有必要在《阴氏家谱》中找寻相近的字，只要在实地进行观察，就可以了解到伯希和抄写的这个文字既不是"瓘"也不是"瑗"，而有很大的可能性是贺先生所推定的"瓊"，或者是"瓊"的别体字。所谓《敦煌名族志残卷》关于阴氏的记载里，可以找到"嗣瓘"和"嗣瑗"，但是没有"嗣瓊"。

秋山先生在该注的论述中表示：自身对法国所藏资料的研究"更加充分地支持了"贺先生的以下两种观点。第一，贺先生在 1980 年的论文中提出，该窟内多次出现的名字里带有"嗣"字的供养人就是所谓《敦煌名族志残卷》中所记载的阴稠的孙辈。第二，贺先生也曾指出，从自身推断的《敦煌名族志残卷》的书写年代可知，该窟的创作年代应在神龙元年（705）以前。可是，正如笔者在 2008 年 5 月 16 日在日本东方学

1　前揭秋山光和《唐代敦煌壁画にあらわれた山水表現》，同注。贺世哲：《敦煌莫高窟供养人题记校勘》，《中国史研究》1980 年第 3 期。

会主办的第 53 届国际东方学者会议上指出的那样：从该窟内从未发现"阴"字这一点来看，秋山先生的论证方法和引用的相关史料只能提供不够清晰明了的间接证据。[1]

自 1996 年 7 月举办的美学会东部例会的问答环节以后，笔者就对阴氏家族与该洞窟之间是否有关联这一点存有疑问，当时笔者就该窟内发现的其他问题写了一篇论文，发表在 2001 年《成城文艺》第 174 号。[2] 笔者在 2001 年这篇论文里概述该洞窟的部分中，援引了所谓《敦煌名族志残卷》中出现的阴氏家族和该洞窟的建造密切相关的一般说法。但是 2001 年这篇论文的主旨并不在于讨论该洞窟是否与阴氏有关，因此没有深究。论文发表后，笔者向池田温先生呈送了论文的抽印本。

池田温先生阅读笔者的论文后，于 2002 年 10 月至 11 月在寄给笔者的两封书信中，就该窟的汉语供养人题记提出了以下几点有益的建议和疑问。[3] 第一，想要研究石窟里的供养人题记，实地调查的经验极其重要，因此应该尊重长年居住在现场从事调查研究的贺世哲先生的见解。第二，在该窟的诸汉语供养人题记中，明确记录姓氏的只有张氏和令狐氏，在伯希和的著作中还可以看到刘氏和宋氏。第三，主室南壁的愿文中也没有找到任何姓氏；关于"阴"字，没有任何记录。第四，《题记》（1986）中只记录了"品子嗣玉""男嗣玉"和"嗣琼"，因此不能轻易就推断这些姓名与所谓《敦煌名族志残卷》中关于阴氏的记载"嗣王"有直接关系。第五，这些都让人不禁产生一个简单的疑问："在其他姓氏的家族里有没有'嗣瓒'这个人呢"等。当时笔者没能立即回答出池田温先生所提的这些问题，池田温先生的这两封书信让笔者在之后的很长一段时间里对以上这几点抱有疑问。

对敦煌文献和石窟里供养人题记的人名有四十多年研究经验的土肥义和先生查找了其收藏的数量庞大的史料后[4]，答复笔者称：在公元 8 世纪末至 11 世纪初的敦

1　笔者 1996 年 7 月在美学会东部例会（于日本成城大学）进行了口头报告，阐述自己关于画稿的使用方法的调查结果很可能成为考虑莫高窟第 217 窟制作年代的指标之一。在该报告的问答环节，秋山先生起立表示：关于该窟的制作年代，自己在 1982 年发表的论文第 196 页的注 12 里的见解没有问题。但是当时笔者就认为该注的论证方法和引用的相关史料只提供了间接的证据，不够清晰明了。那次的问答让笔者在之后的很长一段时间里对该问题持怀疑态度。但是笔者没有当场言明自己的疑问。基于这次报告内容总结而成的论文在同年末出版。参照山崎淑子《敦煌莫高窟・唐前期壁画における制作技法の変化——「型」と画面構成の関係》，《美学》第 47 巻 3 号（187 号），1996。https://www.jstage.jst.go.jp/article/bigaku/47/3/47_KJ00003903776/_pdf/-char/ja，最后访问日期：2018 年 9 月 3 日。

2　前揭山崎淑子《敦煌莫高窟における初唐から盛唐への過渡期の一様相——莫高窟二一七窟試論》。

3　2013 年 3 月池田温先生同意在公开寄件人的基础上在本稿中记录并出版这两封私人信件的内容。

4　土肥先生多年来致力于敦煌文书、敦煌石窟供养人题记，其研究成果的一部分可以参照 Dohi Yoshikazu, "The Dynamism Inherent in Han Chinese Personal Names as Shown in Index of Chinese Surnames Appearing in the Dunhuang Chinese Documents Dating from the Late 8th to the Early 11th Century," *The First International Symposium of Inner-Asia Research Networks, Central Asia Studies and Inter-Asia Research Networks: Integrated Study of Dynamism in the Central Asian Regional Sphere Abstracts*, Toyo Bunko, 2013。

煌文献史料中没有找到"嗣瓊"这个名字。不过土肥先生还补充道：他收藏的史料的时间跨度主要在公元8世纪末至11世纪初，在其他年代的史料里检索的话，不一定是同样的结论。

（十）男供养人第（10）身—图1之 *10*

男供养人第10身题记见图6。

下野（2011）记载：男供养人第9身后方"有1个人像的空间，但是现在不能确认表面的画像"；根据《题记》，榜题的内容是"……品子嗣玉//……男嗣玉"（伯希和的记载也相同），在自身的调查中，确认了中间一行的"□子嗣玉"。

正如下野（2011）记载的那样，无法确认第9身后方的人像，因此在本小节的标题里，"第10身"的"10"加了括号。第10身的人像虽已无法确认，但其榜题牌仍然可以辨识，所以在这里加括号的意思是"位于第10身位置的榜题牌"。

但是在笔者看来，伯希和（1908）所抄写的不是共两行的题记（见图6）。伯希和在"……品子嗣玉"后面画了两条竖线，笔者认为这两条竖线表示这段题记的末尾。伯希和在"……男嗣玉"后面也画了两条竖线，笔者认为伯希和想表达的是这是共一行题记，这行题记的内容可能是"……

品子嗣玉"，或者是"……男嗣玉"。[1]《题记》（1986）将该题记写作两行，分别是"……品子嗣玉"和"……男嗣玉"。下野（2011）写道："据《题记》（1986）记载，榜题的内容是'……品子嗣玉/……男嗣玉'（与伯希和一样）。"可见下野女士的理解是与伯希和（1908）、《题记》（1986）一样，抄写了共两行的题记。另外，下野（2011）还提到：在过去的实地调查中，"可以辨认中间行的'品子嗣玉'"。由此也可以看出下野女士认为该处的题记共有数行。与此相对的是，从史（1947）来看，史岩认为该题记只有"……□子嗣玉"一行，并推断"□"位置的字应该是"嗣"。笔者在山崎（1995）和菊地（2013）中也认为该题记只有一行。[2]1995年时，笔者也认为图6注1的下半部分看起来像是"力"字，但是笔者在实施山崎（2003）的调查时，不能确定能否把这个字读作"男"。此外，图6中笔者涂色的位置表示：似乎有人在该处再次涂抹过，因此无法辨识。关于图6注2的"嗣"字，笔者与史（1947）的看法相同，对该字存在疑问。对图6注3的字是否是"子"，笔者也存疑问。但是图6注4的确是"嗣"。1995年实地调查时，笔者很难判断图6注5是否为"玉"字，当时认为这个字也有可能是"王"

---

1 笔者在这里写作"或者是"，但是笔者发现伯希和（手写笔记）中的这部分可以解释成"在内侧"。关于这一点，笔者在2018年5月12日"2018·形象史学与丝路文化国际学术研讨会"（南京大学）中以口头形式报告过，并将在其他论文中另做论述。

2 笔者在2011年6月4日内陆亚洲出土古文献研究会（东洋文库）上以《敦煌の陰氏をめぐる一考察—莫高窟第217窟との関係において》为题发表时，就这一点陈述了自己的观点。当时，土肥先生指出，解读该题记共有一行这一点十分重要。

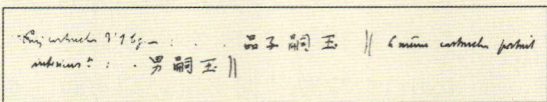

▼伯希和（1908）

▼《题记》（1986）

......品子嗣玉

......男嗣玉

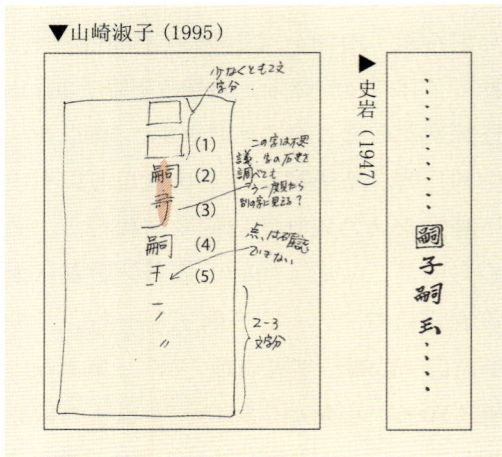

图6　主室男供养人第（10）身题记

"嗣王"这两个字。[2]

另外，在 2003 年 9 月笔者拜访贺世哲先生时，贺先生曾表示：《题记》（1986）里收录的"品子"的"品"字也有可能是"果"字，指的是所谓《敦煌名族志残卷》中可考的仁果的儿子。由此可知，贺先生也认为该窟的供养人题记与所谓《敦煌名族志残卷》的记录有直接关联。

字，但到 2003 年实地调查时，可以看出确实有"玉"字的一点，因此此字应该是"玉"字。

此处记载的"嗣玉"的"玉"可能是所谓《敦煌名族志残卷》里的阴氏家族中"嗣王"的"王"的错别字。贺世哲先生也曾指出："嗣玉"与"嗣王"很可能是同一人物。[1]正如池田温先生在 2002 年的书信中提到的那样，目前能够把该窟的汉语题记和所谓《敦煌名族志残卷》的阴氏家族直接关联的只有"嗣玉"或者应该说是

二　主室西壁佛龛下部南侧（女供养人像列）

（一）女供养人第 1 身—图 1 之 *11*

女供养人第 1 身题记见图 7。

伯希和（1908）和《题记》（1986）在明示窟内位置的基础上，记录其内容为"妻南阳张氏供养"。史（1947）和谢（1955）中无记录。下野（2011）写道："现在只能确认'供养'等字的一部分。"山崎（1995，2003）记录了该题记的"妻""南""张""氏""供""养"六个字的临摹笔记（见图 7）。菊地（2013）再

1　贺世哲：《敦煌莫高窟供养人题记校勘》，《中国史研究》1980 年第 3 期，第 32 页。

2　此外，在上条注释中提及的内陆亚洲出土古文献研究会上发表时，笔者困惑于应该将该题记解读成"嗣王"还是"嗣玉"。岩本笃志先生指出，"王"和"玉"是通字，没有必要感到苦恼。

妻 (1)
南 (2)
陽
張 (3)
氏 (4)
供 (5)
養 (6)

	伯希和	史岩	谢稚柳	山崎淑子	备考
1	妻			妻	
2	南			南	
3	張			張	
4	氏			氏	
5	供			供	
6	養			養	

图 7　主室西壁佛龛下部女供养人第 1 身题记

※許 (1)
新 (2)
婦 (3)
令 (4)
狐 (5)
氏 (6)

	伯希和	史岩	谢稚柳	山崎淑子	备考
1	許	□	□		
2	新	新	新	新	
3	婦	婦	婦	婦	
4	令	令	令	令	
5	狐	狐	狐	狐	
6	氏	氏	氏	氏	

图 8　主室女供养人第 6 身题记

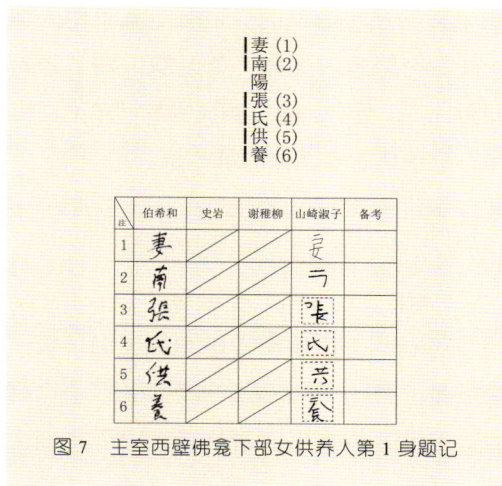

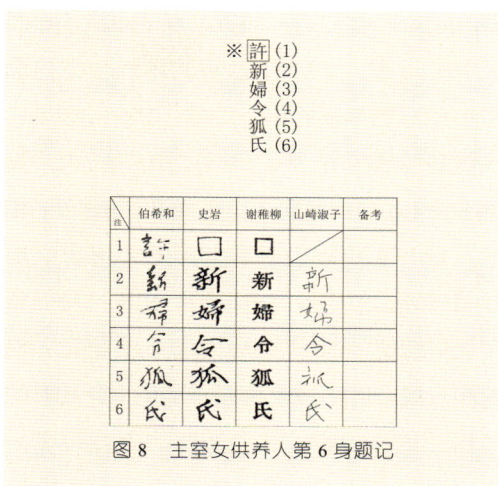

次确认了"妻""南""供""養"四个字。

笔者于 2013 年 5 月 11 日举行的 8~11 世纪内陆亚洲出土汉文文书轮读会（东洋文库研究部）上报告研究成果时，土肥义和先生和研究唐代婚姻问题的前田爱子女士指出：应该注意到，像该题记"妻南陽张氏"这样，"妻"后面跟着地名和娘家姓名的写法与后述第 6、7、8 身那样的，先冠以夫家姓名，后面跟着"新妇"，再之后记录娘家姓名的写法不同。[1]

（二）女供养人第 2 身—图 1 之 12

前人未记录。字迹已无法确认。

（三）女供养人第 3 身—图 1 之 13

同上。

（四）女供养人第 4 身—图 1 之 14

同上。

（五）女供养人第 5 身—图 1 之 15

同上。

（六）女供养人第 6 身—图 1 之 16

女供养人第 6 身题记见图 8。

伯希和（1908）的抄写为："許新婦令狐氏"，在第一个字"許"字下面画了一个问号（伯希和的笔记为从左到右横写），

1　下野玲子女士在 2012 年 10 月提交的博士学位论文第 77 页提及了题记"妻南阳张氏"。2013 年 5 月 11 日在东洋文库研究部举行的研究会上给予笔者指教的土肥先生和前田女士，以及笔者，在当时都未曾读过下野女士博士论文的相关内容。下野女士在博士论文中指出"妻南阳张氏"不是阴氏，而是刘氏妻子的可能性。下野女士立论的重要论据之一是，该窟供养人题记中无法证实有"阴"字的这一点。下野女士对该窟的一系列考察当中，总是存在一个未解的问题。具体地说，从各种迹象可以观察到，下野女士始终抱着"从该洞窟的供养人题记来看，总而言之，因为在题记中无法确认有'阴'字"，所以有可能不是由阴氏开凿的一种问题意识进行调查研究。可以看得出，下野女士的这些分析的着眼点，有可能是在 2008 年 5 月 16 日于东京举行的第 53 届东方学者会议上笔者通过口头形式报告指出"该洞窟的供养人题记中不能确认'阴'字"这一点之后，才开始产生的。下野女士当时在会场听取笔者的报告。尽管如此，下野女士在提及这一观点时，总是不明示自己这个想法的出典。可参照下野玲子《敦煌仏頂尊勝陀羅尼経変相図に関する研究》，博士学位论文，早稻田大学，2013。另可参照下页注 1。

并在第六个字"氏"的右边点了一点（见图8注6）。史（1947）抄写的第六个字与伯希和抄写的字形相同。山崎（1995，2003）也清楚地辨认出"氏"字右边的这一点（见图8注6）。由此可见，伯希和（1908）和史（1947）都致力于将实际的字形忠实地抄写下来，他们抄写笔记的石印本充分保留了他们想要传达的信息，想要研究题记，伯希和及史岩的手写原稿石印本是十分珍贵的材料。史（1947）在"新"的上方写了一个"囗"（史岩的石印本为从上到下竖写），没有明确记录夫家的姓名（见图8注1）。山崎（1995，2003）也没有辨认出夫家姓名，只是清楚地辨认出夫家姓名以后的字（见图8注2-6）。下野（2011）的调查报告中也写道："除第一个字以外都清晰可辨。"

另外，史（1947）记录该题记的位置为"本殿里壁右列第七身题名"，但是考虑到史岩在之后记录的应该属于女供养人第8身的榜题牌内容为"第九身"的"颜新妇张氏"，所以这条史岩认为的"第七身题名"应该属于女供养人第6身。

（七）女供养人第7身—图1之17

《题记》（1986）收录为"囗（袁）新妇令狐氏"。伯希和（1908）也记录第一个字是"袁"，并在这个字下面画了一个问号。关于第六个字，伯希和在"氏"的右上部，画了一点（见图9注1）。山崎（1995，2003）也通过临摹记录了第六个字"氏"（见图9注1）。笔者在撰写本稿日文原文时，以为图9所示的本人抄录的临摹笔记是该题记的第五个字"狐"的一部分。但是在翻译过程中，发现图9的这个临摹笔记应该是第六个字"氏"，特在此订正。下野（2011）写道："现已无法辨认。"[1]

1　山崎（1995，2003）中之所以能够取得下野（2011）中无法辨识文字的临摹记录，是因为笔者是在2003年9月进行的实地调查，比下野女士的调查早了8年，1995年的实地调查更比她早了16年。在这十几年间，窟内风化程度加剧。另外，关于该窟窟内的环境测定有以下专论。侯文芳、薛平、张国彬、张正模、王旭东：《莫高窟第217窟微环境监测分析》，《敦煌研究》2007年第5期。

　　笔者于2008年5月16日参加由财团法人东方学会主办的第53届国际东方学者会议（东京）时，以《敦煌莫高窟第217窟における儀礼、供養者、装飾プログラムをめぐって》为题做了报告，当时阐述了下面的观点："一般说法认为，该窟题记中出现的'嗣瑄''嗣玉'是该窟与所谓《敦煌名族志残卷》中关于阴氏的部分有关联的论据。但是，有学者向笔者提醒过该窟的题记中没发现'阴'字这件事。该窟的供养人和所谓《敦煌名族志残卷》之间似乎只有间接的关联。十分有必要再次探讨该窟的汉语题记。第220窟同样是唐前期的重要洞窟，而且从该窟的题记分析，第220窟是翟家窟这一点很明确，历经数代，该窟都是为翟家营建的'家庙'。与第220窟相比，不能确定第217窟兴建的目的是否是作为阴家的'家庙'。翟家历经数代，顺应各个历史格局的变化，不断大规模重修第220窟的甬道甚至包括主室内的主要壁面。与之相对的是，第217窟主室的主要壁面没有被重复涂抹过的痕迹，从该窟主室南壁的愿文表面书写的古回鹘文铭文可知，该窟在元朝时期其主室南壁仍然是巡礼者崇拜的对象。所以，与其说第217窟是某特定家族主导兴建的'家庙'，不如说该窟的信仰内容占了主导地位。笔者推测该窟的信仰内容与无垢净光大陀罗尼经所示的内容相关。"（以上内容是根据下述三种材料整理而成的摘要。第一，会议当天分发的梗概。第二，口头报告原文。第三，为会议主持人在《东方学会报》发表的会议报告，笔者于2008年7月5日回复会议主持人的电子邮件）2008年的这次报告主要基于2002年书信中池田温先生提到的"该窟汉语供养人题记里没发现'阴'字"这一观点，内容是笔者于2003年进行实地调查的成果和其后的考察结果。下野女士当时在会场听取笔者的报告。下野女士2009年申请并取得了2010年度鹿岛美术财团助研基金，其报告文中提到"该窟的题记中没有发现'阴'字"，但是并未提及笔者曾经在下野女士面前发表过同样观点的这件事。参照前揭下野玲子《敦煌仏頂尊勝陀羅尼経変相図の成立に関する研究》，第182页。

　　笔者之所以没有在第53届国际东方学者会议上通过口头形式进行报告时，告知听众提出"关于第217窟的供养人题记，迄今为止，包括伯希和的调查记录在内的任何调查记录中，都没有记载阴这个字"这一观点的学者的姓名，是因为，在池田温先生寄给笔者的书信中，曾表示过不希望自身的想法给青年学者带来莫大的影响。但是关于这个问题点，并不是笔者自身的发现，而是由其他学者提出来的，所以为了明示这一点，笔者在上述学会中报告了上述的内容。在此之后的2013年3月，笔者获得池田温先生的应允，在出版书信内容时可注明池田温先生的名字，因此在本稿中特做说明。

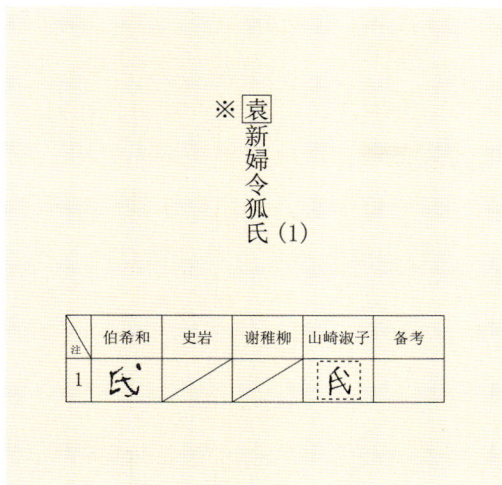

※ 袁新婦令狐氏（1）

注	伯希和	史岩	谢稚柳	山崎淑子	备考
1	氏			氏	

图 9　主室女供养人第 7 身题记

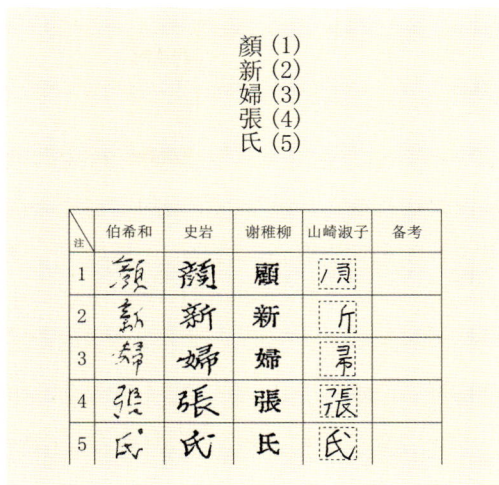

顔（1）新（2）婦（3）張（4）氏（5）

注	伯希和	史岩	谢稚柳	山崎淑子	备考
1	顏	顏	顧	頁	
2	新	新	新	斤	
3	婦	婦	婦	帚	
4	張	張	張	張	
5	氏	氏	氏	氏	

图 10　主室女供养人第 8 身题记

（八）女供养人第 8 身—图 1 之 18

《题记》（1986）收录为"顔新婦张氏"。伯希和（1907）抄写时同样在第五个字"氏"的右上方加了一点（见图10注5）。

史（1947）把第一个字"顔"左半边"彦"的"彡"抄写成"氵"（见图10注1）。这又让人联想到别体字的问题，关于这个字有待进一步的研究。谢（1955）把第一个字记作"顧"（见图10注1）。想必是因为第一个字左半边的字形很难辨清，所以关于这个字在学者之间产生了"顔"和"顧"的两种看法。下野（2011）写道："除第一个字以外都可以清晰地辨认。"菊地（2013）结合山崎（1995，2003）的调查记录和本人的记忆（见图10注1），再次在实地确认了第一个字的右半边"頁"。算上第一个字，如图10所示，山崎（1995，2003）取得了共计五个字的临摹记录。

第 8 身的图像是该壁面女供养人像列中保存状态最好的一个。下野（2011）刊登了关于图像的线描图。[1]

（九）女供养人第 9 身—图 1 之 19

各研究者的记录中均无记载。下野（2011）记为"榜题无法辨认"。

（十）女供养人第（10）身—图 1 之 20

各研究者的记录中均无记载。下野（2011）记为"榜题无法辨认"。

（十一）方位不明的题记

此外，伯希和（1908）在未明确记录窟内位置的情况下，抄写了"张新婦宋氏"五个文字。《题记》（1986）也据伯希和的笔记，补充记录了这五个文字。菊地（2013）未能确认伯希和抄写的这些文字在什么位置。

1　前揭下野玲子《敦煌仏頂尊勝陀羅尼経変相図の成立に関する研究》，第 187 页图 4。

三　主室东壁

（一）门口北侧—图 1 之 21

很多洞窟在开凿之后，其甬道被后世多次翻修和改造。该窟的甬道附近也经历过重修，在主室东壁门口的北侧（靠近门边缘的位置上）还存有重修时所绘的图像和共计三行的题记（见图 11）。[1] 由于该题记保存状态完好，伯希和（1908）、史（1947）、谢（1955）、《题记》（1986）均有收录。山崎（1995，2003）的临摹记录如图 11 所示。图像是该题记中记录的洪认像。

土肥义和先生在 2011 年 7 月 23 日的信中写道：这条题记的长宽分别为 26cm、15cm，题记中所载的都僧政洪认是公元 10 世纪中期地位很高的僧侣，当时位高的僧侣参与洞窟重修的看法是合理的，而且在 S.474V 中可以找到僧侣名"洪忍"，这个名字似乎与第 217 窟中发现的洪认的名字和人像有很紧密的关联，因此有必要考证这个僧侣的名字。[2] 笔者受到土肥先生的指点，得知洪认在敦煌的佛教团体中地位极高，因此推测洪认在该窟的重修过程中起了主导作用。

（二）门口南侧—图 1 之 22

在 2011 年 7 月的信中土肥义和先生还指出以下几点。在伯希和（1908）拍摄的照片中，可以清楚地看出与洪认像面对面的壁面上，即主室东壁门口南侧（靠近门边缘的位置）上绘有俗家的男供养人。可见此供养人在重修时起了重要

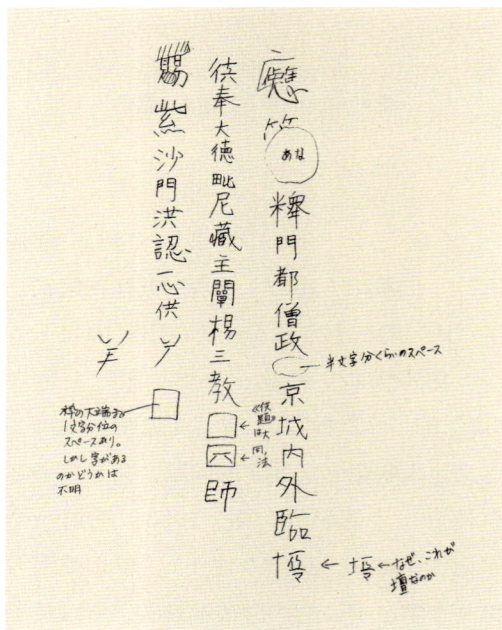

图 11　主室东壁北侧门缘洪认像题记
（山崎淑子的抄写记录）

1　敦煌文物研究所编《中国石窟 敦煌莫高窟》第 5 卷，图 80。

2　陈菊霞女士和曾俊琴女士在 2017 年 11 月旅顺博物馆举办的"丝绸之路与新疆出土文献"国际研讨会上，以《莫高窟第 217 窟东壁供养人洪认生平考》为题做了报告。（陈菊霞、曾俊琴：《莫高窟第 217 窟东壁供养人洪认生平考》，"丝绸之路与新疆出土文献"国际学术研讨会，大连，2017 年 11 月）该论文认为莫高窟第 217 窟主室东壁的洪认和 S.474V 的洪忍是同一个人。这一点是该论文立论的重要论据。但是这一点和笔者在 2016 年 8 月敦煌研究院举办的研讨会论文集中发表的论文，也就是本稿的原版中所引用的土肥先生 2011 年的观点如出一辙。陈菊霞女士在文章中引用了本稿的原版《围绕敦煌莫高窟第 217 窟的开凿与重修之历史——汉语史料中的供养人》中除洪认问题以外的其他内容，因此可以推断陈菊霞女士读过拙稿，却未在文中提及笔者引用土肥先生该观点的这件事。在此之后的 2018 年，刊登于《敦煌研究》杂志的同名论文内容与上述论文基本一致，但该问题依然存在。参照陈菊霞、曾俊琴《莫高窟第 217 窟东壁供养人洪认生平考》，《敦煌研究》2018 年第 4 期，第 47、48、50 页。

的作用。[1] 可是 1981 年发行的《中国石窟 敦煌莫高窟》第 3 卷一书里只能看出该 供养人像的些许痕迹[2]，关于此处还有待 进一步调查研究。

2013 年 4 月笔者就此处进行了实地 调查，再次辨认出男供养人像额头的上方、 戴幞头的头顶、耳朵、环抱在胸前的右手， 腰带，腰下方的衣服的部分。同时，在面 对男供养人方向的左上部，还可以看得出 底色为明亮黄绿色榜题牌的一部分。关于 甬道内的北壁、南壁榜题牌的底色，从现 状和《题记》（1986）的记载来分析，笔 者认为应该有两种颜色，分别为明亮的黄 绿色和土红色。由于榜题牌底色相近，因 此笔者推测甬道内南、北壁面和主室东壁 门口的南、北两侧（靠近门边缘的位置上） 很可能是在同时期被重修的。

该壁面榜题牌内的文字现已无法辨认， 但是伯希和（1908）抄写了"男清信…… 劉承化一心供養"，同时《题记》（1986） 也在未明示窟内位置的情况下，在"据伯 希和笔记补"的部分记载了这几个字。而 且伯希和还记录：在"男清信……劉承化 一心供養"旁边可以看到"至元五年　月

十八日 // 至此记耳"的文字。至元五年是 公元 1268 年。伯希和记录，这条纪年题记 是在"男清信……劉承化一心供養"的旁 边，而不是接在"男清信……劉承化一心 供養"之后。因此笔者认为"男清信…… 劉承化一心供養"的抄写年代不是 1268 年，而是甬道重修的时期。这个时期与笔 者在以前的调查中记录的古回鹘语铭文的 书写年代相近。[3] 该古回鹘语铭文为墨书， 位于该窟主室南壁愿文表面，笔者在实地 观察后将其临摹下来，请松井太先生提示 了解读的方案。这段纪年题记也再次确认 了在元朝，包括主室部分在内，该窟在元 朝仍作为巡礼的对象受到膜拜。

四　甬道南壁

（一）供养人第 1 身（男）—图 1 之 23

该壁面上共有两个榜题牌，重修时绘 有两个几乎等身大的供养人像[4]，这两个榜 题牌各对应一身人像。《题记》（1986）记 载第一身的榜题牌是绿色，但实际上应该 是土红色。　伯希和（1908）和《题记》

1　*Le Grottes de Touen-Houang; Peintures et Sculptures Bouddhiques des èpoques des Wei, des T'ang et des Song par Paul Pelliot，tome second，Grottes 31 a 72* (Paris: Librairie Paul Geuthner, 1920)，PL.CXVIII.

2　敦煌文物研究所编《中国石窟 敦煌莫高窟》第 3 卷，平凡社，1981，图 108。

3　菊地淑子:《石窟寺院の洞窟を芸術作品として解釈する試み—敦煌莫高窟第 217 窟の享受の歴史》,《髙梨学術奨励基金年 報（平成 20 年度）》，2009，第 233 页。同:《敦煌莫高窟第 217 窟に遺された銘文をめぐる問題——主室の古ウイグル文銘 文》,《髙梨学術奨励基金年報（平成 22 年度）》，2011，第 291 页。同:《敦煌莫高窟第 217 窟之膜拜的历史——重点看 "唐前期的供养器画像"与"蒙元时期的回鹘文铭文"》，载中央文史研究馆、敦煌研究院、香港大学饶宗颐学术馆编《庆 贺饶宗颐先生九十五华诞敦煌学国际学术研讨会论文集》，中华书局，2012，第 196 页。

4　赤木崇敏先生在上述轮读会中指出，自己一直研究公元 10 世纪前后的石窟供养人题记，基于自身的调查研究经验，应该 关注每一幅供养人画像的尺寸。

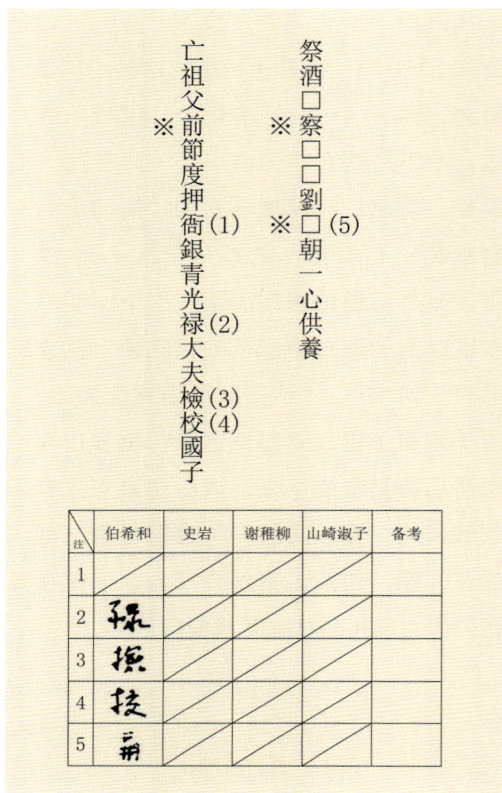

祭酒□察□※□劉□(5)※朝一心供養

亡祖父前節度押衙(1)銀青光禄(2)大夫檢校(3)國子(4)※

注	伯希和	史岩	谢稚柳	山崎淑子	备考
1					
2	孫				
3	撰				
4	技				
5	朝				

图 12　甬道南壁西向男供养人第 1 身题记

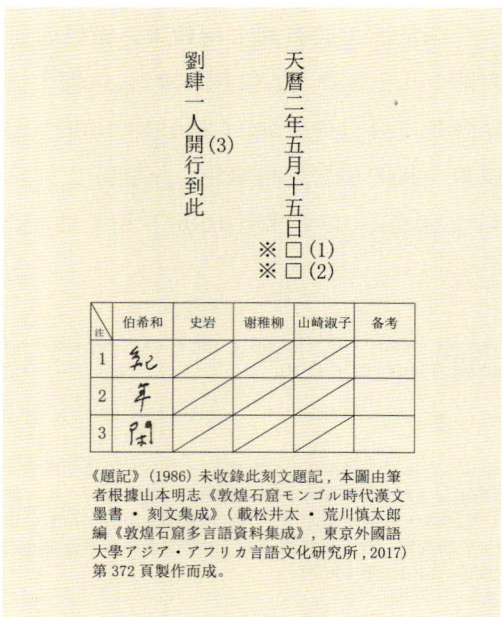

天曆二年五月十五日※□(1)※□(2)

劉肆一人開行到此(3)

注	伯希和	史岩	谢稚柳	山崎淑子	备考
1	紀				
2	年				
3	閑				

《题记》(1986) 未收録此刻文题记，本圖由筆者根據山本明志《敦煌石窟モンゴル時代漢文墨書・刻文集成》（載松井太・荒川慎太郎編《敦煌石窟多言語資料集成》，東京外國語大學アジア・アフリカ言語文化研究所，2017）第 372 頁製作而成。

图 13　甬道南壁西向男供养人第 2 身刻文

（1986）都收录了共两行的墨书题记（见图 12）。但是，山崎（1995，2003）和菊地（2013）都记录文字已风化至无法辨认。

（二）供养人第 2 身—图 1 之 24

榜题牌的底色为黄绿色。山崎（1995，2003）和菊地（2013）都记录墨书题记已风化至无法辨认。

此外，伯希和（1908）抄写甬道南壁的题记为："天曆二年五月十五日纪年劉肆一人闲行到此"，并在"纪""年"的下方标注了问号（见图 13）。笔者在菊地（2013）中确认了该壁面的这段题记不是墨书，而是用锋利的物体刻上去的。天历二年是公元 1329 年。

五　甬道北壁

（一）第 1 身供养人（男）—图 1 之 25

该壁面绘有两身供养人画像，均附有榜题牌。伯希和（1908）和《题记》（1986）记录了第 1 身的题记。伯希和抄写第一个字的字形看起来像是"弟"，并注上自己认为这个字不是"第"（见图 14 注 1）。另外，《题记》（1986）把第一个字读作"男"。

山崎（1995）记录第一个字是"男"，第二个字看起来似乎是"弟"。[1] 笔者认为

1　土肥先生表示，如果第一个字是"男"的话，那么很难认同后面第二个字是"弟"或者"第"。

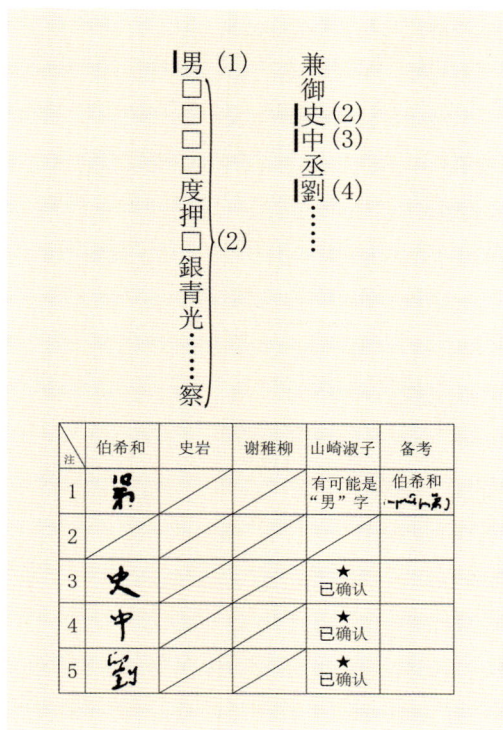

图 14　甬道北壁西向男供养人第 1 身题记

伯希和有可能是从该题记的第二个字开始抄写的。山崎（2003）也记录不能确认第二个字是"弟"字还是其他字。笔者认为发生这种情况的原因在于：在敦煌曾被多次观察到的这个字是别体字。在《题记》（1986）一书末尾附的《莫高窟供养人题记别体字简表》中也列举了"弟"的别体字。[1]

此外，山崎（1995，2003）辨认了"史""中""刘"[2]，并且确认了《题记》（1986）记录的第二行"兼御"的位置上曾写着文字，但是当时调查时，已经无法判断这两个字是不是"兼御"。而笔者在2013年4月进行实地观察时，该榜题牌已经风化到所有文字都无法辨认的程度。

伯希和（1908）还抄写了该壁面的另外一段题记"索中此到记耳 // 一人李黑子 // 肖四一人闲行至此 // 李冕"，并拍摄了该壁面的照片。[3]这段题记不是墨书，而是被锋利的物体刻上去的。伯希和在"此"和"到"之间标注了对调号（形状似"己"字逆时针旋转90度）。笔者推测，伯希和的对调号应该指的是，在实地的"此"字右下方的一个类似"レ"的符号。也许是因为在2003年9月受到贺先生的口头指点，笔者才对"レ"这类符号有了一定的了解，因此做了这样的推测。关于第五个字，伯希和抄写的是"记"，但菊地认为这

1　前揭敦煌研究院编《敦煌莫高窟供养人题记》，第237页。

2　笔者认为，山崎（1995，2003）即笔者判定"刘"字的意义重大。

3　Collège de France Instituts D'Asie Centre de Recherche sur L'Asie Central et la Haute Asie, 1992. *Mission Paul Pelliot, documents conservés au Musée Guimet. Documents Archéologiques XI; Grottes de Touen-Houang; Carnet de Notes de Paul Pelliot. Inscriptions et Peintures Murales Ⅵ. –Grottes 146 a 182 et divers*, Paris, PL.CCCLXVI、CCCLXVII.

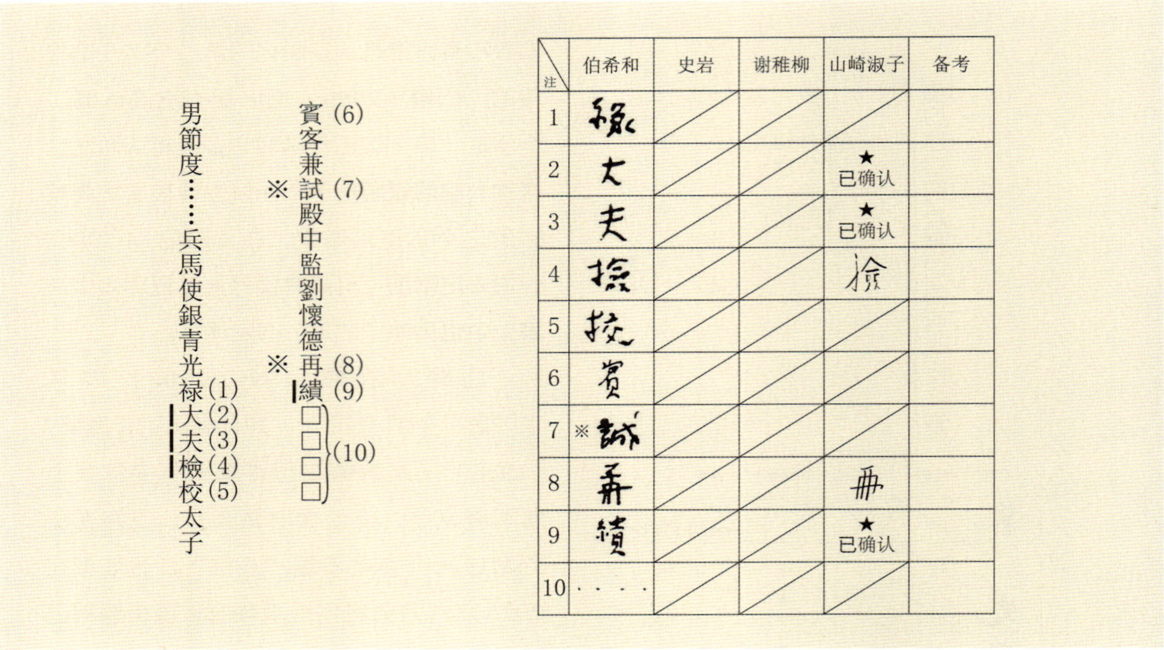

注	伯希和	史岩	谢稚柳	山崎淑子	备考
1					
2				★已确认	
3				★已确认	
4				檢	
5					
6					
7	※				
8				冊	
9				★已确认	
10	⋯				

男節度……兵馬使銀青光禄(1)大(2)夫(3)檢(4)校(5)太子

賓(6)客兼試殿(7)中監劉懷德(8)再續(9)※□□(10)□□□

图15　甬道北壁西向男供养人第2身题记

个字应该是"这"。

伯希和抄写的"肖四一人"的"四"字，从字形来看很难判断到底是什么字，这个字也有可能不是"四"字。要注意的是，伯希和抄写笔记被制作成活字印刷版本时所附的插图没能正确地反映他的抄写。[1]"肖四一人"在 Fig.179 中变成了"肖（？）四人"。这不禁又让人想起，正如贺世哲先生所说的，研究供养人题记，一定要参照伯希和的手写笔记。

伯希和抄写的"肖四一人闲行至此"的"至"实际上应该是"到"字。

（二）第2身供养人（男）—图1之26

《题记》（1986）收录了共两行的题记。山崎（1995，2003）确认了其中的"大""夫""檢""再""续"这几个字。其中，"檢"和"再"的临摹记录可参见图15注4、8。从这些字都可以看出当时敦煌的字形特点。上面提到过的《莫高窟供养人题记别体字简表》中也列举了"再"的别体字，从这些资料也可以看出伯希和（1908）尽量忠实抄写实地的字形的意图。

1　Collège de France Instituts D'Asie Centre de Recherche sur L'Asie Centrale et la Haute Asie, 1983. *Mission Paul Pelliot, documents conservés au Musée Guimet. Documents Archéologiques XI ; Grottes de Touen-Houang ; carnet de notes de Paul Pelliot. Inscriptions et Peintures Murales II . –Grottes 31 a 72,* Paris, p.39, Fig.179.

六　前室西壁门口上部

在 2010 年调查的基础上撰写的论文中，笔者发表了该窟前室西壁门口上部供养器图像的线描图[1]，并且曾推测判定该供养器图像中央已风化部分所绘的内容。但是在 2013 年 4 月 23 日上午进行实地调查时，由于该窟内较为明亮，笔者能比 2010 年观察得更清楚，因此发现自己 2010 年推断为莲叶的部分实际上不是莲叶，而是人像腰附近的衣服。而且根据这个线索，在供养器（固定香炉）下方发现了之前未曾注意到的三身人像。

此外，《敦煌石窟内容总录》阐述：面对该处供养器图像方向右侧的供养人图像为盛唐时期的作品。笔者也曾依据《敦煌石窟内容总录》对该图像年代的判定[2]，在自己的论文中将该供养人像看作唐前期的作品。[3] 但是 2013 年 4 月对该图像的观察，让笔者产生了有必要重新考证其制作年代的想法。理由有以下两点：第一，该供养人像所在壁面与前室西壁门口北侧相连，这一段壁面上并没有观察到重新涂抹的痕迹，因此认为其绘制年代与前室西壁门口北侧的绘制年代（《敦煌石窟内容总录》把其认为公元 9 世纪中叶至 10 世纪初的晚唐）接

近的想法也很自然；第二，在面对该供养人像方向的右侧，可以看出有底色为明亮黄绿色的榜题牌。笔者认为，这种黄绿底色和前面提到过的甬道内南北壁以及主室东壁门口南、北两侧的榜题牌的底色相近。也就是说，笔者认为：这个供养人像的绘制年代与甬道内南、北壁以及主室东壁门口南、北两侧榜题牌的时代（主室东壁门北所画的洪认是公元 10 世纪的僧侣）接近。

笔者在 2009 年发表的论文中指出：在前室西壁门口上部这个具有象征意义的特别的位置上绘有供养器图像这一点十分重要，且自以为这一点让该窟的研究多少有了一些进展。[4] 但是通过 2013 年的观察，笔者了解到，在条件良好的情况下，可能可以发现该位置的更多的图像，且有必要再次探讨该窟的重修年代。

七　主室南壁

笔者曾经发现：位于该窟主室南壁中尊下方的汉语愿文之上，存在长达十三行墨书而成的古回鹘文铭文，但是由于当时笔者对古回鹘文一无所知，因此向松井太先生请教

1　前揭菊地淑子《石窟寺院の洞窟を芸術作品として解釈する試み——敦煌莫高窟第 217 窟の享受の歴史》，第 235 页，图 1-c。前揭菊地淑子《敦煌莫高窟第 217 窟に遺された銘文をめぐる問題——主室の古ウイグル文銘文》，第 295 页，图 2。前揭菊地淑子《敦煌莫高窟第 217 窟之膜拜的历史——重点看 "唐前期的供养器画像" 与 "蒙元时期的回鹘文铭文"》，第 192 页，图 1-e。

2　敦煌研究院编《敦煌石窟内容总录》，文物出版社，1996，第 85 页。

3　前揭菊地淑子《石窟寺院の洞窟を芸術作品として解釈する試み——敦煌莫高窟第 217 窟の享受の歴史》，第 231 页。

4　前揭菊地淑子《石窟寺院の洞窟を芸術作品として解釈する試み——敦煌莫高窟第 217 窟の享受の歴史》，第 232 页。前揭菊地淑子《敦煌莫高窟第 217 窟に遺された銘文をめぐる問題——主室の古ウイグル文銘文》，第 295 页，图 1、2。

如何解读。松井太先生向笔者提示了解读的方案。[1] 当时，笔者以为没有任何研究人员曾经关注考察过该铭文的存在。

但是在本助研基金研究将主旨定为该窟内汉语铭文之后，笔者翻阅伯希和（1908）的手写笔记时发现，伯希和在1907年就注意到了该处的非汉语铭文，写道"作为蒙古语的一个例子，我如下记录"，并记录了其中的一部分（见图16）。因为笔者终于可以用本年度的助研基金开始学习古土耳其语，所以才能发现以下两

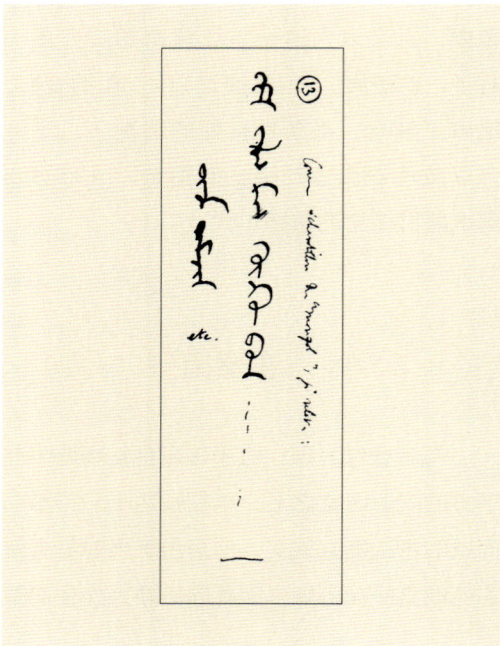

图 16　主室南壁非汉语铭文
（复制伯希和抄写的 carnet B-57）

点。第一，伯希和的笔记中出现了该处的非汉语铭文。第二，笔者的临摹和伯希和的笔记有一些相似的部分。但是与此同时，松井太先生还提醒笔者，应该注意到，虽然伯希和发现了该铭文的存在并且抄录了其中的一部分，但是，伯希和最终也没能成功解读这些古回鹘文铭文。[2]

结　语

长期以来，笔者一直对莫高窟第217窟里的供养人题记的相关问题抱有极大的兴趣，在进行实地调查的同时也参考诸先学的看法，不断思索并循序渐进地开展了研究工作。笔者以为，到了本年度是把自己的想法汇集成文的时候了，却在总结论文的过程中又发现了更多的问题点。

这篇文章让笔者认识到很多今后的课题。也正如土肥义和先生所教诲的，迄今为止，虽然在关于第217窟的所有调查记录中从未发现"阴"字，但是在很大的可能性上，阴氏和该窟的开凿营建密切相关，因此若要深究这个问题，有必要把相当长的时间投入研究敦煌文献中去。现阶段，笔者归纳本稿的结论为，该洞窟是否是阴家窟，是否由阴氏参与开凿都无法断定。

1　前揭菊地淑子《石窟寺院の洞窟を芸術作品として解釈する試み——敦煌莫高窟第217窟の享受の歴史》，第232~233页。同：《敦煌莫高窟第217窟に遺された銘文をめぐる問題——主室の古ウイグル文銘文》，第291页。

2　森安孝夫先生曾指出：伯希和调查敦煌时，不具备立即分辨古回鹘语和蒙古语的能力，因此他常常把古回鹘文误认为蒙古语。参见森安孝夫《ウイグル語文献》，载山口瑞凤编《講座敦煌6敦煌胡語文献》，大东出版社，1985，第10页。森安教授的这个观点笔者是通过松井太先生得知。

研究造型艺术史的笔者在实地观察该窟的汉语题记之后，也自然而然地对字体（文字的字形特点）产生了相当浓厚的兴趣。因为造型艺术史是一门关注各个作品所独有的特点的学问。笔者深切体会到，十分有必要仔细阅读研究以伯希和及史岩的手写笔记为例的前人的原始的一手调查资料。

这篇文章也让笔者再次深刻理解到，在 2000 年敦煌学国际学术讨论会（2000 年 7 月 29 日至 8 月 3 日，于敦煌研究院）上笔者口头演讲的问答环节，贺世哲先生起立指出的观点。[1] 贺先生在世界各国研究者莅临会场的情况下，起立指出：研究洞窟的制作年代是一件极其复杂与艰难的工作。

---

1 笔者在 2000 年敦煌研究院主办的研讨会上报告内容的中文版论文刊登在 2003 年发行的该研讨会的论文集中。参见山崎淑子《试论敦煌莫高窟第 217 窟》,《2000 年敦煌学国际学术讨论会文集 石窟考古编》，甘肃民族出版社，2003。但是编辑方对笔者提交的中文稿在未经笔者校正的情况下进行了修改，导致该论文的内容无法真实反映笔者提出的原稿想要表达的正确的意思。笔者当时在中文稿中想要表达的正确意思，记录在下面两篇日文论文中：前揭山崎淑子《敦煌莫高窟における初唐から盛唐への過渡期の一様相──莫高窟二一七窟試論》；前揭山崎淑子《敦煌莫高窟・唐前期壁画における制作技法の変化──「型」と画面構成の関係》。

《张留孙碑》与元中后期的玄教 *

■ 吴小红（江西师范大学历史系）

　　《张留孙碑》全称《大元敕赐开府仪同三司上卿辅成赞化保运玄教大宗师志道宏教冲元仁靖大真人张公碑》，又简称《道教碑》《仁靖真人碑》《敕赐大宗师张公碑》《张留孙神道碑》《大元领道教事张公碑铭》等，因赵孟頫撰文、书丹、篆额而声名甚著，拓本广播。该碑有两方，一方在今北京朝阳门外东岳庙内，立于天历二年（1329），近2800字，碑体完整，文字清晰；另一方位于今江西鹰潭龙虎山上清镇天师府内，立于至正四年（1344），碑身断裂，以混凝土拼合成一块，字迹多有漫漶阙漏。为示区别，二碑分别被简称为"北道教碑"和"南道教碑"，或进一步简称"北碑"和"南碑"。

　　关于二碑的真伪之辨，始于晚清陆心源。陆氏怀疑此碑并非赵孟頫亲书，而是由其子赵雍代笔。[1] 其后，金石家对此见仁见智。1983年，王连起先生梳理相关文献，细致分析赵氏的书法特点，认为南、北二碑均非赵氏撰文、书丹，并否定了赵雍和吴全节代笔的可能性，推测撰文者可能是吴全节或张留孙的其他弟子；摹刻二碑所用的书丹原底为同一底本，很可能源于茅绍之，南碑的摹刻者则为张纯。[2] 迄今，学界已普遍接受这一观点，笔者亦服膺之。但是，此前的研究主要从金石学角度进行，笔者认为，南、北二碑及其文本还值得进一步细究，竖立二碑所涉及的元代中后期道教格局的变化更须深入探索。由于文献的制约，关于元代南方正一道及所属玄教的历史，目前的研究集中于世祖至仁宗

* 本文系国家社会科学基金项目"宋元时期的龙虎山道教与地方社会研究"（项目编号：15BZS056）成果之一。撰文过程中，笔者得到南京大学高荣盛教授、刘迎胜教授、陈波教授、中国社会科学院乌云高娃研究员、河北经贸大学默书民教授、沈阳师范大学魏曙光博士、龙虎山道教文化研究所薛清和所长、龙虎山道教协会孔祥毓主任等人的帮助和指点，谨致诚挚谢意！

1　（清）陆心源：《仪顾堂题跋》卷一五《元敕赐开府仪同三司上卿辅成赞化保运玄教大宗师志道宏教冲元仁靖大真人张公碑跋》，中华书局《清人书目题跋丛刊》本，1990，第197页。"玄教"，原因避讳改作"元教"，今改回。

2　王连起：《传世赵孟頫书道教碑真伪考》，《文物》1983年第6期，第76~86页。

朝[1]，元中后期的面貌总体模糊。笔者认为，两次竖立《张留孙碑》颇能反映元中后期南方正一道地位的变化，立碑乃是以吴全节为代表的南方道教领袖挽救颓势的诸多努力之一。下文将详述之，舛漏之处，敬祈方家匡正。

一　南、北二碑文本对比分析

明代，北碑已受到金石家关注。成化五年（1469）官国子祭酒的陈鉴《碑薮》予以著录[2]，此后的金石著述多有载录，兹不赘述。南碑所受关注远不及北碑。据笔者陋见，最早述及南碑的文献为明正统年间（1436~1449）周召续修的《龙虎山志》，曰："右碑（南碑——引者）铭勒石，见存芗溪（广信府贵溪县别称——引者）治南二里。剜石作屋，周垣皆就石成之。碑高三丈，隆然屹立，过者皆睨观

焉。每三年，雷雨辄下，为之洗涤，故岁久苔藓不萌，而文翰益著，盖亦上卿（张留孙——引者）灵英在帝左右之验也。大丈夫寓迹方外，际风云之会，依日月之光，照耀先后，炳然不朽，一时之遇也。"[3] 约二百年后，徐霞客于崇祯九年（1636）十月二十三日抵贵溪县城，"出西南门，渡溪而南"，"南经张真人墓碑，乃元时敕赵松雪撰而书者。剜山为壁，环碑于中"。[4] 其对南碑的描述与周召一致。而最早载录南碑的金石家为钱大昕。钱氏称该碑乃"赵孟頫撰并正书，至正四年，在贵溪县"[5]，卷首题"嘉定钱氏收藏"，表明其藏有拓本。后，吴式芬亦注意到南碑，曰："元上卿玄教大宗师张留孙碑：赵孟頫撰并正书篆额，至正四年。《府志》：'道教碑，在西郭外浮桥头岭下。乾隆三十九年，碑断仆裂，正一真人鸠工凿石镶嵌。'"[6] 吴氏乃摘录《广信府志》。查乾隆《广信府志》，载："道教碑：（贵溪）西郭外浮桥头岭下，元赵孟頫

1　如卿希泰主编《中国道教史》（修订本）第三卷，四川人民出版社，1996；任继愈主编《中国道教史》（增订本）下册，中国社会科学出版社，2001；丁培仁《元前道派研究》，四川人民出版社，2014；胡其德《蒙元帝国初期的政教关系》，花木兰文化出版社，2009；李鸣飞《蒙元时期的宗教变迁》，兰州大学出版社，2013；孔令宏、韩松涛著《江西道教史》，中华书局，2011；张继禹《天师道史略》，华文出版社，1990；张金涛《中国龙虎山天师道》（第二版），江西人民出版社，2000 等著作。以及孙克宽、袁冀、卿希泰、曾召南、郭树森、藤岛建树、高桥文治、宫纪子、陈金凤等学者的论文在述及元代正一道时，均重在阐述世祖至仁宗时期历任张天师和张留孙、吴全节等人的地位和活动，对张天师和玄教首领在元代中后期的活动均语焉不详。限于篇幅，恕笔者不详细出注。

2　（明）陈鉴：《碑薮》不分卷《北直隶》，载《石刻史料新编》第 2 辑第 16 册，台北新文丰出版公司，1979，第 11834 页。

3　（明）周召：《张留孙碑铭》篇末按语，（元）元明善编，（明）周召续修《龙虎山志·续编》，第 89 页。

4　（明）徐弘祖：《徐霞客游记》卷二上《江右游日记》，上海古籍出版社，2010，第 40 页。

5　（清）钱大昕：《潜研堂金石文字目录》之八《元》，《石刻史料新编》第 1 辑第 25 册，台北新文丰出版公司，1977，第 19074 页。

6　（清）吴式芬：《金石汇目分编》卷六《江西·广信府·贵溪县》，《石刻史料新编》第 1 辑第 27 册，台北新文丰出版公司，1977，第 20834 页。"玄教"，原书因避讳改作"元教"，笔者改回。

真迹。乾隆三十九年，碑断仆裂，正一真人张存义会同典史王巨源捐资鸠工，凿石镶嵌。"[1] 此即吴氏所本。而论南碑最详者，当数民国泰和人欧阳辅。其在《集古求真》中曰：

> 玄教大宗师张留孙碑，赵孟頫书并撰，在江西贵溪县龙虎山。文与北京本无异。石尤高大，亦两面刻，三十五行，行七十五字。阴面二十五行，亦七十五字。正面上半横断一道，四行至八行各缺六七字，其余诸行各缺一二字；下面斜断一道，其缺二十余字；右下缺一角，失去数字。阴面上断，每行损一二字；下断中间剥落一片，共缺三十余字；下角所失亦数字。文后空两行，末行题"王景平、张尚彬监役。龙虎张纯摹刻"。尾题"至正四年"，而仍有"吴全节立石"等字，后于天历又十七年。行字疏朗，似非从北京本模出，然校其字画，实同

一源，钩手不同耳。[2]

欧阳辅述南碑极详，似是亲睹。但是，后来其在《集古求真补正》中说："余未见此铭（南碑铭文——引者），屡询上饶人，亦无知者，不知是重列否。"[3] 该碑位于贵溪县治之南浮桥头的熙攘之地，碑体"隆然屹立"，上饶人却不知晓，或缘于其在晚清民国时期再次断倒。[4] 欧阳辅的这段描述提供了南碑的诸多重要信息：其一，南碑的文本与北碑无异；其二，二碑同源，但摹刻者相异，北碑出自茅绍之，南碑出自张纯；其三，清代、民国时期，南碑不仅两次仆倒，且两面均有断损，每行都有缺字。这或许是南碑拓本罕觏的原因。

1959 年，南碑被江西省人民政府列为省级保护文物。1979 年移入贵溪上清镇天师府内宫保第东侧，经过修补，重新竖立，覆以碑亭。碑高 2.8 米，宽 1.75 米。[5] 目前可见碑体的断裂情态与欧阳辅所述一致，可辨识一千余字。通过比对可发现，在前人已然述及的版式不同、北碑字体"丰腴宏丽"而南碑"稍清约，然

1　（清）连柱等纂修《（乾隆）广信府志》卷五《建置·古迹》，《中国方志丛书》华中地方第 919 号，第 583 页。

2　欧阳辅：《集古求真》卷六《真书·五代宋辽金元·玄教大宗师张留孙碑》，《石刻史料新编》第 1 辑第 11 册，台北新文丰出版公司，1977，第 8541 页。

3　欧阳辅：《集古求真补正》卷四《语石校勘记》，《石刻史料新编》第 1 辑第 11 册，第 8696 页。

4　清同治年间（1862~1874）修《广信府志》时，该碑中的绝大多数文字仍能识读，表明其再次断倒在同治以后。碑文见（清）蒋继洙等修，（清）李树藩等纂《（同治）广信府志》卷十一之三《艺文·金石》，《中国方志丛书》华中地方第 106 号，第 1474~1476 页。

5　李寅生主编《贵溪县志》，中国科学技术出版社，1996，第 1118 页。原书中，碑宽作 0.75 米，误。据龙虎山道教协会办公室主任孔祥毓提供的资料，南碑现高 2.3 米（不含碑座），宽 1.6 米，厚 0.39 米。

笔力过之"外[1]，还存在平阙方面的相异处。[2] 至于文本，亦非欧阳辅所说"与北京本无异"。二者的文本差异包括以下三类：

其一，北碑误而南碑予以改正者。北碑称张留孙代祀五岳兼搜访人才返京后，世祖"籍其名骋焉"，"骋"字误；南碑作"籍其名聘焉"，正确。

其二，二碑文字相异而难以定其是非者。北碑形容张留孙的外貌是"修髯广颐"，南碑作"修髯廣頯"，"颐""頯"二字相异，未知孰是。北碑称张闻诗为张留孙"伯兄"，南碑作"伯祖"，笔者搜阅相关文献，二说皆有，学术界亦第有异说，故不敢贸然定其是非。

其三，张留孙弟子名录之异。北碑录张留孙弟子甚详："明年三月，归其葬于故山，弟子七十五人：余以诚、何恩荣、吴全节、王寿衍、孙益谦、李奕芳、毛颖达、夏文泳、薛廷凤、陈日新、上官与龄、舒致祥、张嗣房、何斯可、徐天麟、丁应松、彭齐年、薛起东、李世昌、张德隆、薛玄羲、陈彦伦、詹处敬、于有兴、王景平、蔡仲哲、彭尧臣、张汝翼、冯瑞京、祝永庆、蔡允中、张善式、董袭常、王国

宾、曹载静、余克刚、丁迪吉、张居逊、董宇定、王用亨、张显良、徐守勤、彭一宁、刘若冲等，将葬之山东之南山。"现存南碑中，这段文字颇有残损，仅可见"恩荣吴全节王寿衍孙益谦□奕□毛□□□泳""尧臣张汝翼冯瑞京祝永"等字。洪金富先生所编《中央研究院历史语言研究所藏元代石刻拓本目录》收录南碑拓本照片[3]，碑文亦残损模糊。《（同治）广信府志》中有据南碑抄录者，相对完整："明年三月，归其丧于故□□□□□□恩荣、吴全节、王寿衍、孙益谦、李奕芳、毛颖□□泳、薛廷凤、陈日新、上官与□、舒致祥、张嗣房、何斯□、徐天麟、卞应松、彭齐年、薛起东、李世昌、张德隆、陆元羲、陈彦伦、□□□、于□□、□□□、□□□、彭尧臣、张汝翼、冯瑞京、祝永庆、蔡元中、张善式、董袭常、王国□、曹载静、余克刚、丁迪吉、董宇定、王用亨、张显良、徐守勤、彭一宁、刘若冲、邓光禹、于太易、于太受、张尚□、上官来复、陈□□、□□□、□□□、何九逵、曾吾省等将葬之山东之南山。"[4] 南、北二碑中的这段文字，虽然存在以"□"代替阙字的数量、"归其葬"和"归

1　（清）叶昌炽：《语石》卷二，《石刻史料新编》第 2 辑第 16 册，第 11887 页。王连起先生也注意到南、北二碑的三处差异：其一，北碑"豪傑"之"傑"字，无"亻"旁；其二，南碑张留孙弟子比北碑多邓光宇、于大易等十余人的名字；其三，南碑碑底刻有方格而北碑无。参见王连起《传世赵孟頫书道教碑真伪考》，第 77 页。

2　如北碑中，"道家书当焚■上既允其奏"（■表示空字），"上"前留一空字；南碑作"道家书当焚■■上既允其奏"，留二空字。北碑中，"隆福宫■■中宫皆有锡赉"，"中宫"前留两空字；南碑作"隆福宫中宫皆有锡赉"，未留空字。

3　洪金富主编《中央研究院历史语言研究所藏元代石刻拓本目录》，台湾"中研院"历史语言研究所，2017，第 293 页。

4　《（同治）广信府志》卷十一之三《艺文·金石》，第 1475 页。题作《敕赐太宗师张公碑》。

其丧""丁应松"和"卞应松""薛玄羲"和"陆元羲""蔡允中"和"蔡元中"等差异[1]，但最显著的不同在于，北碑有弟子"张居逊"而南碑无，南碑有弟子"邓光禹、于太易、于太受、张尚□、上官来复、陈□□、□□□、□□□、何九逵、曾吾省"而北碑无。造成这种差异的原因可能有二：其一，北碑立于天历二年（1329），南碑立于至正四年（1344），16 年间，张留孙的众弟子有了变化，张居逊已逝，新增邓光禹、于太易等，南碑据实以录；其二，北碑文字布局太满，难以将张氏弟子悉数镌入。但笔者细看北碑阴面的文字布局，在"皇帝若曰"平出的前一行，即镌有张氏弟子名录的一行，尚有 20 字空间。虽然这 20 字的空间不足以容纳邓光禹等 10 人名单，但还是可以表明，第二种推测或难成立。

通过以上对比和分析可看出，南碑的摹刻者张纯在制作南碑时，并非全盘照搬北碑，不仅纠正了北碑的讹误，还根据实际情况对文本内容进行了调整。毕竟，南碑醒目地竖立于从贵溪县治通往上清的路口，观者众多，文本对张留孙弟子名录所做的修正，不仅对当时的龙虎山上清宫道

士至为重要，也为今日研究元代中后期龙虎山道教提供了重要资料。

二 《张留孙碑》文本溯源

《张留孙碑》的文本，目前流传最广者为北碑的拓本和抄本。据此拓本出版的法帖，因阅读对象主要为研习书法者，故文字顺序常见紊乱，完整的拓本则可见于《北平东岳庙碑刻目录》《北京图书馆藏中国历代石刻拓本汇编》等金石图籍。[2]陈垣先生又据北京大学图书馆藏缪荃孙艺风堂之北碑拓本抄录，收于《道家金石略》[3]，乃研究元代道教的基本文献。南碑的拓本罕见，台湾"中央研究院"历史语言研究所藏有 3 纸，编号分别为 25399、04013、12563[4]，文字颇有漫漶阙失，拓片所现碑体断裂剥蚀之迹与欧阳辅所述大体相符，应是清代中晚期至民国初期所制。笔者在《龙虎山志》和《广信府志》外又发现另一文本，与南、北二碑文本有所不同。

该文本最早收于元代元明善奉敕修，明正统年间（1436~1449）周召修补续增本《龙虎山志》。[5]元修《龙虎山志》成于

1　造成这些差异的原因有三：其一，据南碑抄录文字者的疏误；其二，刊印《广信府志》者的疏误；其三，元代以北碑为本，摹刻南碑者的疏误。笔者认为以前二者为主。

2　刘厚滋：《北平东岳庙碑刻目录》，国立北平研究院总办事处出版课，1936，卷首第 1~2 页。北京图书馆金石组编《北京图书馆藏中国历代石刻拓本汇编》第 49 册，中州古籍出版社，1989，第 122~125 页。

3　陈垣编纂《道家金石略》，陈智超、曾庆瑛校补，文物出版社，1988，第 910~913 页。

4　洪金富主编《中央研究院历史语言研究所藏元代石刻拓本目录》，第 293 页。

5　（元）元明善编，（明）周召续修《龙虎山志·续编》，第 87~89 页。

延祐年间（1314~1320），而张留孙卒于至治元年十二月壬子，故元修山志不可能收录《张留孙碑》文本。到正统年间，山志书版多有遗失残损，龙虎山赞教周召遂予修补，并增续延祐以后的史实。在《续编》中，周召收入《张留孙碑》文本（以下简称"周召本"）。该本并非全帙，只有不足1700字，止于张留孙七十寿诞时赵孟頫为其所作《像赞》，缺失其后的1000余字。细读该志，在雕镂《张留孙碑》最后一块版片时，版左尚有6行刻录了周召所作《张留孙碑》跋语，显然，周召修志时，《张留孙碑》文本已非全帙。是时，张留孙碑仍立于信江之畔，周召未从南碑直接抄录全文，或许是缘于其在跋语中所说"善继志者，后当以此例增其未来"[1]，即留待后人补足。

笔者仔细比对了周召本与南、北二碑文本（以下简称"二碑本"），除却因疏忽或用字习惯不同造成的文字相左外[2]，有几处差异显然是有意改动或因不谙详情所致。

其一，周召本中，"（张留孙）从其（张宗演——引者）徒数十人以来，皆美材奇士。上独目公而伟之，于是宗演归而公留。及入见，有赐予"，二碑本作"从其徒数十人以来，皆美材奇士。及入见，有锡予。上独目公而伟之，于是宗演归而公

留"。据周召本，张留孙是两次觐见世祖，第一次获青睐，第二次受赐予；二碑本则显示，张留孙觐见世祖仅有一次，是与诸人同受赐予而独获青睐。从逻辑关系看，二碑本优于周召本。

其二，周召本中，世祖为张留孙在两都赐建崇真宫，又"赐平江、嘉兴田八百顷，大都昌平栗园五千亩给其用"，二碑本作"赐平江、嘉兴田若干顷，大都昌平栗园若干亩给其用"。前者数字详明，确有所本；后者模糊处理，有所掩盖。从偷漏赋税的角度看，二碑本显然更有利于崇真宫，似乎可推测二碑本是在周召本的基础上故意含糊其词。

其三，周召本中，世祖赐张留孙之父九德为信州路（治今江西省上饶市）治中，九德"佐郡以愿谨闻，超拜浙西宣慰同知，又改浙东，以便家"，二碑本作"超拜浙东宣慰同知，又改江东，以便家"。元初，浙西宣慰司隶江淮行省，治杭州，其后屡有废置。直到至元二十六年（1289），因江浙行省治所稳定地设于杭州，浙西宣慰司方不再设置。江东道宣慰司治建康路（治今江苏省南京市），大德二年（1298）罢；浙东宣慰司都元帅府治婺州（今浙江省金华市）。综合相关文献可知，张九德任信州路治中在至元十四年（1277）、十五年

1　（元）元明善编，（明）周召续修，《龙虎山志·续编》，第87页。

2　如周召本中，"后从公求所祷神像礼之"，"像"，二碑本作"象"。周召本中，"文宗雅好文治，尝从容召公（张留孙——引者）论道"，上下文意显示，"文宗"并非图帖睦尔，而是其叔元仁宗爱育黎拔力八达。且图帖睦尔在天历元年（1328）登位时，张留孙早已仙逝。北碑中，该句作"仁宗雅好文治，常从容召公论道"，正确。而且，该句中，"常""尝"二字亦不同。

（1278）间，超拜浙西宣慰司同知则可能在至元二十六年（1289）以前。张九德为信州路贵溪县人，因而从"便家"的角度看，当以周召本为是，即先授浙西宣慰同知，又改浙东。但是，查阎复《龙虎山大上清正一宫重建三清殿坛楼三门碑》，袁桷《张公家传》，虞集《张宗师墓志铭》《张公（广孙）神道碑》等，均载张九德任江东道宣慰司同知，则周召本有误。个中矛盾，笔者难以解释，姑存疑。

其四，周召本中，成宗"车驾屡亲祠崇真，敕留守段益贞买民地充拓其旧"，"段益贞"，二碑本作"段贞益"。元代大都内府宫殿、诸邸、京城门户、寺观、公廨等营缮造作均由大都留守司负责。段贞益在至元（1264~1294）后期和成宗初任职大都留守司，至元三十年（1293）十月加平章政事，元贞二年（1297）二月由该司达鲁花赤正式升任中书平章政事。[1]营建大都崇真宫正在其职掌之内，故周召本"段益贞"误，而二碑本"段贞"后之"益"作"增益"解，即为崇真宫另外多买民地，语通意顺。造成错误的原因，有可能是底本即误，也可能是周召抄录之误。

鉴于以上诸条，笔者认为，相较于二碑本，周召本文理粗略，表述直白，表明其可能是二碑本的底本。那么，这一底本何以留存在龙虎山？《张留孙碑》载，张留孙逝于至治元年十二月壬子，二年三月春暖，弟子护丧南归。以张氏生前的地位和影响，英宗敕命赵孟頫撰神道碑并书丹篆额，自是相称。而且，赵氏在延祐六年（1319）离京时，官翰林学士承旨，并未致仕，故至治元年（1321）春，英宗敕令其书写《孝经》。不久，赵氏请求致仕，未果。[2]至逝时，赵氏仍为翰林学士承旨。以赵氏当时的身份，英宗令其为张留孙制神道碑，也在情理之中。但是，张留孙作为五朝元老，屡膺恩宠，所受封赐等在神道碑中不容有误，而赵孟頫以乡居的状态，实难担此重任。故笔者推测，英宗下敕后，当先由张留孙的在京弟子中文学优长者如吴全节、薛玄曦等人写就行状性质的文本。五年后的泰定三年（1327）十二月十四日甲申，张留孙葬于贵溪，"弟子吴全节以事状致书虞集"[3]，请虞氏撰墓志铭，表明吴氏手中确有详述张留孙生平的"事状"。这一"事状"或许草成于张留孙去世后不久。"事状"完成后，交至职事机构翰林国史院。后者须核实并确认尊号、官衔、品级等重要信息，并仿赵孟頫

1　（明）宋濂等：《元史》卷十七《世祖十四》，中华书局，1976，第374页；卷十八《成宗一》，第387页；卷十九《成宗二》，第402页。

2　（元）杨载：《大元故翰林学士承旨荣禄大夫知制诰兼修国史赵公行状》，载（元）赵孟頫《赵孟頫集》附录，任道斌校点，浙江古籍出版社，1986，第274页。

3　（元）虞集：《道园学古录》卷五十《张宗师墓志铭》，《四部丛刊初编》本，第13页a。

奉敕撰文的口吻，写成神道碑底稿，以待赵氏修改润色。[1] 至治二年（1322）三月，张氏弟子归丧贵溪，携稿南行。将抵湖州时，或许听闻赵氏病弱，无力履命，遂将文稿径直带往龙虎山。六月，赵孟頫逝，八月，在浮梁州任同知的杨载撰《赵孟頫行状》时[2]，无从知晓英宗敕命，故在行状中未提及此事，赵氏文集亦不收《张留孙碑》。

百余年后的正统年间，周召续修《龙虎山志》时，翰林国史院所制《张留孙碑》文稿仅存前半部分，被收入山志。后，这一残本被明万历（1573~1620）中后期天师张国祥和张显庸续修《龙虎山志》、清代娄近垣修《龙虎山志》以及《（同治）贵溪县志》沿袭[3]，均止于赵孟頫所撰《张留孙像赞》，并有传抄错误。清修《（同治）广信府志》时，亦收《张留孙碑》文本[4]，前半部分的近 1700 字取自娄近垣修《龙虎山志》，《张留孙像赞》后的 1000 余字则抄录自南碑，从而留下一篇至治二年（1322）翰林国史院底稿和至正四年（1344）南碑抄本相杂的文本，流传至今。

三　张留孙之葬与泰定朝对玄教的礼遇

张留孙逝后不久，至治二年五月，英宗制授玄教嗣师吴全节"特进、上卿、玄教大宗师、崇文弘道玄德广化真人、总摄江淮荆襄等处道教、知集贤院道教事"，"敕省台百司，谕以传宗之事，而大护其教"。[5] 这些尊号和职衔总体低于张留孙生

1　王连起先生论及名儒柳贯有多篇文章为赵孟頫代笔，见《传世赵孟頫书道教碑真伪考》，第 82 页。考柳贯的活动，至治元年（1321）秋，柳贯由国子助教升国子博士。张留孙卒，柳贯作《开府大宗师张仁靖真人升仙词》，见《柳待制文集》卷四，《四部丛刊初编》本，第 14 页 a~15 页 a。次年三月，张留孙归葬贵溪，柳贯亦在大都。以柳贯之才及其与玄教道士的关系，是有可能承翰林国史院之请而再次为赵孟頫代笔，撰《张留孙神道碑》。而且，《开府大宗师张仁靖真人升仙词》中有"谂庙工阴灵，环㘰屃阳木"之句，"㘰屃"指负碑之龟，表明柳贯当时可能已知悉有立神道碑之命。今《柳待制文集》中不见《张留孙碑》，或缘于其确实未曾代笔，也有可能是至正十年（1350）初次编刊柳氏文集时，此文已佚。关于柳贯文集的编刊和版本流传，参见钟彦飞《柳贯文集版本考》，《重庆交通大学学报》（社会科学版）2016 年第 1 期，第 59~63 页；钟彦飞《文集刊刻与金华文化传承发微——以〈柳待制文集〉为例》，《中北大学学报》（社会科学版）2016 年第 2 期，第 82~86 页。王连起先生还对赵孟頫奉英宗敕命一事表示怀疑，对此，笔者认为，吴全节在天历二年（1329）五月将张留孙碑立于东岳庙，是为向文宗、鲁国大长公主和奎章阁儒臣示好，以达成政治目的（此待后文详述），加之明宗、文宗兄弟和英宗之间有夺位之仇，若"奉敕"一事果涉虚妄，吴全节需冒很大的政治风险。笔者认为吴全节实在没有虚称"奉敕"的必要。

2　（元）杨载：《大元故翰林学士承旨荣禄大夫知制诰兼修国史赵公行状》，载《赵孟頫集》附录，第 276 页。

3　（元）元明善编，（明）张国祥、（明）张显庸续《续修龙虎山志》卷下二，《四库全书存目丛书》史部第 228 册，第 182~184 页；（清）娄近垣修《（乾隆）龙虎山志》卷十二《艺文·碑》，《三洞拾遗》第 13 册，第 240~242 页；（清）杨长杰等修、（清）黄联珏等纂《（同治）贵溪县志》卷九之七《艺文·金石》，《中国方志丛书》华中地方第 873 号，第 2062~2070 页。三志中，此文均题作《敕赐大宗师张公碑》。

4　《（同治）广信府志》卷十一之三《艺文·金石》，第 1474~1476 页。

5　（元）虞集：《道园学古录》卷二五《河图仙坛之碑》，第 9 页 b；《元史》卷二八《英宗二》，第 622 页。

前[1]，约与成宗对张留孙的尊宠相当。此后的英宗朝，吴全节未再膺新宠。英宗自幼生活在汉地，受到儒家教育，颇具汉文化素养，而吴全节诗文俱佳，精于翰墨，加之英宗耳濡目染其父仁宗对玄教的优礼，本当给予吴氏更多尊荣。之所以未如此，主要原因在于，至治二年（1322）九月前，皇权实际掌握在太皇太后答己和权臣铁木迭儿之手，而太皇太后崇信喇嘛教。至治二年九月，铁木迭儿和答己相继去世，英宗亲政，厉行改革，亲近儒臣。但是，英宗的宗教倾向亦在喇嘛教，以故英宗一朝，未见吴全节主持常例之外的醮仪，其地位仅是维持而已。

至治三年八月"南坡之变"，英宗和中书右丞相拜住被杀，泰定帝即位。[2]泰定帝也孙铁木儿为世祖曾孙，皇太子真金长子甘麻刺的次子。泰定帝一系与玄教有较深的关系，始于世祖朝。至元十四年（1277）春，第三十六代天师张宗演初觐世祖南返后，张留孙留居京师，屡次祈禳有验，天眷日隆。皇室其他成员对张留孙亦青眼有加，"太子、元妃（真金及其妻伯蓝也怯赤——引者）犹加敬礼，为制重锦法衣一袭"。[3]张留孙还得以出入宫帐，"非洗沐，不得远去帷帐。每出，辄敕卫士载腰舆归公"。[4]至元十八年（1281）夏，世祖命张留孙及其徒陈义高承侍皇太子真金。[5]不久，真金出外抚军，世祖诏令陈义高随军。[6]

甘麻刺自幼"育于祖母昭睿顺圣皇后，日侍世祖，未尝离左右"。[7]在世祖、昭睿顺圣皇后和真金夫妇宠信张留孙师徒时，甘麻刺或与玄教道士已有所接触。正式的接触则始于至元二十二年。这一年，甘麻刺北行，陈义高"与之俱，止于哈察木敦（约在河套之北——引者）"[8]，次年返京。至元二十七年冬，甘麻刺封梁王，出镇云南。

1　张留孙逝前的尊号和职衔为"开府仪同三司、上卿、辅成赞化保运玄教大宗师、志道弘教冲玄仁靖大真人、知集贤院事、领诸路道教事"，英宗授予吴全节者为"特进、上卿、玄教大宗师、崇文弘道玄德广化真人、总摄江淮荆襄等处道教、知集贤院道教事"。其中，"特进"低于"开府仪同三司"，"玄教大宗师"低于"辅成赞化保运玄教大宗师"，"真人"低于"大真人"，"知集贤院道教事"低于"知集贤院事"，"总摄江淮荆襄等处道教"低于"领诸路道教事"。

2　关于英宗朝的政治和"南坡之变"，参见萧功秦《英宗新政与"南坡之变"》，元史研究会编《元史论丛》第2辑，中华书局，1983，第145~156页。

3　（元）阎复：《龙虎山大上清正一宫重建三清殿坛楼三门碑》，载（元）元明善编，（明）周召续修《龙虎山志》卷下《碑刻》，第73页。

4　（元）虞集：《道园学古录》卷五十《张宗师墓志铭》，第14页b。

5　（元）阎复：《龙虎山大上清正一宫重建三清殿坛楼三门碑》，载（元）元明善编，（明）周召续修《龙虎山志》卷下《碑刻》，第73页。

6　（元）张伯淳：《养蒙先生文集》卷四《崇正灵悟凝和法师提点文学秋岩先生陈尊师墓志铭》，《元代珍本文集汇刊》本，第137页。

7　（明）宋濂等：《元史》卷一一五《显宗传》，第2893页。

8　（明）王祎：《王忠文公文集》卷十六《元故弘文辅道粹德真人王公碑》，《北京图书馆古籍珍本丛刊》第98册，书目文献出版社，2000，第285页。

二十九年（1292），"改封晋王，移镇北边，统领太祖四大斡耳朵及军马、达达国土"[1]，成为大汗的北部藩篱。甘麻剌前往云南时，陈义高奉诏从行；往镇北边时，又随军前往。成宗即位，甘麻剌入朝，陈氏随行。成宗赐陈氏卮酒，慰劳曰："卿从王（甘麻剌——引者）累年，得无劳乎？"陈氏对曰："得从亲王游，岂敢告劳。"[2]元贞元年（1295）纂修《世祖实录》，"问逸事王（甘麻剌——引者）所，王假义高文学条上始末"。[3]陈义高作为术士，得以提供与《世祖实录》有关的史料，表明其在常规的驱邪禳灾、占算预卜之外，还深度参与了重要军政活动。元贞二年（1296），陈氏再次随甘麻剌入觐，次年甘麻剌北返，"仍载之后车"。[4]可见，陈义高乃甘麻剌最亲信的术士之一。大德三年（1299），陈氏因病请离漠北，行前以其徒自代。六月，陈氏病逝于南返上都的途中。[5]

陈义高举以自代者为王寿衍。至元二十一年（1284），陈氏在杭州四圣延祥观收年仅15岁的王寿衍为徒，随即携入京师。次年，师徒觐见真金。至元二十二年（1285），陈义高随甘麻剌北行，王寿衍与之俱，"驱驰朔漠，备殚其勤"。[6]但是，王寿衍没有随甘麻剌出镇云南和漠北。大德二年（1298），王寿衍自江南入朝。次年，从忽剌真妃北行。恰陈义高病重，王寿衍遂取代其师，成为甘麻剌的术士。大德四年春，王寿衍"侍晋王入觐，蒙两宫锡予加厚。寻得旨南还"[7]，甘麻剌令其主持杭州名观开元宫。杭州作为南宋首都，高道云集，而王寿衍齿德尚浅，故辞之。大德六年，甘麻剌逝，也孙铁木儿袭封晋王，仍镇北边，直至"南坡之变"后被拥立为帝。

泰定帝生于至元十三年，或在幼年已熟悉出入宫禁的张留孙。大德四年王寿衍南返时，泰定帝已是二十余岁的青年，对陈义高和王寿衍师徒必不陌生。泰定元年（1324），王寿衍住持的杭州开元宫在火灾后重建，泰定帝遣使函香至宫中庆贺，并召王氏赴阙。王氏在宣德府（治今河北省张家口市）觐见，泰定帝"劳问甚至"。稍后，王寿衍与天师张嗣成设醮，泰定帝出

1　（明）宋濂等：《元史》卷一一五《显宗传》，第2894页。

2　《永乐大典》卷一二〇四三《赐以卮酒》引《龙虎山志》，中华书局，1986年影印本，第5203页。

3　（元）虞集：《敕赐玄教宗传之碑》，载陈垣编纂《道家金石略》，第962页。

4　（元）张伯淳：《养蒙先生文集》卷四《崇正灵悟凝和法师提点文学秋岩先生陈尊师墓志铭》，第138页。

5　关于陈义高随侍晋王甘麻剌事，参见王颋《扈从闻鸡——〈秋岩诗集〉与陈义高塞上之行》，载王颋著《西域南海史地探索》，中国人民大学出版社，2010，第174~187页。

6　（明）王祎：《王忠文公文集》卷十六《元故弘文辅道粹德真人王公碑》，第285页。

7　（明）王祎：《王忠文公文集》卷十六《元故弘文辅道粹德真人王公碑》，第285页。

内府道经，并有金币之赐。二年（1325），"有旨赐金织法衣，遣使卫送南归，且被玺书，开元（宫）以甲乙传次，庄田所在咸加护之。中宫、东朝锡赉尤厚"。[1] 这一系列行为足见泰定帝对王寿衍之眷顾。

同时，天师张嗣成、玄教大宗师吴全节和嗣师夏文泳也在泰定朝荣获新宠，道教活动远较英宗朝频繁。至治三年（1323）十二月，泰定帝敕命吴全节修醮事。[2] 泰定二年（1325），又召吴全节曰："玄教，汝祖阐立，其为朕祈永。"[3] 吴全节遂奉旨与张嗣成等建醮于长春宫[4]，吴氏又设醮于崇真宫，其父则获赐"文康"之谥。这年二月，泰定帝命颁道经于天下名山宫观，又正式确认天师张嗣成已有的太玄辅化体仁应道大真人、主领三山符箓、掌江南道教事等尊号和职权，并升其"正一教主"之号为"翊元崇德正一教主"。[5] 三年（1326）六月，吴全节奉旨南返，设醮于龙虎山、阁皂山和茅山。夏文泳则在泰定帝即位不久即为其便殿驱邪，又奉旨在崇真宫建醮等。[6] 以上行为，足见泰定帝对玄教首领

和张天师之恩宠。而泰定三年吴全节奉旨南下，除代祀和为其父举行获赐美谥的典礼外，还有一项重要任务，就是奉敕安葬张留孙。这亦是泰定帝宠遇玄教的举措之一。

张留孙于至治元年（1321）岁末逝后，一直未葬。作为一品之员，其葬礼已非弟子可以私下主之。吴全节此番南返安葬张留孙，究竟是奉行英宗敕命，还是泰定帝新敕，记载颇有抵牾。吴澄《张留孙道行碑》称，"（张留孙）厌世，而英宗皇帝嗟悼，遣大臣临赙，敕有司礼葬于县之南山"[7]，表明礼葬之命出自英宗。吴澄《南山仁寿观记》又载，"（张留孙）倏然悬解，嗣教子孙奉委蜕还故山。今圣上（泰定帝——引者）敕有司礼葬"，则是泰定帝下令礼葬。笔者倾向于认为两位大汗皆有敕命，但选择此时为停枢数年的张留孙举行葬礼，则体现了泰定帝对玄教的荣宠。

吴全节完成"江南三山"醮事后，于泰定三年十二月十四日甲申率弟子葬张留孙于贵溪南山之月峤。葬礼极其盛大，略引三段文字如下。

1　（明）王祎：《王忠文公文集》卷十六《元故弘文辅道粹德真人王公碑》，第 286 页。

2　（明）宋濂等：《元史》卷二九《泰定帝一》，第 641 页。

3　（元）袁桷：《清容居士集》卷三四《有元开府仪同三司上卿辅成赞化保运玄教大宗师张公家传》，《四部丛刊初编》本，第 21 页 b。

4　（元）虞集：《道园学古录》卷二三《黄箓普度大醮功德碑》，第 2 页 b~4 页 b。

5　（明）宋濂等：《元史》卷二十九《泰定帝一》，第 654 页；（元）元明善编，（明）周召续修《龙虎山志》卷上《人物上·天师·张嗣成》，第 21 页。

6　（元）黄溍：《金华黄先生文集》卷二七《夏公神道碑》，《四部丛刊初编》本，第 20 页 b~21 页 a。

7　（元）吴澄：《吴文正公集》卷三二《上卿大宗师辅成赞化保运神德真君张公道行碑》，《元人文集珍本丛刊》本，第 548 页。

比葬，四方吊问之使交至，自王公以下治丧致客未有若此盛者。[1]

（葬前）阴雨连旬，是旦忽霁，风和日暖，明丽如春。信、饶二郡及所属诸县军民官奉敕护督唯谨。官僚、士庶、僧道会葬，不翅万人。生荣死哀，可谓甚盛也已！[2]

其（吴全节——引者）葬开府（张留孙——引者）于南山也，饶、信、抚三郡守，将以其官属会葬，江南诸名山之主者皆来竣事，伐石题名而退。择卜之慎、营缮之劳、工力之博、宾客之盛，东南数十年间，未有能仿佛其万一者。[3]

葬礼由信州路和饶州路的军、民二府奉敕维持秩序，参加葬礼者则包括三类：其一，贵溪所在地信州和周边的饶州、抚州的文官武将及其僚属，代表政、军系统；其二，"江南诸名山之主者"，即江南的僧、道领袖，代表宗教界；其三，与玄教有关的士庶人等，代表民间力量，三类总计"不翅万人"。虞集所谓"东南数十年间，未有能仿佛其万一者"，则指南宋入元以来，江南

地区该葬仪的规模和影响最大。于是，张留孙之葬实际成为展示帝王优宠和玄教地位的盛大演出。而在葬礼以前，吴全节等已建成张留孙的祠观仁靖观，并请前史官袁桷撰《张公家传》；葬后，又请文宗朝虞集作《张留孙墓志铭》；次年，还改建张留孙所创的溪山真庆宫。种种举措，不仅彰显了张留孙之功，更凸显了大汗对玄教的重视。

总体而言，泰定帝对佛、道二教持大体均衡且有所抑制的政策，相继颁令，令有妻道士承担徭役，籍僧道有妻者为民，禁僧道买民田、匿商税等。[4] 泰定二年（1325）二月初一日由第三十九代天师张嗣成、全真掌教孙履道和玄教大宗师吴全节奉敕率南北千余道众举行的黄箓普度国醮及随后的颁道经于天下名山宫观[5]，则是对世祖时期焚经事件的彻底纠正，也是对英宗朝过于崇重佛教的纠偏。在此背景下，吴全节奉旨设醮于"江南三山"、其父获赠谥号、张留孙之葬、杭州开元宫获赐等，都是玄教彰显帝王优宠的连场展演。这是张留孙、陈义高师徒政治影响的延续。此后，玄教的政治影响日趋衰颓，而身为玄教大宗师的吴全节必定设法挽救，两次竖立张留孙碑即其苦心孤诣的表现。

1　（元）虞集：《道园学古录》卷五十《张宗师墓志铭》，第15页b。

2　（元）吴澄：《吴文正公集》卷二五《南山仁寿观记》，第443页。

3　（元）虞集：《道园学古录》卷二五《河图仙坛之碑》，第13页a。

4　（明）宋濂等：《元史》卷三十《泰定帝二》，第672、680、681、684页。

5　（元）虞集：《道园学古录》卷二三《黄箓普度大醮功德碑》，第2页b~4页b；《元史》卷二九《泰定帝一》，第654页。

四　天历二年《张留孙碑》与文宗朝吴全节的苦心经营

致和元年（1328）七月，泰定帝卒。此后相继发生武宗系和泰定帝系之间争夺汗位的"两都之战"、武宗二子和世㻋和图帖睦尔之间争夺汗位的"明文之争"。天历元年（1328）九月，武宗次子图帖睦尔即位于大都。十月、十一月间，"两都之战"以泰定帝系失败告终。天历二年正月，武宗长子和世㻋在和林（故址在今蒙古国前杭爱省哈剌和林苏木境内额尔德尼召北部的草原上）之北即位。五月，作为皇太子的图帖睦尔自大都北行，迎接和世㻋。八月二日，兄弟二人在旺忽察都（在今河北省张北县）相会宴饮。六日，和世㻋"暴崩"。八月十五日，图帖睦尔在上都再次即位，是为"明文之争"。

今北京东岳庙的张留孙碑恰立于图帖睦尔起程北迎和世㻋的天历二年五月，并非偶然。笔者认为，此次立碑与文宗开立奎章阁、文宗姑母兼岳母鲁国大长公主祥哥剌吉资助东岳庙，以及苗道一再任全真掌教等一系列人物和事件有关，甚至暗示

吴全节可能卷入了"明文之争"。下文分而述之。

先述奎章阁。文宗兼擅诗文书画，汉学造诣颇高。[1] 奎章阁乃其流连书画之所，定议于天历二年二月，次月开阁于兴圣宫。初秩正三品，翰林学士承旨忽都鲁都儿迷失和集贤大学士赵世延并为奎章阁大学士，侍御史撒迪、翰林直学士虞集并为侍书学士。[2] 五月竖立张留孙碑之前，其成员还有参书柯九思、授经郎揭傒斯等，承制学士李洞可能亦是初期成员。诸人并兼经筵官。其中，虞集被姜一涵先生视为"奎章阁的规划者"[3]，相继作《奏开奎章阁疏》《奎章阁铭》《奎章阁记》等。[4] 其人与吴全节交谊极厚，文集中多有与吴氏的往还诗文和为玄教而撰的篇什。退归临川后，虞集与吴氏仍书信不断，甚至梦见吴氏到临川探访自己，二人同游共馔，赋诗助兴，情真意笃。[5] 赵世延与吴全节亦是好友。泰定四年（1327）吴氏返京后，醮于崇真宫，画工为其作《上清象》，赵世延则作像赞。[6] 李洞似亦亲近道教。《元史》本传载："洞每以李太白自似，当世亦以是许之。尝游匡庐、王屋、少室诸山，留连久乃去，人

1　关于元文宗的诗文书画造诣，参见姜一涵《元代奎章阁及奎章人物》，台北联经出版社事业公司，1981，第8~9页。

2　（明）宋濂等：《元史》卷三三《文宗二》，第730~731页。

3　姜一涵：《元代奎章阁及奎章人物》，第17页。

4　（元）虞集：《道园学古录》卷十二《奏开奎章阁疏》，第1页a~b；卷二一《奎章阁铭》，第7页b；卷二二《奎章阁记》，第9页a~b。

5　（元）虞集：《道园学古录》卷二七《梦吴成季真人见访梦中作》，第18页a。

6　（元）赵世延：《特进上卿玄教大宗师吴公（上清）画像赞》，（明）朱存理：《珊瑚木难》卷三，《景印文渊阁四库全书》第815册，第91页。

莫测其意也。"[1] 揭傒斯也是吴全节之友，揭氏曾为吴全节的《青城象》书赞。[2] 至于奎章阁的另一核心成员柯九思，笔者未见其与吴全节直接交往的记载，但柯氏与江南名道赵嗣祺相熟，正是赵嗣祺将其引荐给文宗并获青睐，而赵嗣祺与吴全节、虞集等甚为相契。[3] 天历二年（1329），赵嗣祺朝觐文宗，虞集、吴全节、柯九思等作诗文送别。[4]

虞集在《奏开奎章阁疏》中阐述开立奎章阁的目的是"释万机而就佚，游六艺以无为"，又赞文宗"功成不居，位定不有，谦逊有光于尧舜，优游方拟于羲皇"；虞集等文臣则"敢不咏歌雅颂，极襄赞之形容；探赜图书，玩盈虚之来往，冀心神之融会，成德性之纯熙"。[5] 此疏作于天历二年三月正式开阁之前，"功成不居，位定不有"表明文宗当时确有让位于和世㻋之心，奎章阁则将是其让位后的游心书画之地。天历二年四月，明宗立文宗为皇太子。[6] 虞集于四月撰《奎章阁记》，述当时

的情形曰："非有朝会、祠享、时巡之事，（文宗）几无一日而不御于斯。于是宰辅有所奏请，宥密有所图回，诤臣有所绳纠，侍从有所献替，以次入对，从容密勿，盖终日焉。"[7] 文宗又命特制象牙"奎章阁"小牌颁给阁中诸员，使之出入宫门无禁，"学士院凡与诸司往复，惟札送参书厅行移而已"。[8] 当时，"两都之战"的功臣燕铁木儿北觐明宗，远离大都，文宗几乎全权处理政务。其在大都还有都督府[9]，但文宗显然把奎章阁当作了朝廷。而虞集作为奎章阁的核心成员，并非仅仅"咏歌雅颂""探赜图书"，而是参与机务。欧阳玄称："奎章公（虞集——引者）被天子眷遇，待问密勿……辩色入直，日未入三刻始退就舍。"[10] 即虞集一般在天色未明入值奎章阁，待问机要，申时三刻方离阁，足见文宗对他的倚信。而且，虞集与阁中的其他成员亦交好。如其与赵世延亦师亦友，至顺元年（1330）五月，虞集奉敕为赵世延作像赞，

1 （明）宋濂等：《元史》卷一八三《李洄传》，第 4224 页。

2 （元）揭傒斯：《特进上卿玄教大宗师吴公（青城）画像赞》，《珊瑚木难》卷三，第 91 页。

3 （元）虞集：《道园学古录》卷四六《送赵虚一奉祠南海序》，第 3 页 a~4 页 a；卷三七《飞龙亭记》，第 1 页 a~2 页 b；《金华黄先生文集》卷二九《玄明宏道虚一先生赵君碑》，第 10 页 a~11 页 b。

4 （元）柯九思：《送赵虚一还金陵书虞翰林诗后》，（元）顾瑛辑《草堂雅集》，杨镰等整理，中华书局，2008，第 26~27 页。

5 （元）虞集：《道园学古录》卷十二《奏开奎章阁疏》，第 1 页 a~b。

6 （明）宋濂等：《元史》卷三三《文宗二》，第 733 页。

7 （元）虞集：《道园学古录》卷二二《奎章阁记》，第 9 页 b。

8 （明）陶宗仪：《南村辍耕录》卷二《宣文阁》，中华书局，1959，第 28 页。

9 （明）宋濂等：《元史》卷三一《明宗》，第 697 页。

10 （元）欧阳玄：《圭斋文集》卷八《送虞德修序》，《四部丛刊初编》本，第 8 页 a。

曰："臣少尝从公游，今且老矣，其实知公。"[1] 虞集与李泂亦交厚，文集中颇有与李氏的酬唱之作。李氏在济南大明湖中建天心水面亭，文宗即命虞氏撰文记之。[2] 有鉴于虞集和吴全节之间长期深笃的友谊，吴氏是可以通过虞集获得奎章阁中的许多政治动向的。

再论鲁国大长公主祥哥剌吉。祥哥剌吉乃武宗之妹、仁宗之姊、文宗之姑母。泰定元年（1324），文宗娶其女卜答失里，祥哥剌吉又成为文宗岳母。她是元朝著名的倾心汉文化的女性，留意收藏法书名画，与京中文人雅士颇有交往。最为人知者是其在大都城南天庆寺召集的雅集，参加者为"中书议事执事官，翰林、集贤、成均之在位者"[3]，由时任秘书监丞的李泂主持。祥哥剌吉出其所藏书画，请众人鉴赏题跋。姜一涵据台湾"故宫博物院"藏黄庭坚《松风阁》卷尾题跋，认为参加此次雅集者有魏必复、李洤、张珪、王约、冯海粟、陈颢、陈庭实、字术鲁翀、李道源、袁桷、邓文原、柳贯、赵岩、杜禧等。[4] 此

外，程钜夫、吴澄、虞集、赵世延、朱德润、王振鹏、柯九思、黄溍、冯子振、王观等亦在祥哥剌吉的交游圈中。[5] 虞集曾论吴全节与文臣的交往，曰："何公荣祖、张公思立、王公毅、高公昉、贾公钧、郝公景文、李公孟、赵公世延、曹公鼎新、敬公俨、王公约、王公士熙、韩公从益诸执政，多所咨访；阎公复、姚公燧、卢公挚、王公构、陈公俨、刘公敏中、高公克恭、程公钜夫、赵公孟頫、张公伯淳、郭公贯、元公明善、袁公桷、邓公文原、张公养浩、李公道源、商公琦、曹公元彬、王公都中诸君子，雅相友善。"[6] 两相比较，可以发现，祥哥剌吉和吴全节的交游圈颇有重合处，如王约、程钜夫、袁桷等。而吴澄、赵世延、柳贯、黄溍等虽未并见于两份名单，其实亦是二人共同的交游对象。虞集还称，"外庭之君子巍冠褒衣，以论唐虞之治，无南北皆主于公（吴全节——引者）矣"[7]，表明吴全节是当时的士林领袖。加之其人"荐引善良，惟恐不及；忧患零落，惟恐不尽其推毂之力。至于死生患难，

1　（元）虞集：《道园学古录》卷二一《赵平章画像赞》，第 8 页 a~b。

2　（明）宋濂等：《元史》卷一八三《李泂传》，第 4224 页；《道园学古录》卷二二《天心水面亭记》，第 12 页 a~13 页 a。

3　（元）袁桷：《清容居士集》卷四五《鲁国大长公主图画记》，《四部丛刊初编》本，第 10 页 b。

4　姜一涵：《元代奎章阁及奎章人物》，第 13 页。

5　李俊义：《元代鲁国大长公主祥哥剌吉交游考》上、中、下，分别刊载于《辽宁工程技术大学学报》（社会科学版）2016 年第 5 期，第 648~654 页；第 6 期，第 808~813 页；2017 年第 3 期，第 248~254 页。

6　（元）虞集：《道园学古录》卷二五《河图仙坛之碑》，第 11 页 b~12 页 a。"张公伯淳"，原作"张公伯纯"，误，径改。

7　（元）虞集：《道园学古录》卷二五《河图仙坛之碑》，第 11 页 b。

经理丧具，不以恩怨异心，则尤公之所长也"[1]，更得士庶之心。在此背景下，位尊势重的祥哥剌吉和作为道、儒两界领袖的吴全节不免有交集，而交集处就在大都东岳庙。

大都东岳庙（东岳仁圣宫）位于城东齐化门外，始议于张留孙，以私财为之。开工伊始，张留孙仙逝，吴全节继其师之志，在英宗时期修造了大殿、大门、东西庑等，各置神像，初具规模，唯后殿未备。泰定二年（1325），祥哥剌吉经齐化门出大都城，往全宁（治今内蒙古翁牛特旗）食邑。过东岳庙时，入庙祷祈，知悉后殿未竟，遂捐钱修造。天历元年（1328），文宗在大都即位，遣使迎祥哥剌吉自全宁还大都。皇后在齐化门外郊迎，母女二人又礼拜东岳神。文宗遂赐祥哥剌吉捐建的后殿名昭德殿。[2] 祥哥剌吉第一次祈拜东岳庙，吴全节在京，很可能亲自出面侍奉，第二次祈拜则因具体时间不明而无法判断吴全节在京与否。

第三，关于苗道一再任全真掌教。此乃金元全真教史中皇权干涉教务的著名事件。首先，苗氏曾是武宗潜邸术士，深受重视，"言谀有合，虚席咨问，所策应验如

响，以为神"，武宗"恃其谋以为进退"。[3] 至大元年（1308），武宗不顾道派自行推举掌教，再由朝廷确认的旧规，任命苗氏为全真掌教。武宗逝后，苗氏的掌教之位被褫夺，相继由常志清、孙德彧和蓝道元掌教。泰定元年，全真掌教再阙，泰定帝采纳吴全节之荐，由孙履道继任。孙氏儒道兼修，与姚燧、程钜夫、虞集、杨载等文臣为友，而这些文臣亦是吴全节之友。这或许是吴全节推举孙氏的原因之一。其次，孙氏虽为全真道士，但不拒斥南方正一派，与钱塘书画名道马臻等有交往。再次，孙氏出身郝大通、王志谨一系，该系在当时拥有不受全真掌教辖制的独立地位。[4] 而苗道一出自刘处玄、宋德方、祁志诚一系，吴全节扶持孙履道，有助于压制苗道一。前述泰定二年二月初一日奉敕而行的七日黄箓普度国醮由张嗣成、孙履道和吴全节共同主持，地点则在全真教的长春宫，体现了全真和正一两派的和谐共处。但是，文宗即位伊始，起用苗道一，史载"天历始元，文宗入承大宝，起凝和（苗道一——引者）于覃怀（在今河南省沁阳市——引者），复掌教之"[5]，延续了其父武

1　（元）虞集：《道园学古录》卷二五《河图仙坛之碑》，第 12 页 a。

2　（元）赵世延：《昭德殿碑记》，（清）李鸿章等修，（清）黄彭年等纂《（同治）畿辅通志》卷一七八《古迹二十五·寺观一》，上海商务印书馆，1934 年影印光绪刊本，第 6594 页；《道园学古录》卷二三《东岳仁圣宫碑》，第 4 页 b~5 页 b。

3　（元）张起岩：《苗公道行碑》，载陈垣编纂《道家金石略》，第 786 页。

4　张方：《岱岳庙碑记所见孙履道之题名》，《宗教学研究》2013 年第 4 期，第 66~71 页。

5　（元）何约：《井真人道行碑》，武树善编《陕西金石志》卷二六《金石二十六·元》，《石刻史料新编》第 1 辑第 22 册，第 16734 页。关于苗道一在武宗和文宗朝的情况，以及这一时期全真掌教的更迭，参见程越《金元全真道掌教后弘期研究》，《中国社会科学院研究生院学报》，1996 年第 4 期，第 37~45 页，又收入程越《金元时期全真道观研究》，齐鲁书社，2012，第 31~44 页；张广保：《蒙元时期全真教大宗师传承研究》，陈鼓应主编《道家文化研究》第 23 辑，生活·读书·新知三联书店，2008，第 235~249 页。

宗对苗道一的重视。

再考吴全节在"两都之战"和"明文之争"前后的行事。泰定三年（1326）岁末礼葬张留孙后，吴全节迁延江南，改建溪山真庆宫。何时北返，未见史载。《河图仙坛之碑》曰："天历改元冬，公还自上京。"[1] 依据宗教首领就近为大汗服务的旧例和泰定帝对吴全节的重视，致和元年（1328）七月泰定帝卒于上都时，吴全节很可能也在上都。此后，"两都之战"爆发，两都之间的驿道阻隔。笔者推测，"两都之战"的几个月间，吴氏可能都在上都。天历元年（1328）十月、十一月间，上都失败，吴全节方返大都。由此，吴氏不仅对获胜的武宗系未有尺寸之功，甚至有可能作为高层术士参与泰定帝系的军政谋划。但是，在天历二年五月丁丑文宗从大都出发北迎和世㻋时，吴全节随行。以泰定帝对玄教的优礼、吴氏在"两都之战"中的表现以及文宗对苗道一的宠信，其得以随行北上，个中曲折，颇耐寻味。而且，史载吴氏"北迎明宗皇帝。谒见之次，赐对衣、上尊。及归，天历护教之诏如故事，追封故开府张公曰神德真君，敕改仁靖观为神德宫"。[2] 可见，和世㻋"暴崩"于旺忽察都时，吴全节就在其地。文宗再次即位后，玄教不仅得到"护教之诏"，文宗还

在即位二十天后，于国事冗繁中不忘令虞集撰制文[3]，赐张留孙"神德真君"号。此前，元朝只加封了前三代天师张陵、张衡和张鲁，以及第三十代张继先和第三十六代张宗演为"真君"，张留孙此番获封，乃玄教新获的殊遇。

综合上述奎章阁设立之初以汉人文臣为核心的小朝廷地位、鲁国大长公主祥哥剌吉与玄教的关系、吴全节与奎章阁文臣的密切联系、吴氏在"两都之战"和"明文之争"前后的行事，以及文宗再次即位后玄教所获的优宠，笔者推测，吴全节很可能参与了旺忽察都之谋；而将吴全节从泰定帝系"嫌疑分子"转变为文宗心腹之臣的媒介，就是祥哥剌吉和虞集等奎章阁文臣。吴全节选择在北迎和世㻋之前，把本应立于贵溪张留孙墓前的神道碑竖立在大都东岳庙，正是其苦心孤诣地向文宗、鲁国大长公主和诸汉人文臣示好，试图稳固玄教地位的反映。

其一，竖立张留孙碑可暗示玄教与真金系的关系，密切玄教与元朝皇室的联系。前文已述，张留孙与世祖、真金、成宗、仁宗等朝的元朝皇室关系密切，其弟子陈义高及陈氏弟子王寿衍则与晋王甘麻剌关系甚密。但到文宗时期，张留孙、陈义高皆逝，王寿衍长居杭州，吴全节则未能深入内廷。虞集在《河图仙坛之碑》中说：

1　（元）虞集：《道园学古录》卷二五《河图仙坛之碑》，第 10 页 a。

2　（元）虞集：《道园学古录》卷二五《河图仙坛之碑》，第 10 页 a。"谒见之次"，原作"谩见之次"，语义不合，据《景印文渊阁四库全书》本和王颋点校本改。

3　（元）虞集：《道园学古录》卷二二《封张真君制》，第 6 页 a~b。

"至元、大德之间，重熙累洽大臣、故老心腹之臣莫不与开府（张留孙——引者）有深契焉。至于学问典故、从容裨补，有人所不能知。而外庭之君子巍冠褒衣，以论唐虞之治，无南北皆主于公（吴全节——引者）矣。"[1] 言下之意，张留孙与元朝心腹重臣深有交契，其基础当然是张氏与元朝皇室的关系，张氏推荐完泽任中书右丞相就是明证。虞集认为吴全节的影响仅限于外廷文臣，而这些文臣中的绝大多数难以进入权力核心。吴全节凸显张留孙，向文宗暗示玄教与真金系的关系，希望借此延续玄教与元朝皇室的联系。

其二，凸显玄教与文宗的联系，以与全真道角力。前文已述，文宗初次即位，很快废罢吴全节推荐任用的全真掌教孙履道，起用其父武宗宠信的苗道一。对此，吴全节定有深重的危机感。而东岳庙作为鲁国大长公主和文宗皇后的临幸之地，又获前者捐助，吴全节放弃玄教在大都的核心宫观崇真宫而选择在东岳庙立碑，彰显玄教与文宗内廷联系的意图十分明显，从而可为将来与全真教争夺内廷营造声势。

其三，迎合奎章阁文臣，以图增强玄教对文宗的影响。奎章阁初设时，目的在于让文宗"释万机而就佚，游六艺以无为"，广收法书名画。阁中文臣皆为一时名家，或诗文书法兼善如虞集，或独擅竹石如柯九思，或文翰俱佳如李洄和揭傒斯。这些文人或与赵孟頫交谊深厚，或不断揣摩赵氏书画，皆推崇赵氏关于书画创作之复古文艺理论，以"魏晋风度为宗，以唐人笔法为式"。[2] 赵氏之所以在元代具有风吹草偃般的影响，既与其自身的造诣和魅力有关，亦得益于奎章阁文人的推崇，尤以虞集和柯九思为代表。正是由于二人的推崇，赵氏的影响在其死后又掀高潮。前文已述，《张留孙碑》乃英宗敕命赵氏撰文书丹，赵氏实际未施一字，留存在玄教道士手中者是有待赵氏润色书丹的草稿。但是，在奎章阁文人俨然构成文宗小朝廷的情形下，吴全节迎合诸臣对赵孟頫的推崇，请谙熟赵书的茅绍之摹刻敕命碑文，正体现了其极力迎合奎章阁文臣的缜密心思。

虽然吴全节如此苦心孤诣地通过《张留孙碑》向文宗、皇后、鲁国大长公主和奎章阁文臣示好，竭力构建玄教与元朝皇室和朝中大臣的关系，但缺少政治和军事根基的文宗在统治期间无力掌控政权，国事始终操纵在权臣燕铁木儿手中，虞集、柯九思等人亦遭记恨而被排挤，奎章阁沦为粉饰文治之具。此后的文宗朝，吴全节除奉敕举行过两三次斋醮外，玄教未再获新恩。同时，全真掌教苗道一和龙虎山天师亦未有突出表现，道教作为元帝国的宗教之一，被核心统治阶层疏离。

1 （元）虞集：《道园学古录》卷二五《河图仙坛之碑》，第 11 页 b。

2 邱江宁：《奎章阁文人群体与元代中期文学研究》，人民出版社，2013，第 49 页。关于赵孟頫对奎章阁文人的影响，参见该书第 36~49 页。

五　至正四年《张留孙碑》与
顺帝朝玄教之寂寥

顺帝妥懽帖睦尔为明宗和世㻋长子，至顺四年（1333）六月即位，时年仅十四岁。此后的近八年间，政权掌握在权臣伯颜手中，汉人、南人遭遇此前未有之排斥，科举停废。与汉人文臣交往深厚的吴全节亦韬光养晦，除在元统元年（1333）为京师祷雨祈雪[1]、后至元五年（1339）禳蝗外[2]，未见其他重要活动。顺帝对吴氏的荣宠只限于二事：一是元统二年，御书"闲闲看云"四大字赐之[3]；二是后至元四年，吴氏七十寿诞之际，集贤院循张留孙之例，奏请为吴氏画像，顺帝允之，并敕许有壬撰《像赞》。[4] 这一时期，吴氏似乎将主要精力置于所辖的江淮荆襄教区和家乡安仁。后至元二年，吴氏捐私财倡建的武当山大五龙灵应万寿宫玄武殿修成[5]，三年（1337），重建饶州（治今江西省鄱阳县）芝山文惠观；次年，修缮张留孙祠观神德宫与吴氏父母的祠观明成观；六年（1340），在安仁建成自身葬地"河图仙坛"。

后至元六年二月，伯颜被罢黜。十一月，伯颜之侄脱脱被任为中书右丞相，主持大政。脱脱受学于名儒浦江吴直方[6]，主政后，推行一系列"更化"政策，包括恢复科举，大兴国子监；改奎章阁为宣文阁，改艺文监为崇文监，遴选儒臣进讲；开局修三史；开马禁，减盐额，蠲负逋等，力纠伯颜擅权时期的弊政。此时顺帝年方二十，颇有圣帝明王之志，用心读书，节省诸费，常御宣文阁听讲议事。[7] 此种政治形势令汉人儒臣欢欣鼓舞。

后至元六年，吴全节已是 72 岁的老者。知悉伯颜被逐，吴氏立即有所行动，将顺帝在十五岁时亲书御赐的"闲闲看云"四大字镂于贞木，制成两块，其一藏于家乡安仁云锦山崇文宫，其二悬于龙虎山上清宫达观堂玉像阁。九月初一，顺帝南返大都时，驻跸怀来，集贤大学士不刺失利等转奏吴氏之意，请分别赐名"龙章宝阁"和"玉像之阁"。顺帝应允，并敕命乡居的虞集为其撰著《大元敕赐饶州路番君庙文惠观碑铭》《敕赐龙章宝阁记》《敕赐玉

1　（元）虞集：《道园学古录》卷二五《河图仙坛之碑》，第 11 页 a。

2　（元）虞集：《道园学古录》卷二五《河图仙坛之碑》，第 11 页 a~12 页 b。

3　（元）虞集：《道园学古录》卷二二《敕赐龙章宝阁记》，第 13 页 b。

4　（元）许有壬：《至正集》卷六七《敕赐吴宗师画像赞》，《元人文集珍本丛刊》本，第 303 页。

5　（元）揭傒斯：《敕赐武当山大五龙灵应万寿宫碑》，（明）任自垣：《大岳太和山志》卷十二《录金石·元》，《三洞拾遗》第 13 册，第 463 页。

6　（明）宋濂等：《元史》卷一三八《脱脱传》，第 3341 页。

7　关于脱脱"更化"，参见邱树森《妥懽帖睦尔传》，吉林教育出版社，1991，第 75~83 页。

像阁记》《河图仙坛之碑》等。[1] 吴氏如此隆重地尊礼顺帝少年时期所赐四字，显然是希图以此拉近与顺帝的关系。这是笔者目前所知顺帝对吴氏的最后一次恩宠，此后直到至正六年（1346）仙逝时，未见吴氏再膺荣宠。与其师张留孙相较，张留孙可时常亲炙天颜，谋定国事，参与大汗家事。世祖与其"晨夕密勿"[2]，成宗屡请讲解道经，并多次莅临崇真宫参与醮事。有大汗的宠遇，其他"宫禁邸第、巨族故家待令如神明，朝廷馆阁大臣、达官礼公（张留孙——引者）如文师"。[3] 此时的吴全节不仅无此等荣遇，甚至连谄媚顺帝都须借重他人。

但是，吴全节并未放弃努力，因为在脱脱"更化"中，一批汉人文臣相继被起用，如欧阳玄拜翰林学士、资善大夫、知制诰同修国史，许有壬为参知政事，柳贯擢为翰林待制，李好文任国子祭酒，等等。至正元年（1341），顺帝又"诏选儒臣欧阳玄、李好文、黄溍、许有壬等数人，五日一进讲，读《五经》《四书》。写大字，操琴弹古调。常御宣文阁，用心前言往行，欣欣然有向慕之志焉"。[4] 这一时期的经筵和宣文阁的政治氛围虽不及天历二年（1329）的奎章阁，但元代经筵兼有授课和进言两重职责[5]，而欧阳玄、黄溍、许有壬，以及宣文阁中的揭傒斯、周伯琦等均与玄教及其他龙虎山道士相交甚深[6]，所以还是会给吴全节带来希望。然而，欧阳玄于至正元年因风痹南归，三年（1343）返京后专力于辽、宋、金三史；许有壬也在至正元年因弹劾而称病归乡，黄溍则出为江浙行省儒学提举；次年，柳贯和陈旅卒，黄

1　（元）虞集：《道园学古录》卷二二《大元敕赐饶州路番君庙文惠观碑铭》，第 16 页 a~18 页 a；卷二二《敕赐龙章宝阁记》，第 13 页 b~14 页 b；卷二二《敕赐玉像阁记》，第 14 页 b~16 页 a；卷二五《河图仙坛之碑》，第 5 页 b~14 页 b。

2　（元）吴澄：《吴文正公集》卷三二《上卿大宗师辅成赞化保运神德真君张公道行碑》，第 548 页。

3　（元）吴澄：《吴文正公集》卷三二《上卿大宗师辅成赞化保运神德真君张公道行碑》，第 548 页。

4　（元）权衡：《庚申外史笺证》卷上，任崇岳笺证，中州古籍出版社，1991，第 36 页。"欧阳玄"，原作"欧阳元"；"黄溍"，原作"黄缙"；"欣欣然"，原作"钦钦然"，皆误，径改。关于顺帝的汉文化素养与文治之心，参见蓝武《论元顺帝妥懽帖睦尔的文化素养及其文治》，《元史及民族史研究集刊》第 16 辑，南方出版社，2003，第 184~194 页。

5　元中后期，汉人儒臣与大汗最为亲近的形式莫过于经筵。元代经筵正式开设于泰定元年（1324），文宗时开立的奎章阁、至正元年（1344）改设的宣文阁，都具经筵之责。经筵官员兼有蒙古、色目和汉人儒臣。其中的汉人儒臣对政治影响有限，"汉族儒士们想靠经筵进讲在政治生活中发挥重要作用，诚非易事"，故经筵未能成为汉人儒臣进入权力核心的渠道。详见张帆《元代经筵述论》，载中国元史研究会编《元史论丛》第 5 辑，中国社会科学出版社，1993，第 155 页；王风雷《元代的经筵》，《内蒙古大学学报》（人文社会科学版）1993 年第 2 期，第 26~33 页。

6　仅从诸人为玄教及龙虎山其他道士所撰诗文，就可见一斑。如欧阳玄曾为吴全节的《衡岳像》书赞，又为顺帝赐吴氏的"闲闲看云"四字书赞，还为张天师题《天师月梅图》，为龙虎山撰《上清万寿宫棂星门铭》。黄溍曾为玄教道士薛玄曦作《弘文裕德崇仁真人薛公碑》，又为玄教第四代大宗师张德隆撰《玄静庵记》《题玄静庵诗》及张德隆《封大宗师制》。许有壬的文集中亦颇有与玄教道士相关的诗文，如《跋张开府度牒》《跋神德真君画像》《敕赐吴宗师画像赞》《寿宁宫用闲闲宗师韵》《特进大宗师闲闲吴公挽诗序》《武昌路武当万寿崇宁宫碑铭》等，还奉敕为吴全节捐资倡建的武当山大五龙灵应万寿宫之碑篆额，又为吴全节弟子谈某作《自然赞》，并为张天师作《张天师画龙赞》，为长期留驻京师的龙虎山名道朱思本撰《朱本初北行稿序》等。揭傒斯则曾应吴全节之请而撰建《敕赐武当山大五龙灵应万寿宫碑》，为薛玄曦作《送薛元卿》等。周伯琦与吴全节同为饶州人，曾为玄教名道薛廷凤之侄孙薛茂弘位于杭州的隐贞堂作篆书匾额。

潜致仕还乡；四年（1344），揭傒斯卒于史馆。可见，脱脱"更化"虽给吴全节带来希望，但其可资援引的儒臣力量却在迅速消减。

道教中，吴全节所代表的正一道同样处境艰难。[1]武宗和文宗曾予重用的全真道士苗道一在顺帝朝继续受宠，卒后被追赠为"特进、神仙大宗师、凝和持正赞元翊运真君"。[2]玄教中，唯张留孙获赐"真君"之号。继苗氏掌教全真者为其嫡传完颜德明。完颜氏嗣位于元统三年（1335）之前，至正二十二年（1362）仍执掌教门。苗氏的另一弟子井德用亦颇受恩宠，乃声震一时的高道，顺帝甚至欲授其为从一品集贤大学士。[3]相较之下，吴全节显得十分寂寥。与吴氏相交四十余年的李存致吴氏的一封私函暗示当时的情形或许比史籍透露的情形更加艰难。该信作于至正四年五月脱脱辞中书右丞相后不久。李存在信中认为吴氏已尽享"朝廷之尊宗锡赉、教门之荣盛、父母兄弟子侄之光显、搢绅士夫文辞之褒美，高碑大碣，照耀山谷；长篇短歌，布满海内"，吴氏年已耆耄，又视货贿如土芥，却"未闻请鉴湖，返故栖"，欲

劝吴氏辞归龙虎山。吴氏在给李存的信中似曾言"教门之重，难以轻畀"，李存遂予劝解，内有"何必以有限之身心而为无穷之忧虑""古之君子有举仇者，而后世实称美之，盖但欲得其人耳。或恩或怨，于我何有""岂必较区区得失胜负于一室之内、一时之顷哉""岁晚末路，最要力量平生心事……苟或毫发指议，则为自负平生甚矣"[4]等语，字里行间透露出吴氏有"忧虑"，有"仇""怨""失""负"，甚至遭人"指议"。吴氏并非恋栈之人，早在至顺二年（1331）63岁时，即有意退闲，欲遵张留孙遗命，由年少自己8岁的夏文泳嗣教。文宗未允。吴氏也不是气度狭隘之人，虞集称"不以恩怨异心，则尤公之所长也"。[5]李存言其"忧虑"且遭人"指议"，吴氏自己不敢退隐，李存又说"古今天下之事，因其时，随其人而已耳"，均表明吴氏所属道派的确处于"其时""其人"均不遂人意的艰难境地。由于史料局限，个中详情难明。

同时，曾侍武宗于潜邸、留京达50年之久的夏文泳亦在京师。黄溍在夏氏神道碑中对顺帝时期夏氏活动的记载，除至正

1　关于玄教与正一道的关系，学界有所争论。笔者认为，玄教完全从属于正一道，玄教弟子则基本隶属龙虎山上清宫，玄教大宗师只是龙虎山张天师的驻京代表，代表正一道就近为帝室服务。故笔者在行文中，有时并不对玄教与正一道进行严格区分。

2　（元）高巎：《御香记》，王宗昱编《金元全真教石刻新编》，北京大学出版社，2005，第90页。

3　武树善编《陕西金石志》卷二六《井真人道行碑》，第16735页。

4　（元）李存：《番阳仲公李先生文集》卷二九《复通宗师吴闲闲》，《北京图书馆古籍珍本丛刊》第92册，书目文献出版社，2000，第671页。

5　（元）虞集：《道园学古录》卷二五《河图仙坛之碑》，第12页a。

六年（1346）继任玄教大宗师时循例获得特进、上卿、玄教大宗师等头衔外，其他极为简略："元统二年，亲洒宸翰，作'元成宫'三大字以赐焉。至正六年，吴公乘化而终……公既登教席，一意精白，以佐清静无为之治，综理庶务，悉遵前人成规。众咸安之。"[1] 夏文泳儒学素养亦高，被赵孟頫誉为儒道兼通且关心政治的陶弘景般的高道。[2] 二人同留京师，可协力在道教界和文人圈中发挥影响，但依然只能"清静无为"。由于至正初期顺帝尚未耽迷藏传佛教，玄教面临的压力极可能来自全真道。

虽然教务维艰，吴全节等仍然尽心尽力，希望挽救颓势。许有壬所作《特进大宗师闲闲吴公挽诗序》颇能反映吴氏在垂暮之年的努力。至正六年（1346）四月，闲居五年的许有壬被召为翰林学士。甫入京，吴全节"率其徒治具相劳旅馆中。既陛见，将归，造承庆堂，不告以故。但酒至，为引满，公曰：'快意若是，岂欲去而留别耶！'有壬明日遂行"。[3] 吴全节在许氏风尘未洗之时就急切地与其相见于旅馆，当是对返京就任的许氏有所期待，毕竟许

氏曾两度出任中书省参知政事，又与吴全节相交三十年。但是，在许氏觐见顺帝以后，再到崇真宫承庆堂拜谒吴全节时，吴全节从许氏的颜色或已看出事不可为，遂只是饮酒感慨而不细问。果然，许有壬辞翰林学士之召，次日离京。闰十月，许氏再赴翰林学士承旨之召而进京时，吴全节已然仙逝。此事表明，吴全节始终在密切关注高层人事变动，以便为本道派争取机会。

在京师勉力支撑危局而难有起色的同时，吴全节等人继续努力经营南方。江淮以南乃正一道的传统势力范围，南北一统后，全真道在南方渐次传播，而南方旧有的金丹派南宗亦主动靠拢并最终归并于全真道之下，极大增强了全真道在南方的影响。[4] 二教在南方的矛盾冲突虽不明显，但吴全节晚年颇用心经营介于北方和江南之间的江淮荆襄教区。在武当山，吴氏出私钱万缗倡建武当山大五龙灵应万寿宫玄武殿。[5] 这固然是由于武当山在玄教的教区之内，另一重要原因则在于武当山为全真道南传的重要枢纽，同时还是元代真武信仰的主要道场。后至元五年（1339），极受张留孙和吴全节赏识且重用的唐洞云又在中兴路

1　（元）黄溍：《金华黄先生文集》卷二七《夏公神道碑》，第 21 页 a。

2　《赵孟頫集》卷十《夏真人真赞》，第 217 页。

3　（元）许有壬：《至正集》卷三五《特进大宗师闲闲吴公挽诗序》，第 181 页。

4　关于元代全真道的南传和金丹派南宗归并于全真道之下，参见周冶《上阳子陈致虚生平及思想研究》，博士学位论文，四川大学，2007，第 119~126 页，其主体内容又被采入卿希泰主编《中国道教思想史》第 3 卷，人民出版社，2009，第 296~320 页；吴亚魁：《江南全真道教》，中华书局（香港）有限公司，2006，第 63~155 页；陈金凤：《宋元明清时期江西全真道发展述论》，《宗教学研究》2007 年第 2 期，第 38~46 页。

5　（明）任自垣：《大岳太和山志》卷十二《敕赐武当山大五龙灵应万寿宫碑》，第 463 页。

（治今湖北省荆州市）建成九老仙都宫。吴全节还通过唐洞云兼住持提点镇江路紫府真应宫和中兴路玄妙观，实现其对江淮荆襄教区东、西两部的控制。[1] 对重镇武昌，吴全节亦颇重视，关注当地武当万寿崇宁宫的建设。[2] 由于玄教源出龙虎山上清宫，吴全节始终未自外于龙虎山，故亦着力经营。笔者认为，至正四年（1344）竖立张留孙碑正是其经营龙虎山的举措之一。

该碑原为张留孙墓而制，但泰定三年岁末葬张氏时，未予树立，天历二年（1329）又立之于大都东岳庙。至正四年立碑，本当立于张氏墓前神道，却被安置于远离墓址的信江岸边。笔者曾在龙虎山道教文化研究所薛清和所长的引领下探访张氏墓。该墓位于南宋陆九渊曾经讲学的应天山（象山）北麓，今有彭湾乡溪源村。墓园就在村庄所在小盆地的山腰，整体环境确如吴澄所记："两山旁峙，一水中通，仅一径可入。行至其中，划然开豁，平畴广衍，四山环拱，如列屏帷。"[3] 墓前不太长的神道上仍存石制文官像、武官像、石羊等，2012 年被列为鹰潭市文物保护单位。墓园不远就是贵溪县治通往上清的官道，当年上清道士东出杭州、金陵，北上大都，

一般要经过此地。将张留孙碑立于墓前神道或官路之旁，自是妥当。但因其影响范围仅限于来往上清的道众，故吴全节最终选择将碑石立于二十多公里外的贵溪县治之南的信江南岸浮桥头。这是由于信江航道乃长江以南东西向交通大动脉的重要组成部分，该航道不仅可西通江西大部、湖南及其以西地区，东通浙江、江苏，还可通达两广、福建，因而信江上穿梭往来的旅人均可瞻望张留孙碑，从而扩大其影响范围，增强龙虎山的影响力。而从信江上岸，经前述官道前往上清的龙虎山道众，亦可在桥头瞻礼张留孙。虽然此时玄教的政治地位已不如从前，但屹立江岸的张留孙碑所代表的朝廷赋予龙虎山的正统地位及其对江淮以南的道教管理权仍不容置疑。

该碑的制作过程已难详考，唯碑末衔名"至正四年，特进、上卿、玄教大宗师、崇文宏道玄德广化真人、总摄江淮荆襄等处道教、知集贤院道教事、嗣孙吴全节立石。王景平、张尚彬监役。龙虎张纯模刻"，可提供点滴信息。王景平为龙虎山上清宫达观院道士，其名见诸《张留孙碑》和《张留孙家传》，位于玄教第五代大宗师于有兴之后，曾师从何恩荣、薛玄曦的弟

1　关于九老仙都宫及唐洞云事，参见刘迅《元代武昌的道教名观——武当万寿崇宁宫考略》，载赵卫东主编《全真道研究》第 2 辑，齐鲁书社，2011，第 233~236 页；王岗《明代辽王的荆州崇道活动及其政治命运》，载王岗、李天纲编《中国近世地方社会中的宗教与国家》，复旦大学出版社，2014，第 221~225 页；刘固盛、王凤英《荆州玄妙观元碑〈中兴路创建九老仙都宫记〉考论》，《世界宗教研究》2015 年第 6 期，第 85~91 页。

2　（元）许有壬：《至正集》卷六三《武昌路武当万寿崇宁宫碑铭》，第 288 页。关于吴全节对武当万寿崇宁宫的关注，参见《元代武昌的道教名观——武当万寿崇宁宫考略》，第 238 页。

3　（元）吴澄：《吴文正公集》卷二五《南山仁寿观记》，第 443 页。

图 1　贵溪彭湾乡溪源村张留孙墓
（2018 年 9 月 30 日笔者拍摄）

图 2　龙虎山天师府内张留孙碑及其局部
（2018 年 9 月 30 日笔者拍摄）

子陈彦伦[1]，至正初期为达观院地位较高者。张尚彬，其人不详。张纯见诸虞集《篆刻说赠张纯》，称："近年在京师，有浙人称精善，从吴兴公最久。然偏长吴兴之体，吴兴殁后，颇亦寂寥。刻他人书，辄曰：'非吾整顿，几不可观。'人亦殊讶其云耳。予书不工，又苦目疾，既闲居山中，书亦绝少。上清张纯希善以此艺来访，喜其精，而惜予无以资之也，聊书刻字之有取于世者以勉之。"[2] 该文作于虞集返乡以后，具体年份不详。文中的"浙人"指专擅赵孟頫书体的庆元茅绍之，即东岳庙《张留孙碑》的摹刻者。张纯乃龙虎山上清人氏，字希善，精于石刻。但是，张纯也许不及茅绍之擅长赵体，遂从大都东岳庙取拓本摹刻。金石名家叶昌炽认为，张氏的摹刻比茅氏原刻"稍清约，然笔力过之"。[3] 欧阳辅也说："（南碑）行字疏朗，似非从北京本模出，然校其字画，实同一源，钩手不同耳。北京本为茅绍之所镌，宜最精善，今对勘之，似反不如江西本之清拔。"[4] 由于从大都取得拓本尚须时日，可见吴全节酝酿立碑早于至正四年。

与此同时，玄教宗传之碑也竖立于龙虎山上清宫，时在至正四年（1344）八月望日。该碑原是延祐六年（1319）张留孙请于仁宗而获赐，同年由虞集奉敕撰文，赵孟頫书碑篆额，主要讲述玄教宗系传承，重在凸显张留孙及其弟子所受恩宠。[5] 延宕二十余年，一直未能竖立。该碑体量略小于贵溪张留孙碑，其立于上清宫，有助于增强龙虎山道众的自豪感和凝聚力。

1　（元）黄溍：《金华黄先生文集》卷四十《玄和明素葆真法师陈君碣》，第 7 页 b。

2　（元）虞集：《道园类稿》卷三一《篆刻说赠张纯》，《元人文集珍本丛刊》本，第 101~102 页。

3　（清）叶昌炽：《语石》卷二，第 11887 页。

4　欧阳辅：《集古求真》卷六《真书·五代宋辽金元·玄教大宗师张留孙碑》，第 8541 页。

5　（元）虞集：《敕赐玄教宗传之碑》，《道家金石略》，第 961~962 页。

结 语

虞集曾说:"东南道教之事,大体已定于开府(张留孙——引者)之世,而艰难险阻,不无时见。于所遭裨补扶持,弥缝其阙,使夫羽衣黄冠之士得安其食饮于山林之间,而不知公(吴全节——引者)之心力之罄多矣。"[1] 此语颇能反映正一道在元代的际遇,即张留孙时期(世祖至英宗初),凭借张氏与元朝皇室的密切关系,不仅大体制定了南方道教的管理模式,也确立了以龙虎山为尊的基本格局,包括张天师和玄教大宗师在内的龙虎山道士获得前所未有之殊恩,并在仁宗朝达到政治地位的顶点。张留孙逝后,英宗的宗教倾向虽在藏传佛教,但在表面上维持了其父仁宗对张天师和玄教首领的尊礼。泰定帝时期,由于陈义高和王寿衍师徒曾为晋王甘麻剌的藩邸术士,南方道教尚得以优处。此后,皇权辗转于武宗后人之手,作为武宗潜邸旧臣的全真道苗道一师徒受到宠任[2],而张嗣成、吴全节等正一道首领则受到压制,甚至可能因与全

真孙履道一系亲近而加剧此种状况。虞集所谓的"艰难险阻,不无时见"、李存所说的"无穷之忧虑"即指此种情形。

吴全节虽长驻京师,但交往对象主要是汉人文臣,他始终未能建立与元朝皇室的密切关系,与蒙古、色目高官也少有沟通联络。即使是如康里巎巎这般极具儒者气质、兼擅书画且长期流连于秘书监、奎章阁、宣文阁的色目高官,笔者亦少见吴氏与其交游唱和。[3] 由于汉人文臣在元朝政治架构中居于蒙古、色目之下的次要地位,无论是奎章阁初立时期的核心人物虞集,还是顺帝时期的经筵官许有壬、黄溍等,都自身难保,无力成为吴全节的政治援手。以故吴全节在事态稍露转机的天历二年和至正之初,虽殚精竭虑,欲借汉人文臣之力争取机会,但均告失败。天历二年(1329)竖立张留孙碑,正是其呕心沥血的体现。虞集称吴全节倾馨心力,"裨补扶持"东南道教,个中艰辛,虞氏想必知晓。到至正中后期,顺帝耽于藏传佛教,夏文泳、张德隆、于有兴等继任的玄教首领更难有所作为。而第四十代天师张嗣德

1　(元)虞集:《道园学古录》卷二五《河图仙坛之碑》,第13页b。

2　武宗时期,虽然苗道一受到宠信,但张留孙、天师张与材等正一道首领未受到明显抑制。究其原因,一是张留孙的政治影响并不局限于皇室,其与诸多朝中重臣亦关系甚密;二是当时苗道一资历尚浅,不足以对张留孙构成威胁。

3　关于康里巎巎,参见王颋《字得晋意——元康里人巎巎家世、仕履与作品》,载王颋《西域南海史地研究》,上海古籍出版社,2005,第258~275页。色目官员中,吴全节似仅与高克恭相交较深,其名见于前述虞集在《河图仙坛之碑》中罗列的吴氏相交儒臣名录。高克恭年长吴氏二十一岁,卒于至大三年(1310),此时已非吴氏可资援引的力量。出身汪古部的赵世延与吴全节亦相交颇厚,但其祖辈已开始定居四川成都。明初修《元史》,将其与耶律希亮、孔思晦共置一卷,表明时人已视其为汉人,而非蒙古人。

在至正四年（1344）掌教后，不仅未循例入觐[1]，其地位也一直未得到官方确认，直到他死后一年的至正十三年才"制授太乙明教广玄体道大真人，主领三山符箓，掌江南道教事"[2]，足见顺帝和朝中重臣根本不以张天师为意。此番颁制则或缘于元末战事蜂起，核心统治层又意识到了正一道在南方的重要影响。交结汉人文臣而缺少内廷和重臣的有力支持，是元中后期正一道政治地位衰颓的重要原因，而这又受制于元朝的政治架构特征和宗教必须仰赖皇权的政教关系。

既然无法获得朝廷的政治支持，吴全节等人遂将主要精力置于江淮以南，以稳固正一道在南方的基础，抵御趋于扩张的全真道。至正四年（1344）竖立张留孙碑即是其悉心经营南方的体现。吴全节深谋远虑的成果很快得以显现。明朝立国后，大力扶持正一道，终明之世，正一道的政治地位都远在全真之上，从而延续了元代以来南方正一道的持续发展之势。

1　元代的张天师一般在三种情况下入京：一是新君登位后，二是新天师嗣教后，三是遇有重大灾情或事故时。一般留京一两年后，即南返龙虎山，而由玄教大宗师长驻京师处理相关教务，形成张天师在龙虎山，玄教大宗师在京师，南北呼应协调的格局。详见拙文《元代龙虎山道士在两都的活动及其影响》，载刘迎胜主编《元史论丛》第 12 辑，内蒙古教育出版社，2010，第 82~104 页。

2　（元）元明善编，（明）周召续修《龙虎山志》卷上《人物上·天师·张嗣德》，第 22 页。

由儒入巫？
——台湾书院的历史变化

■ 耿慧玲（台湾朝阳科技大学通识教育中心）

序 言

书院始于唐，大盛于清，其部分原因在于清代欲以政府的力量引导地方教育的发展。虽然在建国之初因为明末战乱，书院大抵遭遇兵燹，顺治皇帝有鉴于明代士大夫借书院讲学互相结党攻讦的弊端，为了有效巩固中央政权，顺治九年（1652），一方面，颁行卧碑，约束官学与学院的生员，"不许纠党多人，立盟结社，把持官府，武断乡曲"[1]，基本上约制了书院的设立；另一方面，积极于每乡设置社学，在贫穷或边远地区设置义学，以国家的力量推行教化。[2] 但至雍正十一年（1733），又谕令各省以官方的力量建设书院，由此，在各省会城市建立了一批书院：莲池（直隶），钟山、紫阳（江苏），敷文（浙江），豫章（江西），岳麓、城南（湖南），江汉（湖北），鳌峰（福建），泺源（山东），晋阳（山西），大梁（河南），关中（陕西），兰山（甘肃），端溪、粤秀（广东），秀峰、宣城（广西），锦江（四川），五华（云南），贵山（贵州）等17个省份21所书院，每省赐帑银一千两，但实际上除江苏一省两书院为一千两外，其他各书院均赐银一千两为师生膏火孳息[3]，表现清朝政府对于书院的支持。自此以后，清朝迄至戊戌变法，建立新式学堂之前，书院一直发挥着重要的教育功能。清代书院的数量数倍于元明，根据白新良统计清代新建与修复的书院数量如表1所示。

1　参见现存高雄市左营区莲潭路47号旧城小学崇圣祠后碑林所立嘉庆二十五年（1820）凤山县儒学卧碑，碑文收入《明清碑碣选集》《南碑集成》《高雄县志》；又，彰化县孔庙有道光五年（1825）所立卧碑，见《台湾地区现存碑碣图志·彰化县篇》（何培夫主编，台北市"中央图"台湾分馆，1997）第6页；台南孔庙有同治七年（1868）所立卧碑，见《台湾南部碑文集成》（台湾银行经济研究室编辑，台湾银行出版，1966）第498页；《台湾地区现存碑碣图志》台南市（上篇），第40页，要求"军民一切利病，不许生员上书陈言，如有一言建白，以违制论，黜革治罪"。

2　素尔讷等撰《学政全书》（清乾隆三十九年武英殿本）卷七三《义学事例》："顺治九年题准每乡置社学一区，择其文义通晓，行谊谨厚者，补充社师，免其差役，量给廪饩养赡。"叶一上。又，赵尔巽《清史稿》（民国十七年清史馆本）卷一一二《选举志一·学校上》："社学，乡置一区……凡近乡子弟十二岁以上令入学。义学初由京师五城各立一所，后各省府州县多设立，教孤寒生童或苗蛮黎猺子弟秀异者。"叶十二下～十三上。

3　《学政全书》卷七二《书院事例》，雍正十一年谕："稔闻书院之设，实有裨益者少，而浮慕虚名者多，是以未曾饬令各省通行……近见各省大吏渐知崇尚实政，不事沽名邀誉之为；而读书应举之人，亦颇能屏去浮嚣奔竞之习。"叶一上。

表1 清代新建与重修的书院数量统计									单位：所	
	顺治	康熙	雍正	乾隆	嘉庆	道光	咸丰	同治	光绪	总计
新建	45	537	188	1139	284	400	127	366	671	3757
重修	61	248	25	159	19	31	6	14	11	574
总计	106	785	213	1298	303	431	133	380	682	4331

资料来源：据白新良《明清书院研究》制表。

这些书院的分布并不均匀，且有政策上的考虑。例如雍正年间新建的书院，有三分之一建在福建、广东和云南。云南在雍正年间正处于推行改土归流政策之时，为了稳定控制云南地区的诸土司，推动汉化的进程，大量设置书院，成为重要的手段；其时闽、广两地的状况与云南大抵相似。[1] 雍正六年（1728）世宗颁布上谕，以闽、广两省"乡音仍重，不可通晓"，谕令设置正音书院[2]；台湾在康熙二十三年（1684）四月，归入清朝版图，隶属福建省，书院的发展再度开始。[3] 因应着台湾新归入领土，台湾地区的统治面临新的局面，康熙年间来台的蓝鼎元在其《覆制军台疆经理书》中说道：

> 台湾之患，又不在富而在教。兴学校，重师儒，自郡邑以至乡村，多设义学，延有品行者为师，朔望宣讲圣谕十六条，多方开导，家喻户晓，以"孝弟忠信礼义廉耻"八字转移士习民风，斯又今日之急务也。[4]

根据白新良《明清书院研究》的统计，福建在整个清朝新建与重修书院共349所，其中新建者302所。在新建的302所中，白新良统计台湾的书院有39所，但根据王

1　见白新良《明清书院研究》，故宫出版社，2012，第160~162页。

2　徐珂《清稗类钞·教育类》："闽中郡县皆有正音书院，即为教授官音之地。雍正戊申上谕：'凡官员有莅民之责，其言语必使人人共晓，然后可以通达民情，熟悉地方事宜，办理无误。是以古者六书之训，必使谐声会意，娴习言语，皆所以成遵道之风，着同文之盛也。朕每引见大小臣工，凡陈奏履历之时，惟有闽、广两省之人，仍系乡音，不可通晓。夫伊等以现登仕籍之人，经赴部演礼之后，敷奏对扬，仍有不可通晓之语，则赴任他省，又安能宣读训谕，审断词讼，皆历历清楚，使小民共晓乎？官民上下，言语不通，必使胥吏从中代为传递，于是添设假借，百病丛生，而事理之贻误者多矣……'各处正音书院，上谕所建。无如地方官悉视为不急之务，日久皆就颓废，乃至嘉、道时仅存邵武郡城一所，然亦改课制艺矣。"中国哲学书电子化计划 http://ctext.org/wiki.pl?if=gb&chapter=878275。

3　按，明永历二十年（1666）陈永华在宁靖王府南边街坊兴建孔庙，旁设明伦堂。规定孩童八岁开始启蒙教育。而清初台湾的书院有许多是重修明郑时期之书院。如安东坊、西定坊、镇北坊、弥陀室、竹溪等八所书院。

4　蓝鼎元：《东征集》（台湾文献丛刊第12种）卷三《覆制军台疆经理书》，第39页。

启宗的统计，清代台湾共有 62 所书院（实核算应为 61 所）[1]，不过，王启宗统计资料并未包含金门地区的 3 所书院[2]——燕南、金山与浯江。今据白新良及王启宗资料，并加上金门 3 所书院作台湾书院时空分布如表 2 所示。[3]

表 2　清代台湾书院数量统计							单位：所
	康熙	雍正	乾隆	嘉庆	道光	咸丰	光绪	总计
台湾府县	11	3	1	1	0	0	3	19
凤山县	1	1	1	3	2	0	1	9
诸罗县	0	1	2	0	2	0	0	5
彰化县	0	1	2	3	8	2	3	19
淡水厅	0	0	2	0	1	1	0	4
澎湖厅	0	0	1	0	0	0	0	1
噶玛兰厅	0	0	0	1	0	0	0	1
台北府	0	0	0	0	0	0	1	1
苗栗县	0	0	0	0	0	0	1	1
金门	0	0	2	0	1	0	0	3
基隆厅	0	0	0	0	0	0	1	1
总计	12	6	11	8	14	3	10	64

1　有关台湾地区书院的数量，两岸基本上均接受王启宗 62 所的统计结果，可见黄新宪《台湾的书院与乡学》，九州出版社，2002，第 4~11 页。按，王启宗的统计资料来自周元文《重修台湾府志》、刘良璧《重修福建台湾府志》、余文仪《续修台湾府志》、"台湾省文献委员会"《台湾省通志》、台湾总督府《台湾教育志稿》、庄金德《清代台湾教育史料汇编》、高雄县文献委员会《高雄县志稿》、《新建登云书院捐缘金石碑》、陈炎正《神冈乡土志》等文献资料，但重新核算，实仅 61 所。

2　按，据白新良《明清书院研究》金门计有乾隆四十二年之虚舫书院，乾隆不详年之金沙书院，道光十五年之金山书院；然据光绪八年林豪《金门志》（台湾文献丛刊第 80 种）卷四《规制志·书院》记载金门有燕南书院（宋时建，今莫详其迹）、浯州书院（元代建，今废）、金山书院（道光年间）、浯江书院（在后浦丞署西）。今金门仅存浯江书院（改建）、燕南书院（新修）。

3　本表福建地区书院数量数据源自白新良《明清书院研究》，第 127~246 页；台湾书院的数量则依据王启宗《台湾的书院》，"台湾文化建设委员会"，1999，第 27~31 页。

	顺治	康熙	雍正	乾隆	嘉庆	道光	咸丰	同治	光绪	总计
白书统计	0	8	2	7	7	5	2	0	11	42
王书统计	0	12	6	9	8	13	3	0	10	61

若与福建地区兴建书院的年代分布比 　　　较，如表 3 所示。

表 3　清代福建与台湾新建书院数量统计										单位：所
	顺治	康熙	雍正	乾隆	嘉庆	道光	咸丰	同治	光绪	总计
福建	1	50	11	98	30	32	4	18	58	302*
台湾	0	12	6	11	8	14	3	0	10	64

　　* 此为新建书院之数量，如果加上重修之书院，总数是 349 所。之所以仅计新建书院数目，一方面因新建代表当时重新规划设立之决心与力量，另一方面因为台湾书院基本上没有重修旧书院的记录。

可作图如图 1：

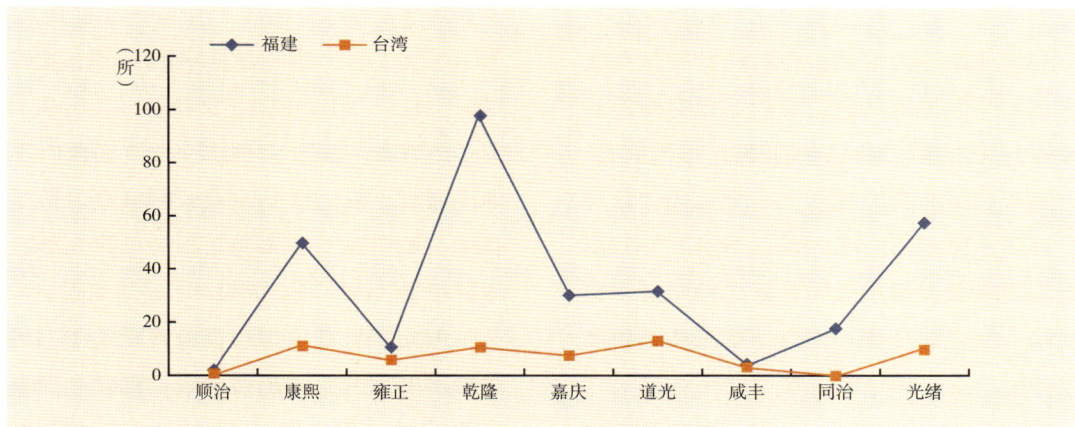

图 1　台湾与福建书院年代分布状况

　　由福建十府中台湾所设书院的数量与比例，可见台湾在清朝书院的设立，随着福建书院整体的设立幅度，基本上稳定发展。

一　台湾学院与启蒙教育

　　台湾书院的设置与清代其他地区相仿，分成地方官宪设置，官民合设及地方士绅设置三种方式。总体来说，亦即从官宪设置走向官民合设，进而为地方士绅主导设置。这个走势的变化与台湾地区的开发也有非常重要的关联，据王启宗的分析，"乾隆前的书院，全由地方官宪所建，或'奉文设立'，乾隆后则甚多由地方绅民所建，此一方面是清廷鼓励的结果，另一方面也是由于地方开发完成后，产生不少地方上的'有力者'（即社会势力），由他们起来领导创建"。[1] 至于书院设置的分布，也从最早的台南逐渐向中部、北部拓展，亦与

1　王启宗：《台湾的书院》，第 38 页。

台湾开发历史中政治及经济中心之北移有密切关系。[1] 而值得注意的是清朝在政策上，无论是书院、义学或者社学，均具有官方色彩，导致三者界限模糊不清。如雍正元年（1723）曾将书院改为义学[2]，乾隆元年（1736）却又"奏准京城崇文门外义学改设金台书院"。[3] 这使得清代的启蒙教育已不限于社学、义学或私塾，书院也承担一部分启蒙教育的任务。而台湾这种因新开发所面临的基础教化问题较之其他地区更加明显，亦即原为童蒙教育机构的社学与义学，和同样是官方所主导的书院之间的关联性，较之其他省份更加明显。总体来说，书院与启蒙教育的社学与义学之间大致可以分成三种方式：第一种，名称虽为书院，但实际就是义学或社学；第二种是义学或社学，由书院经营与托管；第三种则将义学与社学设于书院的一隅。[4]

根据这样的原则，台湾与启蒙教育有关的书院计有 31 所（见附表），包含西定坊书院（施琅建）、镇北坊书院（蒋毓英建）、弥陀室书院（王兆升建）、竹溪书院（吴国柱建）、镇北坊书院（高拱干建）、西定坊书院（常光裕建）、西定坊书院（王之麟建）、东安坊书院（吴英建）、西定坊书院（王敏政建）（以上原台湾府义

学）、崇文书院（台湾府一台南）、屏山书院（凤山县）、白沙书院（彰化县）、明志书院（淡水厅）、螺青书院（彰化县一东螺堡）、引心书院（台湾县一台南）、萃文书院（凤山县）、凤仪书院（凤山县）、振文书院（彰化县一西螺堡）、兴贤书院（彰化县）、凤冈书院（凤山县）、朝阳书院（凤山县）、修文书院（彰化县一西螺堡）、鳌文书院（彰化县）、奎文书院（彰化县一他里雾堡）、登瀛书院（彰化县一北投堡）、玉山书院（彰化县一茄东南堡）、道东书院（彰化县）、雪峰书院（凤山县）、明新书院（台湾府一云林）、蓬壶书院（台湾府）、磺溪书院（彰化县）；占台湾 64 所书院的 48%，如作时空分布表与相关年代与地区的所有书院做比较，如表 4、表 5 所示。

由此可以看出与启蒙教育相关的书院占所有书院的比例超过六成，而各个时期与地区的比例亦均超过 30%，甚至有超过半数的书院具有启蒙教育的功能。乾隆二十五年至二十九年王瑛曾修纂的《重修凤山县志》卷六《学校志》"书院"节，在《书院》标题下注"即义学"，正足以说明这样的状况。下面试以明志书院为例，说明这样的书院的基本状态。

清代台湾的开发由南而北，自西而

1　王启宗：《台湾的书院》，第 38 页。

2　《学政全书》卷七三《义学事例》："（雍正元年）谕。各执省现任官员，自立生祠、书院，令改为义学，延师徒，以广文教。"叶三上。

3　托津《钦定大清会典事例（嘉庆朝）》卷三一七《礼部·学校·学院》，台北文海出版社，1991，叶三下。

4　参见曾蕙雯《清代台湾启蒙教育研究（1684-1895）》，硕士学位论文，台湾师范大学教育学系，2000。

表4　清代台湾地区与义学相关书院之时空分布							单位：所
	康熙	乾隆	嘉庆	道光	咸丰	光绪	总计
台湾府县	10	0	1	0	1	1	13
凤山县	1	0	2	2	0	1	6
彰化县	0	1	2	5	1	2	9
淡水厅	0	1	0	0	0	0	1
总计	11	2	5	7	2	4	31

表5　清代台湾相关地区书院时空分布							单位：所
	康熙	乾隆	嘉庆	道光	咸丰	光绪	总计
台湾府县	11	1	1	0	0	3	16
凤山县	1	1	3	2	0	1	8
彰化县	0	2	4	9	2	3	20
淡水厅	0	2	0	1	1	0	4
总计	12	6	8	12	3	7	48

东，从康熙时期的一府三县（台湾府，诸罗县、台湾县、凤山县），发展为雍正元年（1723）一府四县二厅，雍正九年，划大甲以北为淡水厅。乾隆五年淡水厅下辖淡水堡与竹堑堡，嘉庆十七年淡水厅治移至新竹，光绪元年（1875）撤淡水同知，改设台北府、淡水县（县治艋舺）、新竹县（县治新竹）、宜兰县。而明志书院所在的兴直堡正处于这样激烈变化的时空环境中。

乾隆十一年（1746），"新庄街一道，商贩云集，烟户甚众。凡内地民人赴台贸易，由郡而来北路，必至于是"[1]，前八里坌巡检虞文桂乃于新庄街尾设义学一所；寻因讲堂稀少，改为巡检衙署。乾隆二十八年（1763），汀州府永定县贡生胡焯猷将其经营四十年之八十甲的水田，和平顶山脚的庄园、房舍、水塘捐出，于其旧宅建置义学，以"明志"为名；同年三月底呈文淡防同知胡邦翰，胡邦翰嘉扬其志，于同年八月初移文至闽浙总督，时任淡防同知夏瑚建议将"义学"改为"书院"，次年敕封为"明志书院"由总督杨廷璋立碑记之。[2]（见图2明志书院碑拓本）这说明事实上，明志书院的规格原来只是义学，负

1　《台湾教育碑记》附录《明志书院案底·夏分府详文》（台湾文献丛刊第54种），第63页。

2　以上见《台湾教育碑记》附录《明志书院案底·夏分府详文》（台湾文献丛刊第54种），第62~68页。

担启蒙教育，但为了奖励士绅兴学义举，故而由"大宪恩赐，锡予'书院'嘉名"。[1]这也说明台湾地区书院大多附有启蒙教育的基本状态。

乾隆三十年（1765），淡水同知李俊原因书院距厅治太远，拟将明志书院迁至淡水厅城内南门（即新竹）；四十六年（1781），同知成履泰以原拟迁址（南门）低洼，别购西门内蔡姓地基建造，此即新竹明志书院。[2]此后，迄光绪十五年（1889）冬，知县方祖荫重修敬业堂，并于堂外添建右畔小廊，并改造外墙门；十九年（1893），知县叶意深将新竹两处义塾，并归书院。[3]新竹明志书院自乾隆四十六年迁址后，直至乙未割台时（1895），因市区开辟道路，遭日本政府拆毁[4]，新竹的明志书院运作了114年。

当乾隆四十六年淡水同知成履泰将八里坌原明志书院迁往淡水厅西门之后，因"兴直堡旧地，距新建书院较远，留为租馆，仍听生童照旧肄业"[5]，"历年就学租内抽出银十五圆，交董事经理春秋祭祀"[6]，但仍称明志书院。光绪二十一年（1895）元

图 2　明志书院碑拓本

1　见《台湾教育碑记》附录《明志书院案底·府正堂核议》（台湾文献丛刊第 54 种），第 69 页。

2　见陈培佳《淡水厅志》卷五《学校志·书院》（台湾文献丛刊第 172 种），第 137 页；又，《新竹县志初稿》卷三《学校志》（台湾文献丛刊第 61 种），第 93 页。

3　《新竹县志初稿》，第 94 页。

4　以上请参见《台湾教育碑记》附录《明志书院案底·夏分府详文》（台湾文献丛刊第 54 种），第 63 页；《明志书院案底·府正堂核议》，第 68~70 页；《明志书院案底·明志书院引》，第 74~75 页；《明志书院案底·募题建立义学簿序》，第 72~73 页；及《淡水厅志》卷五《学校志·书院》（台湾文献丛刊第 172 种），第 137 页；《台湾的书院·泰山明志书院》，第 74~76 页。

5　《淡水厅志》卷五《学校志·书院》（台湾文献丛刊第 172 种），第 138 页。

6　《淡水厅志》卷五《学校志·书院》（台湾文献丛刊第 54 种），第 138 页。

月札令将"八里坌新庄山脚义塾系新竹明志书院之移废旧址，以后应称新庄山脚义塾，不得再称旧书院，以杜影射"。[1]同年，日本将新庄山脚义塾改为国语讲习所，与此同时新竹之明志书院被彻底镌毁，新庄山脚义塾终究以教育机构的身份持续到1921年，由当地士绅募款重建，复称明志书院，亦即泰山明志书院。2003年书院建筑因大雨而倒塌。现存泰山明志书院，虽为2005年重建之建筑，但其承担台湾北部地区之启蒙教育则从乾隆十一年初设义学，到成立明志书院，虽历经坎坷，迄今仍可作为近三百年来启蒙教育机构的历史佐证。

相对于其他书院，明志书院的相关资料较为完整。其因在于，道光二十三年（1843），同属淡水厅的艋舺地方成立了学海书院。学海书院原名文甲书院，初由淡水同知娄云倡议，未成；道光十七年地方耆老捐地兴建，但因控案延废，道光二十三年由新任同知曹谨建成，道光二十七年总督刘韵珂将文甲改为学海，并定下由同知兼任山长的规例，因此，学海书院的组织相对于其他地方士绅所建之书院比较完整，且受政府的重视。[2]光绪元年（1875）新竹、淡水县分治，撤淡水同知，改设台北府、淡水县、新竹县、宜兰县。于是淡水县缙绅以"淡新分治"为由，认为原淡绅胡焯猷等所捐淡水县辖兴直堡与八里坌等地学产不应再供新竹明志书院使用，请台北府将经费改归学海书院；但新竹方面却认为如此不仅将使"新竹书院无资"，且违背原捐助明志书院之事实，遂造成新竹"明志书院"与艋舺"学海书院"经费分配之争[3]，光绪十八年（1892）两地的士绅，因争夺田产而对簿公堂，但也因为如此，一切有关清代明志书院的档案都被保存下来，成为现今少数完整的书院档案，被称为《明志书院案底》。《明志书院案底》所记载的明志书院的发展，基本上可以作为了解台湾书院建立及发展的基本史料。

二 庙学合一的台湾书院

庙学合一的教育体制滥觞于唐，发展于宋，完善于元，在元代的《庙学典礼》中也将书院纳入庙学的系统。[4]然而书院毕竟不是学宫，根据《新建鹿仔港文开书院记》的记载"学宫奉孔子为先圣，从祀者皆先师。书院多祀先师，而不敢祀先圣"，

1 《明志书院案底·札淡水县立案（札新竹县同）》，第91~92页。

2 《淡水厅志》卷五《学校志》，第139页；又，刘振维：《论台北艋舺学海书院的儒家精神》，《朝阳人文社会学刊》第5卷第2期，第61~64页。

3 《明志书院案底·札淡水县知照（札新竹县同）》，第79页。

4 胡务：《宋元明三代庙学的建筑结构和祭祀》，《中国文化研究所学报》2003年12期，第159页。

而福建地区书院则常以朱熹作为祭祀的对象[1]，台湾地区的书院亦多以朱熹作为奉祀的主体，如前述明志书院。

根据现有的资料，明志书院"计一座三进：中为讲堂，后祀朱子神位，左、右两畔各房为生童肄业所。左为敬业堂，一排五间，堂以外另建一小廊"[2]，如图3所示。

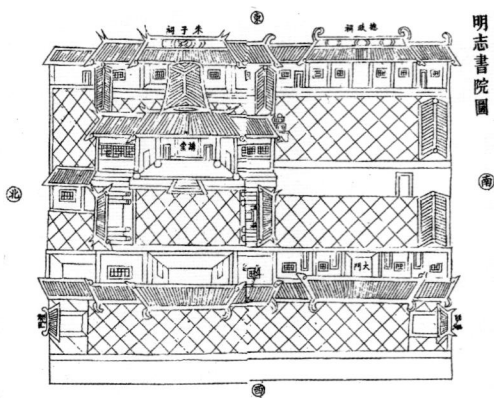

图3　同治《淡水厅志》明志书院

台湾地区或许因为新辟之地，书院的奉祀对象并不如传统规范那样严谨。除大多数的书院都祀有朱熹之外，如萃文、凤仪、兴贤、明新、蓬壶、磺溪等书院，则主祀文昌帝君，却以孔子或者朱熹作为同祀，这样的奉祀方式已不是简单先圣、先师的区隔现象，在系统上已经有了相当大的差异。下面以明新书院作为述说的例证。

位于现在南投县集集镇的明新书院，也是一所应于地方开发，人口汇集之后，由民间士绅所创立的书院。不过集集虽然自同治十年（1781）即已成为入垦的要道，重要的东西交通要地，但真正的开发，要待八通关打通之后，开采樟脑的热潮才开始凝聚大量的移民。[3]光绪初，当地士绅筹组"济济社"[4]，原本拟于柴桥头庄设置院址，但因经费问题拖延未建。光绪九年（1883）浊水溪泛滥，从山间漂下许多漂流木，士绅陈长江、陈清沄等人因势利导，筹募一千八百元后，在集集街上创建"书院"[5]，实际上则仅发挥社学的功能。

按，道光以前之台湾根据社学的教育以"启发蒙童，成就俊乂"[6]为主，然而根据周玺在道光九年至十年修纂的《彰化县志》中的记载，社学的性质则有了很大的改变：

> 古者党庠州序而外，又有家塾，建于里门，即今之社学是也。社学又与同巷之小学不同。小学所以训童蒙，如古者八岁而入小学是也。社学则诸士子会文结社，

1　《新建鹿仔港文开书院记》，载邓传安、沈太仆等《蠡测汇钞》（台湾文献丛刊第9种），第41页。

2　《新竹县志初稿》卷三《学校志·明志书院》（台湾文献丛刊第61种），第94页。

3　《台湾通史》卷五《疆域志·云林县》（台湾文献丛刊第128种），第122页。

4　"济济社在社藔街（县治东南三十七里）。"见《云林县采访册·沙连堡·社学》（台湾文献丛刊第37种），第158页。

5　见林天龙《集集堡明新书院设立略记》，载《集集古志》日文翻译手抄本，约明治34至36年间。

6　《钦定大清会典事例（雍正朝）》，第4802页。

以为敬业乐群之所。大都有文昌祠，即有社学。如犁头店之文昌祠内，士子以时会文，而名其学曰"腾起社"是也。余可类推。兹以社学附于书院之后，为申其义若此。盖学校之余意也。故连类而并及之。[1]

这一段说明点出了几个重要的现象。其一，周玺所记道光时期的彰化地区，社学并不如雍正时期以前为童蒙教育所在，而是士子以时会文，以为敬业乐群的地方；其二，当时的社学大都设在文昌祠，且有"名其学"的习惯，如，彰化县有十四所社学，分别称拔社、腾起社、振文社、螺青社、兴贤社、超然社、文蔚社、登瀛社、萃升社、达社、景徽社、西雍社、昆山社、玉山社[2]；云林县沙连堡有六所社学，名为郁郁社、谦谦社、梯瀛社、三益社、彬彬社及济济社。[3]而集集士绅所筹组的明新书院，正是以济济社为基础所建立的书院。

光绪十一年（1885）明新书院完工，由陈长江聘请粤儒陈国安执教。甲午中日战争之后，集集街遭日军焚毁，1902年书院管理人林天龙将明新书院的学田及庙地捐给集集庄役场，拨交给集集公学校，将书院充作公学校的教室（见图4）。1908年林天龙再募资于柴桥头重建明新书院；然于1912年将明新书院改称"崇德堂"。1952年，管理人徐阿望捐出部分庙地作为永昌小学的校地，拆除书院入口围墙，使得书院与小学连成一片。经过1969年、

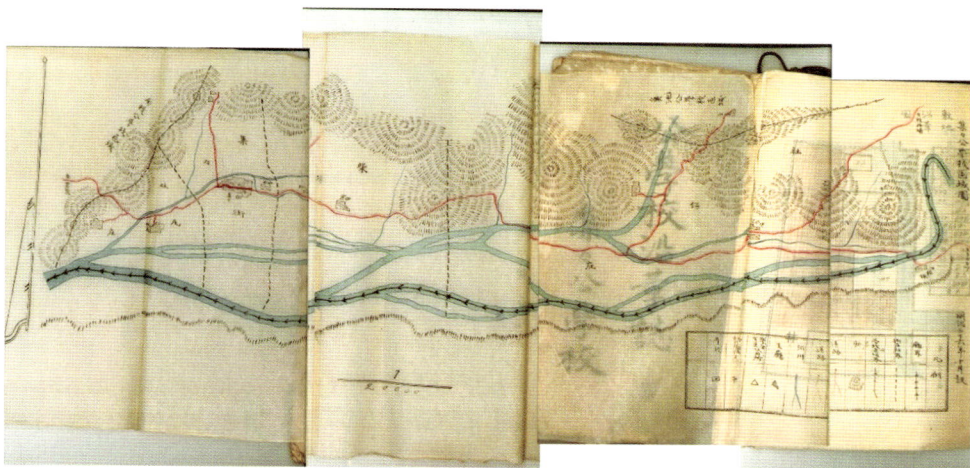

图4　1903年集集公学校分区
（《集集公学校沿革志》）

1　（清）周玺：《彰化县志》（台湾文献丛刊第156种）卷四《学校志·书院（社学附）》，第149页。

2　（清）周玺：《彰化县志》，第149~150页。

3　（清）倪赞元：《云林县采访册·沙连堡》（台湾文献丛刊第37种），第158页。

图 5　明新书院迁徙状况

1984 年的整修，被评定为三级古迹，岂料
"9·21" 大地震又重创书院，2002 年修复
完工迄今。[1]明新书院迁徙的状况，可见图 5。

　　明新书院的主祀对象不是闽中大儒朱熹，
而是文昌帝君，同祀有制字圣人（仓颉）、紫
阳夫子（朱熹）和孔子，如图 6 所示。

　　从牌位的大小与位置，可以看出明新
书院以文昌帝君为主祀神，朱熹（紫阳夫
子）、仓颉（制字圣人）置于比较重要的龙
边，孔子反在比较不重要的虎边，显示出
孔子的地位不仅较文昌帝君弱，似乎也不
如朱熹与仓颉。

　　文昌帝君因主文运，自宋代即与科
举有密切的联系，元代更被封为科举之
神，由《明史·礼志》有将天下学校有
文昌祠者尽皆拆毁的记载，可见当时学

图 6　明新书院供奉之神位
（简庆南摄）

1　以上历史的变迁参考书院所立《明新书院修建志》《云林采访册》《台湾通史》相关记载，及陈正升《国家三级古迹明新书
　院》（南投县立文化中心，1997），李镇岩《台湾的书院》（台湾远足文化出版社，2008，第 118~121 页）。

校中建有文昌祠的现象极为普遍[1]，也反映出儒道的融合与冲突。[2]清康熙二十二年（1683）台湾入清，随着清政府对文昌信仰和教育的重视[3]，各地均开始兴建文昌祠。如康熙四十八年（1709）在台湾府与台湾县即建有文昌祠[4]；彰化县自嘉庆二年（1797）至道光十一年（1831）有七所文昌祠[5]；淡水厅自嘉庆八年（1803）至同治六年（1867）有五所[6]之类。文昌信仰在清嘉庆六年（1801）开始被朝廷列入祀典，在台湾，文昌祠的祭祀等级与武圣关帝庙和孔庙相同，均属上祀[7]，是官方祭祀的最高等级。日据时期铃木清一郎依据其对台湾民俗的调查著成《台湾旧惯习俗信仰》一书，书中将台湾的寺庙分成"儒教祠庙""佛教寺庙""道教宫庙""斋教菜堂"四类，并说明儒道在当时的混融与差异，例如，"官建的关帝庙由祭官主祭，被视为儒教寺庙；私设的关帝庙由士绅主祭，被视为道家寺庙"[8]，而书院中所奉祀的文昌帝，"虽说已经深受道教思想的洗礼，但是大体上仍可视为儒教的祠庙。然而以'五文昌'而合祀的文昌帝、大魁夫子、关帝、吕纯阳、朱衣神君时，可说已经完全脱离儒教的范畴"[9]，这种信奉五文昌或三文昌的情形与康熙初年施璜、李颙主讲的紫阳书院学规中明确订定"崇正学"，"如侈谈二氏（释、道）家言，为三教归一之说，及

---

1 "梓潼帝君者……唐、宋屡封至英显王。道家谓帝命梓潼掌文昌府事及人间禄籍，故元加号为帝君，而天下学校亦有祠祀者。景泰中，因京师旧庙辟而新之，岁以二月三日生辰，遣祭。夫梓潼显灵于蜀，庙食其地为宜。文昌六星与之无涉，宜敕罢免。其祠在天下学校者，俱令拆毁。"《明史》（四库全书本）卷五〇《礼志四·吉礼四·诸神祠》，叶二二下～二三上。

2 陈昭瑛：《台湾的文昌帝君信仰与儒家道统意识》，《文史哲学报》第46期，第183~184页。

3 陈昭瑛：《台湾的文昌帝君信仰与儒家道统意识》，第176~177页。

4 "台湾府文昌祠在府治前。北向。康熙四十八年建……台湾县文昌祠在府治东。康熙四十八年建。后层为义学。"《重修台湾府志》卷二《规制志·祠宇》，第47页。

5 "文昌帝君祠：一在县治东门内文庙西畔南向（嘉庆二十一年邑令吴性诚以明伦堂既移建于文庙东畔，乃因其故址，捐俸倡建，绅士林文浚、罗桂芳等董其事）。一在西螺街外（嘉庆二年，绅士廖澄河等捐建）。一在鹿港街尾（嘉庆十七年，同知薛志亮率绅士陈士陶等捐建）。一在犁头店街（嘉庆二年，岁贡曾玉音等捐建）。一在东螺北斗街（道光初，举人杨启元等捐建）。一在员林街外（道光口年，恩贡曾拔萃等捐建），一在南投街外（道光十一年，生员曾云等捐建）。"《彰化县志》（台湾文献丛刊第156种）卷五《祀典志·祠庙（寺观附）》，第152页。

6 "文昌祠，一在厅治东门内，嘉庆八年同知胡应魁建，道光十七年同知娄云修。一在新庄街，嘉庆十八年县丞曹汝霖捐建。一在芝兰堡，有记。一在桃仔园，同治六年，同知严金清谕绅董李腾芳、徐玉衡等捐建。一在枋桥街，同治二年，绅士林维让、维源捐建。"《淡水厅志》（台湾文献丛刊第172种）卷六《典礼志·祠祀》，第149页。

7 台湾官祀有上祀、中祀与群祀三种："先师孔子庙、文昌庙、武圣关帝庙，上祀也；天后宫，中祀也；余若火神庙、风神庙、龙王庙、海神庙、兴济宫、吕祖祠、五子祠、延平王祠、府县城隍庙、昭忠祠、名宦祠、乡贤祠、忠义、孝悌、烈女、节孝以及高公、洪公、王公、唐公专祠、社稷坛、风云雷雨山川坛、先农坛、南北二坛，均在群祀之列。"《安平县杂记·官民四季祭祀典礼》（台湾文献丛刊第52种），第18页。

8 〔日〕铃木清一郎：《增订台湾旧惯习俗信仰》第一编《台湾民性与一般信仰观念》，台湾众文图书公司，1994，第28页。

9 〔日〕铃木清一郎：《增订台湾旧惯习俗信仰》第一编《台湾民性与一般信仰观念》，第28页。

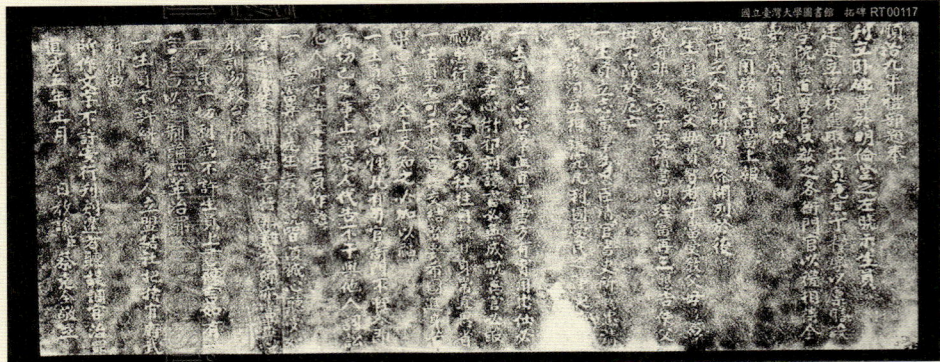

图 7　彰化孔庙卧碑拓片

阳儒阴佛者，不得入会"[1]，相差不可以道里计。那么这种可能"偏离"儒教范畴的书院又如何执行其教育的功能呢？

三　义塾学规

学规最初是为了维持学校日常秩序而制定的，但是当书院成为政府教化统治的工具时，学规便成为引导学生行为与思想的规范。康熙六十年（1721）到台湾的蓝鼎元建议要解决台湾的问题，就应该要多设义学，朔望宣讲圣谕。事实上，清政府在顺治九年（1652），即已依循明代教化民众的乡约方式以刊行卧碑（如图7）六谕于学宫[2]，并于每月朔望讲解；康熙九年（1670）又以上谕十六条取代六谕，雍正二年（1724）在康熙十六条的基础上加以诠释，编成《圣谕广训》，雍正七年以后设立讲经所，圣谕宣讲成为清代的定制，并成为考核地方官员的项目。[3] 这种制度一直到乙未割台前都在台湾推行。[4] 其执行方式应约如光绪二十年（1894）林豪编纂的《澎湖厅志》记载：

澎湖每月朔望会同协营各官，在妈祖宫公所恭设香案，请上谕牌位，行三跪九叩礼毕，分班东

1　引自白新良《明清书院研究》，第 146 页。

2　迄今台湾彰化孔庙与台南孔庙尚各留有道光五年与同治七年所立之卧碑六谕。

3　蔡丰茂：《苑里志》卷下《典礼志·乡约》（台湾文献丛刊第 48 种），第 61 页；又，参见张祎琛《清代圣谕宣讲类善书的刊刻与传播》，《复旦学报》（社会科学版）2011 年第 3 期，第 135 页。

4　"在各府、州、县、乡、堡择适中地为乡约所，选老成公正一人为约正，朴实谨守者三四人值月。按期集所部民，宣讲颁行各谕；择文内民俗易犯者，咸宣示之。守土官实力董率，并饬各属随时巡行倡导，兵民围听。宣毕，各退。乾隆十年，议准将五年钦颁'大学训饬士子文'通行颁发直省学宫，令朔望一体宣读，永远推行。"蔡丰茂：《苑里志》卷下《典礼志·乡约》（台湾文献丛刊第 48 种），第 61 页。

西阶坐，讲生登讲席宣讲二章。

先用官音宣讲一遍，次为土音细为详讲，俾环听民人，咸尽通晓。

又平时令各澳社师，将"广训"十六章，教令蒙童自幼熟读，俾家喻户晓焉。[1]

由《澎湖厅志》可以知道，这种圣谕宣讲是例行性的活动，为了加深圣谕的教化功能，将宣讲活动拓广至社师，亦即启蒙教育之中。

光绪二十年（1894）《恒春县志》记载有关恒春县义学的学规，共有七条，内容大略如下：①延请老成自爱之塾师。②每塾二十人，三十人则需添设。③三十人之塾师每岁加送脩金。④义塾内各设敬惜字纸鼎一口，以代炉化。[2]⑤教学先以《三字经》，继以《朱子小学》，再读《四书》。每逢朔望清晨，谨敬讲解《圣谕广训》及《阴骘文》等书。⑥规范学生的出席状况。

⑦塾师必须每日考核学生学习成果。[3]

在此学规中，值得注意的有两点，其一是义塾内需设惜字纸鼎；其二是每逢朔望必须讲解《圣谕广训》《阴骘文》。

惜字纸的习俗，一直到近代在台湾都十分重视[4]，根据铃木清一郎对日据时期的调查，"本省人受儒教的感化极深，即使是一个目不识丁的文盲，也不敢随便糟蹋一张纸，不要说不敢用来擤鼻涕或擦脏东西，也避免用脚踏，更不忍心随便丢进路旁的垃圾箱中。而是把所有字纸都捡起来，放进惜字亭里一起火化，把纸灰供在造字的仓颉神位之前，最后才把灰丢进河里任其物化"。[5]而这种惜字、敬字的习俗，早在清初即已流传到台湾地区，如雍正四年（1726）即有拔贡生施世榜建敬圣楼，"募僧以拾字纸"。[6]至于惜字亭等固定的烧化字纸的建筑，则在嘉庆四年（1799）西定坊在原吴昌祚所建魁星堂后方建"敬字堂"[7]，嘉庆五年（1800）奋社士子在凤山县

1　林豪：《澎湖厅志》卷六《职官·官制·附录职事十六条》（台湾文献丛刊第 164 种），第 176 页。

2　"义塾内各设敬惜字纸鼎一口，以代炉化；并多备收字纸篓，散给各村，近者由塾内伙夫五日往收字纸一次，远者令各村自收来塾。每斤给钱二文，所收字纸，由塾师督令伙夫，查有污秽，须用清水洗净洒干，再行焚化；字纸灰，随用纸包好，年终送之于海。"屠继善：《恒春县志》卷一〇《义塾》（台湾文献丛刊第 75 种），第 196 页。

3　屠继善：《恒春县志》卷一〇《义塾·学规七条》（台湾文献丛刊第 75 种），第 195~196 页。

4　根据施顺生的研究，台湾地区现存 113 座惜字亭，几乎在台湾本岛所有的县市行政单位中都有分布。见《台湾地区敬字亭称谓之探讨》，《中国文化大学中文学报》第 15 期，第 117~168 页。

5　〔日〕铃木清一郎：《台湾旧惯习俗信仰》第一编《台湾民性与一般信仰观念》，第 28~29 页。

6　王必昌：《重修台湾县志》卷一一《人物志·孝义》（台湾文献丛刊第 113 种），第 376 页。

7　郑兼才《捐建敬字堂记》，收入《续修台湾县志》卷七《艺文二·记》（台湾文献丛刊第 140 种），第 519 页。又，根据杨士需在宗教信息网对于《敬字亭》的说明："有关敬字亭的起源，据清代四川地方文献《西充县志》的记载，于宋代时就有惜字塔存在，但现今西充县所保存的惜字塔多为清代建物，是以记载尚待考。"宗教信息网 https://religion.moi.gov.tw/Knowledge/Content?ci=2&cid=335，最后访问时间：2018 年 7 月 6 日。

建"敬字亭"[1]之后，在"官署衙门、机关团体、书院、文昌祠、文武庙、寺庙、村落、书香世家"[2]设立惜字会、惜字亭或敬字堂烧化字纸更成为普遍的现象。且仪式逐渐隆重，每临恭送字灰（送圣迹）的日子，"士庶齐集，奉苍颉神牌祀之；护送字灰，放之大海。灯彩鼓乐，极一时之盛"。[3]清咸丰年间《噶玛兰厅志》卷五上《风俗（上）·士习》的记载：

> 兰中字纸，虽村氓妇孺，皆知敬惜。缘街中文昌宫左筑有敬字亭，立为惜字会，雇丁搜觅，洗净焚化，熏以沈檀，缄以纸素。每年以二月三日文昌帝君诞辰，通属士庶齐集宫中，排设戏筵，结彩张灯；推一人为主祭，配以苍颉神牌。三献礼毕，即奉苍颉牌于彩亭，士子自为执事，随将一年所焚字纸，铺迭春檯，迎遍街衢。所至人家，无不设香案，焚金楮、爆竹以拜迎。是日凡启蒙诸子，皆具衣冠，与衿耆护送至北门外渡船头，然后装入小船，

用采旗鼓放之大海而回。[4]

值得注意的是，举行送圣迹的时间，通常是文昌帝君的生日（二月初三），而不是仓颉的生日——三月二十八日。即至今日，"台湾地区的敬字亭中，常将'敬字亭'、'文昌祠'（或'文昌阁'）二者合一，而且是缩小版的'文昌祠'（或'文昌阁'）。如此，一亭即有双重功效，既烧字纸，又拜文昌帝君"。[5]这使得惜字纸的习俗与文昌帝君的信仰有了密切的关联。

明代刊本的道书《清河内传》主要叙述文昌帝君的生平，书中并辑录文昌帝君降笔（飞鸾、扶鸾）的《劝敬字纸文》，内容开宗明义便曰：

> 士之隶吾籍者，皆自敬重字纸中来。如宋朝王沂公，其父见字纸遗坠，必摄拾以香汤洗烧之，一夕梦宣圣拊其背曰："汝何敬重吾字纸之勤也，恨汝老矣，无可成就，他日当令曾参来汝家受生，显大门户。"未几，果生一男，遂命名曾，及状元第。[6]

---

1 张廷钦：《敬字亭木碑记》，收入《台湾教育碑记》（台湾文献丛刊第 54 种），第 37 页。

2 施顺生：《台北市的敬字亭及其恭送圣迹支仪式》，《中国文化大学中文学报》第 24 期，第 64 页。

3 《淡水厅志》卷一一《风俗考》（台湾文献丛刊第 172 种），第 297 页。

4 陈淑均：《噶玛兰厅志》（台湾文献丛刊第 160 种），第 188~189 页。

5 施顺生：《台湾地区敬字亭称谓之探讨》，《中国文化大学中文学报》第 15 期，第 133 页。

6 见《清河内传》，收入《正统道藏》，日本所藏中文古籍数据库全国汉籍データベース - Kanseki Database，DZ0169，最后访问时间：2018 年 7 月 7 日。

又云：

> 况吾自有善恶二司按察施
> 行，以警不敬字纸之类，如平生
> 苦学鸡窗，一旦场屋或以失韵误
> 字例，为有司之黜，终不能一挂
> 名虎榜者，皆神夺其鉴以示平日
> 不敬字纸之果报也。[1]

明确说明敬习字纸之善报，与不敬字之恶报，而这种善恶功过的概念，不断地透过文昌帝君降笔的善书而持续扩大影响，最后与功过相结合，衍生出《文昌帝君惜字功过律》，书中规范了惜字功律二十四条，亵字罪律二十九条[2]，使得"敬惜字纸"的信念从原来的知识分子普及至民间。[3]在台湾地区，迄今以亭、楼、炉、塔、台等形式存在的惜字建筑，尚有120座左右，在各地亦有相关的"送圣迹"活动。[4]（如图8）

至于学规中与《圣谕广训》一同讲解的《阴骘文》即《文昌帝君阴骘文》，又称《文昌帝君丹桂籍》（《丹桂籍》）。全文仅745字，取义于《尚书·洪范》的"惟天阴骘下民，相协厥居"[5]，乃指上天在冥冥之中保佑百姓，后来引申为暗中行善不欲人知，即称"阴骘"，亦可称为"阴功"或"阴德"。《阴骘文》在清初即已有多种流行的版本，清代中叶之后，《阴骘文》与《太上感应篇》、《关圣帝君觉世真经》并称为道教的三大善书。

图 8　明新书院惜字亭
（魏慧菁摄）

1　见《清河内传》，收入《正统道藏》，日本所藏中文古籍数据库全国汉籍データベース - Kanseki Database，DZ0169，最后访问时间：2018 年 7 月 7 日。

2　吕祖师著《文昌帝君惜字功过律》，七叶佛教书舍 http://www.book853.com/show.aspx?id=1756&cid=90，最后访问时间：2018 年 7 月 7 日。

3　萧登福：《文昌帝君信仰与敬惜字纸》，《台中技术学院人文社会学报》2005 年第 4 期，第 13 页。

4　有关台湾惜字文化的研究，可参考施顺生《台湾敬字惜纸文化的现况调查——台湾现存敬字亭数量的调查及新增登录10 处敬字亭》，载北京第二外国语学院主办《首届海峡两岸"汉字文化与书法艺术教育"学术论坛论文集》，2014，第56~87 页；吴炀和《文教、信仰与文化建构——台湾六堆敬字风俗研究》，台湾丽文文化事业股份有限公司，2011，第350 页；邓文龙《高雄五甲关帝庙的敬惜字纸》，载《第七届世界华人文化学术研讨会论文集》，唐山出版社，2017，第131~169 页。据统计，2014 年 10 月 18 日前的敬字亭数量为 130 处，共 131 座。但 2014 年 10 月 21 日台南市祀典武庙前方的敬字亭遭地主无情地拆除，故目前仅剩 129 处，共 130 座敬字亭。但根据调查为 122 座。

5　《尚书注疏》(《钦定四库全书荟要》卷五三一《经部》)卷一一《洪范》："惟十有三祀，王访于箕子，王乃言曰：'呜呼箕子！惟天阴骘下民，相协厥居，我不知其彝伦攸叙。'"叶二下。

清代的宣讲制度在政府的主导下，每月朔望定期进行宣讲，并成为考核地方官员的项目，如何让宣讲的效果加强，成为清代政府重要的课题。由此，产生了许多可以推动圣谕宣讲的善书[1]，张祎琛将清代推动圣谕宣讲类善书分为五类：①与现行相关律例合编；②注以通俗白话；③借助俗歌童谣；④附以因果报应故事；⑤图绘善恶陈迹。[2]其中《太上感应篇》与《阴骘文》被列入第五类。事实上，无论是《太上感应篇》还是《阴骘文》都具有通俗白话、俗歌童谣、报应故事、图绘善恶陈迹的内容，具有推广圣谕宣讲非常有力的功能。如前文，嘉庆六年清仁宗将文昌帝君纳入官方祀典，提升了文昌帝君的信仰等级，嘉庆十九年（1814）又谕示军机大臣"如世所传之《阴骘文》、《感应篇》等类。朝夕诵习。亦可为修身行善之助"。[3]光绪时期恒春县义学的共同学规，将文昌信仰有标志性的敬惜字纸及《阴骘文》作为义学的学规，也就有其清楚的脉络可循。

由此，许多以文昌帝君为主祀的书院，如明新、萃文、凤仪、兴贤、蓬壶、礁溪等，同样也担负着启蒙教育的功能，应该也有与恒春县义学相似的学规。

四　台湾的启蒙教育与扶鸾

日据时期是台湾书院受到摧毁最严重的时候，也是传统的学校教育受到大冲击的时候。宋光宇在《书房、书院与鸾堂——试探清末和日据时代台湾的宗教演变》一文中，提出乙未割台之后，日本殖民者将台湾原有一千七百多间书房和四十五间书院，几乎摧毁殆尽，一部分书房和书院透过扶鸾转变成为鸾堂。[4]

如前所述，日据时集集街因战火损毁，明新书院仅能将集集街上学田庙地缴捐集集庄役场，拨交给集集公学校作为教室，重新回到柴桥头再建明新书院，1912年明新书院迎入关圣帝君、孚佑帝君、司命真君三恩主[5]（见图9），改称崇德堂。改称崇德堂的明新书院，其实已经成为鸾堂。所谓鸾堂就是以扶鸾为主要仪式，进行神人沟通的宗教组织或团体。[6]"扶鸾"又称"飞

1　按，自宋元以来儒道佛三教即有相互融合的现象，如宋真德秀、元仇远、明李卓吾均曾为《太上感应篇》作序，而清惠栋作《笺注》及俞樾作《缵义》。见萧登福《宋后儒家经籍及修身法门的宗教化与到教化》，《弘道》2012年第4期，第4页。

2　张祎琛：《清代圣谕宣讲类善书的刊刻与传播》，《复旦学报》（社会科学版）2011年第3期，第137~138页。

3　《清仁宗睿皇帝实录》卷二八九，"嘉庆十九年四月十日"，叶十五。

4　宋光宇：《书房、书院与鸾堂——试探清末和日据时代台湾的宗教演变》，台湾《科学委员会研究汇刊：人文及社会科学》第8卷第3期，1998，第373~395页。

5　三恩主即关圣帝君、孚佑帝君、司命真君。关圣帝君即关公，孚佑帝君即吕洞宾，而司命真君即灶王。加上精忠武穆王岳飞和文昌帝君就称为五恩主。

6　宗教信息网 https://religion.moi.gov.tw/Knowledge/Content?ci=2&cid=222，最后访问时间：2018年7月10日。

图 9　明新书院三恩主

（许圣松摄 http://gogohsu.blogspot.com/2016/12/blog-post_10.html）

鸢"，"始自魏晋，却兴于明代，除帝王沉迷于扶鸢降神之外，士子也热衷于扶鸢，希望借由仙神的降鸢赐题以利科考。因此寺庙、社学成为文人扶鸢的地方"。[1]

明末清初的时候，文昌信仰及扶鸢活动随着移民传播到台湾[2]，但扶鸢的兴盛却与乙未割台、日本殖民有密切的关系。[3]

台湾鸢堂快速发展与日据时期所受到的压迫有密切的关系，最初的原因，来自日本人对于台湾地区鸦片吸食的政策的差别待遇：一方面严禁日本人吸食鸦片；另一方面将台湾人鸦片烟膏、吸食器具之制造发售及鸦片烟馆的开设，均建立专卖制度，获取经济上的利益（图 10）。这种政策含有强烈的歧视意味，激起台湾人民的民族主义，他们积极寻求戒烟的方式，而这时候广东扶鸢戒烟成功的范例，就成为台湾人学习传播的榜样。明新书院就是在这样的情况下，开始开堂扶鸢的（图 11、12）。由此，台湾的鸢堂虽然与大陆地区的民间教团有密切的关系，但扶乩降笔最

1　王志宇：《台湾的恩主公信仰——儒宗神教与飞鸢劝化》，台湾文津出版社，1997，第 117 页。

2　有关台湾地区究竟何时开始有扶鸢的活动，迄今尚未有定论，相关的论文参见王志宇《台湾的恩主公信仰——儒宗神教与飞鸢劝化》第二章，第 29~83 页；王见川《台湾的斋教与鸢堂》，台湾南天书局，1996，第 169~198 页。

3　按，扶鸢起源虽早，但并未形成一种固定的机构，直至清咸丰以后，才以湖南、四川、云南地区为中心，结社开坛，形成鸢堂。而鸢堂主要是以扶鸢、善书作为运作的形式，这两者又可以相互为用：各鸢堂透过扶鸢的结果集结成为善书，而善书的内容则借由扶鸢的过程使信徒信任。而扶鸢与善书这种互为表里的举措，又因为清代的宣讲制度而得以有效的传播。

图 10　鸦片专卖证

（台湾总督府 207 号 M30.10 https://t.co/RNcMJ5UgC0 # ヤフオク"）

图 11　明新书院扶鸾设备

（魏慧菁摄）

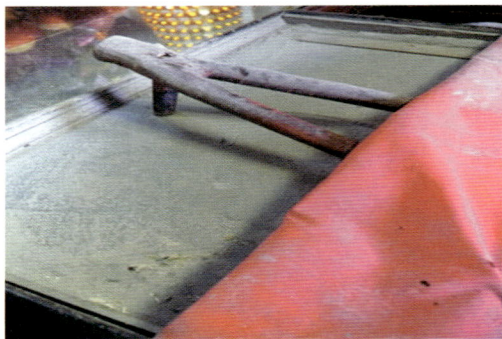

图 12　鸾盘

终的目的却是担负"神道设教、代天宣化"的教育功能。[1]

　　清末至日据时期，原来官方的宣讲转化为宗教性与社会性的宣讲，在教育尤其是基础教育受到极大冲击的时候，知识分子掌握了以宣讲保存传统文化的技巧。在内容上则以善书作为宣讲的主要讲本，并借此避去日本对汉文化的打压。而台湾随着日据时代的来临，原来的士大夫阶层有许多返回大陆或走向隐逸，而原属下一阶层的士绅，则成为社会的领导阶层[2]，也就是说，留下来的士绅，从政治走向原先即已熟悉的宣讲，可以成为优先选择的方向。虽然放弃了清朝的圣谕宣讲，但仍然保存以"劝化"为主的《文昌帝君阴骘文》。其实，更重要的是接受宣讲的普罗大众，更容易

1　郑志明：《台湾新兴宗教现象》，嘉义县南华管理学院，1998，第42~43页。

2　参见吴文星《日据时期台湾社会领导阶层之研究》第二章，台湾正中书局，1992；又，王志宇《台湾的恩主公信仰——儒宗神教与飞鸾劝化》，第57页，第80页注102。

受到超自然色彩的扶鸾的吸引，故而在传统教育几近被摧毁的过程中，台湾的书院借由鸾堂逐渐走向一种"以儒为宗，因神设教"的儒宗神教，仍然可以遂行传统的教育。

观览明新书院的建筑，是一座无山门与后进的小型书院，讲堂乃建筑中心。讲堂呈长方形，纵深 12.8 米，左、右各置厢房，厢房与讲堂以过水接通，后方有翼房夹在正堂与厢房间。翼房、正殿、过水、厢房又合绕围成一小天井，具有传统三合院的格局。[1]

除了建筑的形制是传统闽南式单进三开间外，其内部格局如下：建筑内部的楹联、彩绘均为传统忠孝节义等修身行善及科举成仕的故实，如"修母画荻""廉颇负荆""乳姑不息（怠）""王佑知子必贵，手植三槐""窦钧五子齐荣，人称五桂"之类，进入书院，无论有形无形，均浸淫在传统文化的教育氛围之中。

然而根据明新书院管理委员会于1993年所修订的组织章程[2]，自第三条开始，内容如下：

第三条：本院以促进信徒崇拜道教教理，修心养性，提倡人伦，砥砺道德，保全民族文化，增进社会福利为宗旨。

第四条：本会之任务如左：

（一）管理本院财务收支事项并设施一切。

（二）扶鸾阐教，讲经劝善。

（三）创办社会公益，慈善事业。

（四）其他合乎第三条所揭宗旨之应办事项。

上开事项之组织章程另定之。

第五条：凡虔诚赞同本院宗旨，醒悟修身实践行善之人士，而愿意加入本院行善者填具志愿书，经委员会审查合格，提交信徒大会议决通过，报请主管机关核准后始得为信徒。

因此，明新书院的主要任务已在以"扶鸾阐教，讲经劝善"作为创办"促进信徒崇拜道教教理"的"社会公益，慈善事业"。明新书院迄今仍留有崇德堂鸾规一方，如图 13 所示。

鸾规共有十条，基本上仍然是规范鸾生维持传统的行为规范，诸如入堂、退堂时均需穿礼衣，行三跪九叩礼；鸾生必须遵守三纲五常、三从四德；第九条中有"鸾门下一体共勉，扶持圣居，弘扬儒宗"。恢复为"明新书院"后其内容仍然以"提倡人伦、砥砺道德，保全民族文化"为主要宗旨。然而每月三、六、九日崇德堂的扶鸾活动，迄今的明新书院仍然维持每星

1　文化资产网 https://nchdb.boch.gov.tw/assets/overview/monument/19851127000033，最后访问时间：2018 年 7 月 7 日。

2　该章程于 1993 年 8 月 15 日修订，见陈正升《国家三级古迹明新书院》，第 16 页。

明新書院崇德堂鸞規

一、鸞生進入堂時穿禮袍，退堂時亦同。三跪九叩。

二、各執事生謁聖，唱鐘鈸，職守當鐘鈸，生接送駕生，如金口不可糊塗。

三、鸞生按送駕時，另左女右排班莊嚴，並持朝笏。慎之。

四、泉生遵守三綱五常、三從四德。

五、污穢之人不許入堂。

六、鸞生遵守聖示。

七、禁止淫風、賭博、游酒。誹謗聖示，鸞生不許進。

八、典受命之鸞生聖示，入乩室。

九、鸞門下一體共勉扶持，聖居弘揚儒宗。禮詩三獻典儀、讚。

十、勤堂時學習儒經卷、讚。

孝舉桃枝作書笞，每次笞堂勉善孫，入鸞若不禮儀守，神亞黄詞打金鞭。

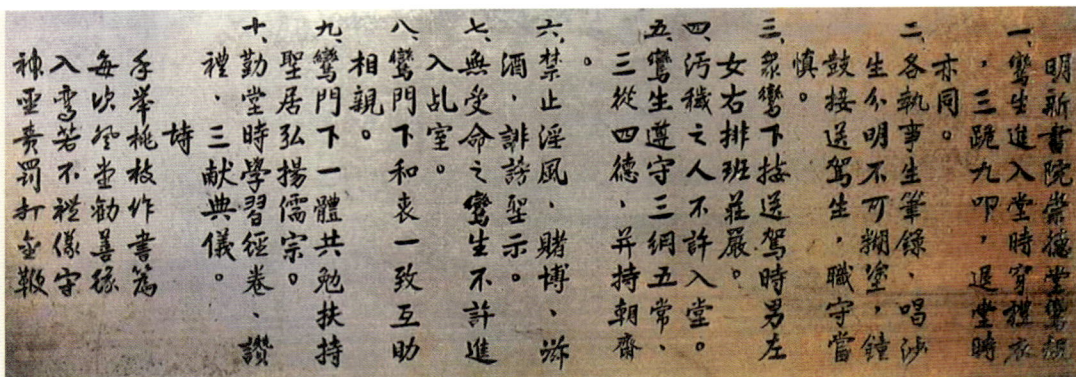

图 13　明新书院鸾规
资料来源：《国家三级古迹明新书院》，第 10 页。

图 14　明新书院扶鸾通知
（魏慧菁摄）

期六扶鸾济世的传统（图14），并将自建堂以来历年扶鸾之后的成果编成《导化金编》共七本八部，分别以"修其天爵、教以人伦"编次（见图15-1，2，3，4，5，6，7，8，9）。[1]

所谓"金编云者，乃金口宣词，如金如玉，汇句而成篇者也"（见图15-9），亦即透过飞鸾之后所集结的善书。书中第一本列有关圣帝君、孚佑真君、司命真君与文昌帝君宝像，在咒语与赞语之后，有大成至圣先师序文：

> 常思三代以上，风美化淳，三代以下，民偷俗弊。所以由帝而王，王降而霸。人心之不古若也久矣。左道横行，异端并起，圣王不作，诸侯放恣，忠孝不讲，仁义无存，败纲常，灭伦纪，口谈圣贤之书，志切邪淫之事，迷途不返，比比尽然，孽海甘沦，滔滔皆是，见善不作，无恶不为，以致皇天恼怒，降下灾劫，疫疠伤身，刀兵不息，疮痍满目，饥馑荐臻，困苦流离，生民涂炭，

1　根据鸾生林李云的书引，说明《导化金编》的分部状况："南天恩主赐曰'导化金编'，导者，导我先路，继可导后人步程；化者，化人心性，更可化天下智识。金编云者，乃金口宣词，如金如玉，汇句而成篇者也。卷折八本，分为'修''其''天''爵''教''以''人''伦'，其义深矣，其旨远矣，使世人欲修天爵，成仙成圣成佛者，必由此八本，即八德之意，教以人伦之谓也。是为引。狮山劝化堂鸞下林李云拜撰。"

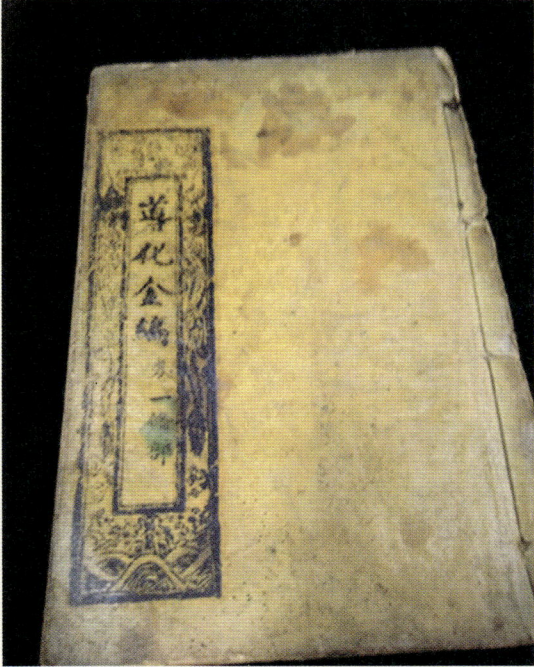

15-1 导化金编第一本"修"

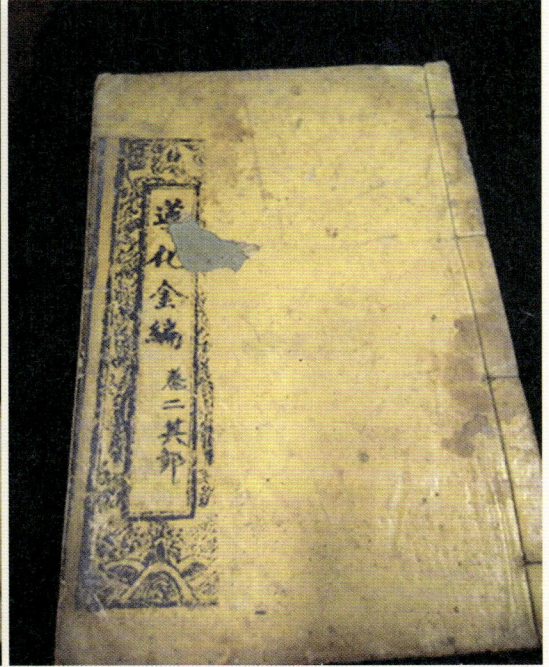

15-2 导化金编第二本"其"

15-3 导化金编第三本"天"

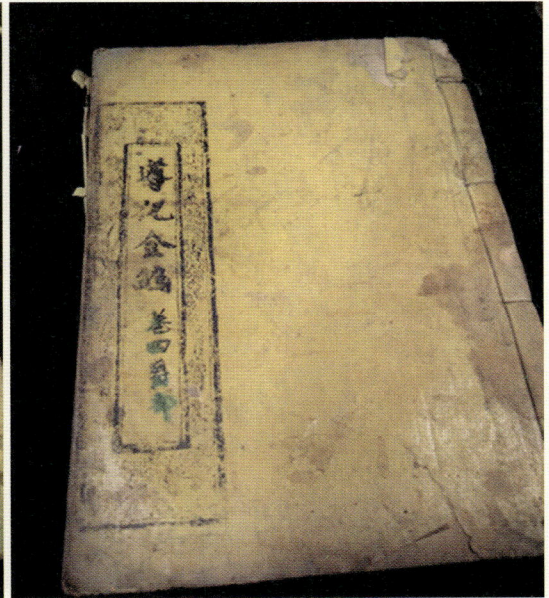

15-4 导化金编第四本"爵"

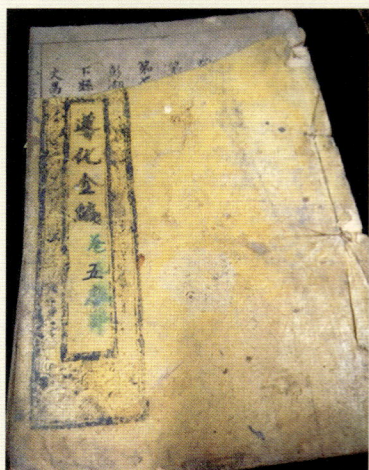

15-5 导化金编第五本"教"

15-6 导化金编第六本"以"

15-7 导化金编第七本"人"（含"伦"）

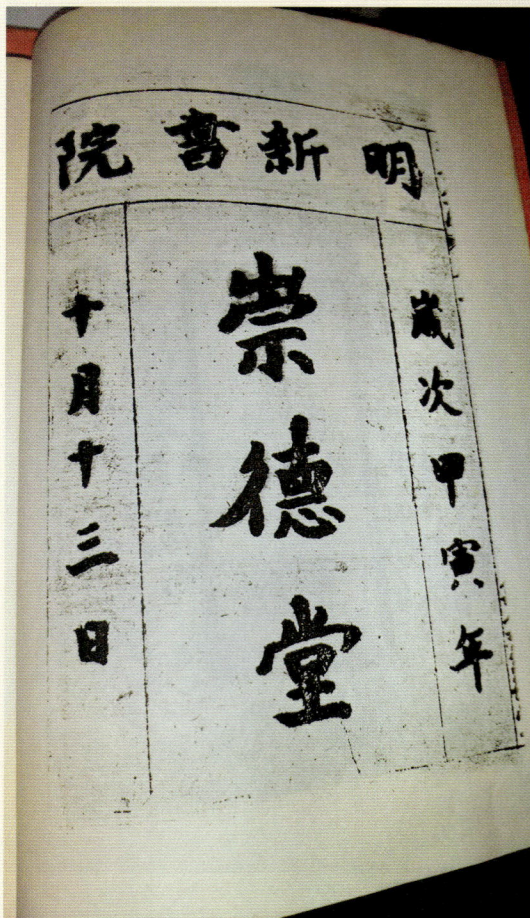

15-8 导化金编内页

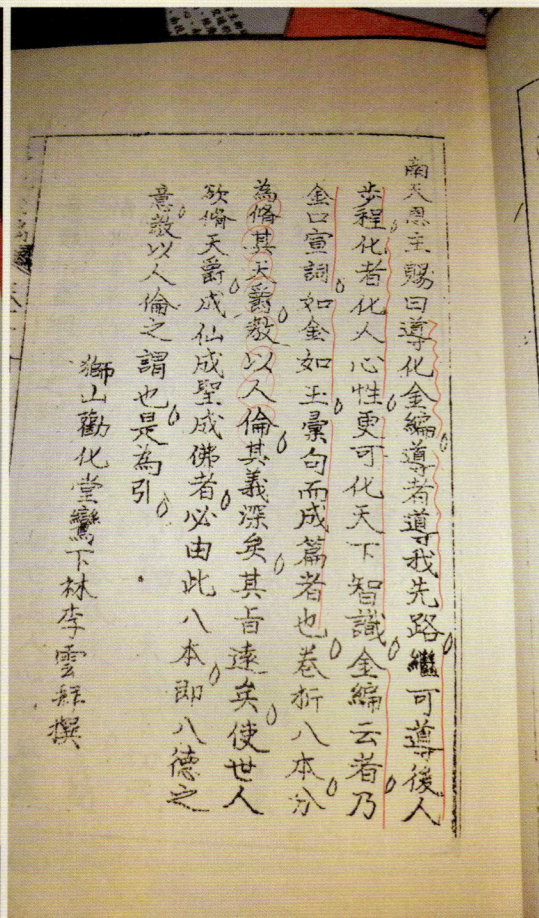

明新书院

崇德堂

岁次甲寅年

十月十三日

15-9 林李云引

南天恩主赐曰导化金编导劝导守我先路继可导后人

步程化者化人心性更可化天下智识金编云者乃

金口宣词如金如玉叠句而成篇者也卷折八本分

为修其天爵教以人伦其义深矣其旨远矣使世人

欲修天爵成仙成圣成佛者必由此八本即八德之

意教以人伦之谓也是为引

狮山劝化堂鸾下林李云祥撰

图 15 《导化金编》

伤心惨目，何可胜言。幸而上天有好生之德，诸神存恻隐之心，吁奏天庭，准旨下凡，开堂济世。今者，崇德堂诸生济济，不惮殷勤，恳请著书劝世。即蒙关吕张三相，上奉玉旨，飞鸾阐教，并请蓬莱岛修道真人，在堂主席，其开于阳春之中，告竣于腊届之半，阅二月而书成。其间诗词歌赋，句句清新，论文证述，语语警惕，不尚浮华，祗祈真谛，可以挽既倒之狂澜，可以作中流之砥柱。诚令阅者及早回头，从兹鼎新而革故，读者咸知奋志，可能触目而警心，遵信奉行，朝夕不懈，而何难复睹三代之盛治也哉。是为序。[1]

这篇以大成至圣先师为名的序文，说明了以明新书院为基础所改制的崇德堂，用飞鸾阐教，儒道相融的方式，持续将忠孝、仁义、纲常、伦纪作为拯时济世的教育内涵，这也就是儒宗神教的主要精神。由于明新书院"扶鸾阐教"的成效[2]，台南湾里二天府以明新书院崇德堂为其分香之祖堂：

> 本堂全衔为二天府明新书院崇德堂，简称崇德堂。

在此大道隐晦、世风浇漓之际，迭有仁人善士，为开堂设教，彰明大道转换颓风，行善济世之宗旨，于1964年（甲辰年葭月十七日）有刘石旺、郑太平、马德临、苏亭烈、杨河磷、马抛大、刘国雄、辛定品、陈清瑞、杜庆龙等十位先生倡议祀神兴鸾，公推杨河磷、马抛大往南投县集集镇明新书院崇德堂恭请文昌帝君前来本境奉祀，顺理予以文昌帝君为主神，时有神无庙，故暂以马水定君之住宅为善堂，并公选马德临为堂主，蒙圣赐堂号曰"南府"。越二年（戊申年），上苍感念代天宣化、神人之功，再赐"二天府"堂号，顾其名乃集集之分堂，从此全衔曰"二天府明新书院崇德堂"。[3]

这样的转化，正是儒宗神教在台湾透过道教发展的一种缩影。

结 论

康熙年间始入清朝版图的台湾，是一个新开拓的地区，时空环境不同于中原

1　《导化金编》卷一《修部》，台湾明新书院印本（未出版），叶十一下～十三上。

2　王志宇：《台湾的恩主公信仰——儒宗神教与飞鸾劝化》，第39~51、130页。

3　二天府明新书院崇德堂网站 https://chongdetang.tian.yam.com/posts/89137209，最后访问时间：2017 年 7 月 20 日。

地区，台湾府设置的书院平均数多于其他府，除了延续明郑王朝所设立的旧有书院外，为了解决闽广地区"乡音不可通晓"的大问题，台湾地区也设立了许多"正音书院"，自此以后，台湾的书院一直与启蒙教育有密切的关联，这由台湾书院中具有义学与社学性质的书院占全部书院的48%，而在同时期所建书院中则占63%，可以看出台湾书院担负启蒙教育的重要性。

台湾书院的时空分布自最早的台南逐渐向中部、北部拓展，亦与台湾开发历史中政治及经济中心之北移有密切关系。从书院的设置时间与方式来看，书院的发展也有一定的发展走向，"乾隆前的书院，全由地方官宪所建，或'奉文设立'，乾隆后则甚多由地方绅民所建，此一方面是清廷鼓励的结果，另一方面也是由于地方开发完成后，产生不少地方上的'有力者'（即社会势力），由他们起来领导创建"。[1]乾隆年间北部淡水厅所建立的明志书院因为淡新分治，与艋舺学海书院就学产的争议，对簿公堂，却意外地保留下明志书院与学海书院的完整档案。由这个被称为《明志书院案底》的记载，基本上可以了解台湾书院自乾隆时期，一些新开发的地区即由地方士绅舍宅捐资筹办义学，开办地方的启蒙教育，而政府为鼓励这样的兴学行为，遂"锡予'书院'嘉名"。这种现象，由光绪年间"明新'书院'"的建立也可以看到相似的状况。

由明志书院的建置，大略可以看到台湾书院与中原地区不尽相同的庙学制度，即便是与原乡的福建地区，也有一些地方上的差异。台湾书院与文昌信仰的结合，使得书院中的主祀对象不仅仅是从孔子转向地方大儒的朱熹或者韩愈，更有许多书院的主祀如明新书院一样变成了文昌帝君，孔子、朱熹与造字圣人反被置于较不重要的虎边与龙边。文昌信仰在台湾与书院有了紧密的结合，不仅在每一座书院的惜字亭所展现的惜字文化，也在推广惜字文化的文昌降笔善书之中。《阴骘文》中的"勿登山而网禽鸟，勿临水而毒鱼虾。勿宰耕牛，勿弃字纸"与《文昌帝君惜字功过律》所规范的惜字功律与亵字罪律，都是降笔扶鸾之后的结果，《阴骘文》也成为书院每月朔望宣讲的主要内容。文昌信仰在台湾书院中的重要性从明新书院在日据时期的转变，得到更深的证明。

为了应对日据时期殖民政策对台湾传统教育体系的摧毁，留在台湾的士绅透过清朝原来的宣讲制度，及扶鸾善书的教化作用，整合鸾坛，借由加强道教的色彩，以"以儒为宗，因神设教"的方式，建立儒宗神教。日据前期建立的明新书院便通过迎来三文昌，建立鸾堂（"崇德堂"）的方式，借由"扶持圣居"，以"弘扬儒宗"，继续倡导三纲五常、三从四德，以"提倡人伦、砥砺道德，保全民族文化"为其主要的宗旨。在崇德堂的空间结构中，将传

1　王启宗:《台湾的书院》，第38页。

统忠孝节义等修身行善及科举成仕的故实
遍绘于楹联、彩绘之中。尽管日据时期的
书院在时不我与的淘汰机制中，转化成为
现代的学校体制，完全看不到原有"书院"
的痕迹；数量曾达到 1127 所的私塾[1]，也
已消失了踪影。但在铃木清一郎的民俗调
查中，我们仍然可以看到被视作"文学神"
的孔子或文昌帝，每天都让学生祭拜[2]，而
在文昌帝君生日这一天举办的"文昌会"，
则会邀集已具有功名禄位的文人雅士及当
地士绅等会友出席，相互吟诗作词。[3]

迄今，历经三百多年的沧桑，有许多
书院以重修、重建的方式矗立在台湾的土
地上，走进这些书院，看着书院的执事先
生们，在举行例行的庆典仪式时，穿着传
统的服饰，手持传统的礼器，认真地举行
古老的仪式时，便会觉得与周遭的现代化
格格不入；尤其看着公告栏上张贴着定期
扶鸾的告示，更觉得一阵错愕，这与"崇
正学"的观念有怎样的对应与冲突？但当
环顾书院四周，不管是墙堵、瓦脊、梁枋、
门楣上雕镂或绘着古代忠孝节义的历史故
事时，总有一股暖流流过身体，似乎点点
滴滴的与中国传统文化汇流在一起。回视
台湾过去书院的历史，经历许多的幸与不
幸，冲突与矛盾，书院似乎仍然勉力维持
社会教育的功能，继续文化的传承，只是
从原来文人雅士的参与改变为学校师生的
活动，从焚香惜纸、吟诗作词变为打鼓扯
铃、英文比赛。书院在台湾仍然维持一定
程度的文化教育功能，或许这就是一种幸
运，也是一种幸福。

1 《明治三十年台湾总督府公文类纂》乙种第四门文书《明治三十年四月现在台湾及澎湖岛书房一览》，引自曾蕙雯《清代
   台湾启蒙教育研究（1684-1895）》，第 146 页。

2 〔日〕铃木清一郎：《增订台湾旧惯习俗信仰》，冯作民译，台湾众文图书公司，1989，第 473~474 页。

3 李镇岩：《台湾的书院》，第 52~53 页。

附表：台湾与启蒙教育有关的书院

	书院名称	设置点	今之地名	年代	建立者	备注
1	西定坊书院	台湾府治	台南	康熙二十二年（1683）	靖海侯施琅建	明郑时期以十字街所发展出的四坊已成形，分别为东安、西定、镇北及宁南四坊。城内重要建筑之布置仍是以四坊为基础。东安坊有社稷坛，县儒学、崇文书院、营文军事机关；西定坊为城隍庙及城守营等军事机关，宁南坊有府儒学、海东书院；镇北坊有县城隍，台湾县署、府城隍及城守营等军事机关；西南坊较繁华，有不少民间的庙宇及商业街。（清）周元文《重修台湾府志》卷二《规制志》（台湾文献丛刊第66种）："西定坊书院康熙二十二年，为将军侯施琅建。"（36）
2	镇北坊书院	台湾府治	台南	康熙二十九年（1690）	郡守将毓英	（清）周元文《重修台湾府志》卷二《规制志》（台湾文献丛刊第66种）："镇北坊书院康熙二十九年，为郡守将毓英建。"（36）
3	弥陀室书院	台湾府治	台南	康熙三十一年（1692）	台令王兆升	（清）周元文《重修台湾府志》卷二《规制志》（台湾文献丛刊第66种）："弥陀室书院康熙三十一年，为台令王兆升建。"（36）
4	竹溪书院	台湾府治	台南	康熙三十二年（1693）	郡守吴国柱	（清）周元文《重修台湾府志》卷二《规制志》（台湾文献丛刊第66种）："竹溪书院康熙三十二年，为郡守吴国柱建。"（36）
5	镇北坊书院	台湾府治	台南	康熙三十四年（1695）	道宪高拱干	（清）周元文《重修台湾府志》卷二《规制志》（台湾文献丛刊第66种）："镇北坊书院康熙三十四年，为道宪高拱干建。"（36）
6	西定坊书院	台湾府治	台南	康熙三十七年（1698）	道宪常光裕	（清）周元文《重修台湾府志》卷二《规制志》（台湾文献丛刊第66种）："西定坊书院康熙三十七年，为道宪常光裕建。"（36）
7	西定坊书院	台湾府治	台南	康熙四十三年（1704）	道宪王之麟	（清）周元文《重修台湾府志》卷二《规制志》（台湾文献丛刊第66种）："西定坊书院康熙四十三年，为道宪王之麟建。"（36）
8	东安坊书院	台湾府治	台南	康熙四十四年（1705）	将军吴英	（清）周元文《重修台湾府志》卷二《规制志》（台湾文献丛刊第66种）："东安坊书院康熙四十四年，为将军吴英建。"（36）
9	西定坊书院	台湾府治	台南	康熙四十八年（1709）	道宪王敏政	（清）周元文《重修台湾府志》卷二《规制志》（台湾文献丛刊第66种）："西定坊书院康熙四十八年，为道宪王敏政改建。"（36）
10	崇文书院	台湾府治	台南	康熙四十三年（1704）	原安东坊旧义学，知府卫台揆建	首座着重考课、科举、规模完备的书院。（清）范咸《重修台湾府志》卷八《学校·书院·崇文书院（即府义学》："在东安坊。康熙四十三年，知府卫台揆建。"（台湾文献丛刊第105种）（289）（清）魏敬中重纂《福建通志台湾府》："崇文书院，府义学也。旧在东安坊，即海东书院旧处。乾隆初，常以租粟为学中膏火。乾隆十年，台湾道被府事王年修。十五年，徙于宁南坊府学宫之西，即海东书院旧处，讲堂备毕具，始延师于内地，掌其教焉（四明自为记）。嘉庆二十三年署府郑佐廷，道光八年知府邓传安重建。"（241）

续表

书院名称	设置点	今之地名	年代	建立者	备注
11 屏山书院	凤山县治旧城	高雄	康熙四十九年（1710）	知县未永清建	（清）丁绍仪《东瀛识略》卷三《学校》："兴废。今府城书院：曰崇文，曰海东。台湾县书院一，曰引心，已废，曰引心，已废。凤山县书院一，曰屏山。嘉义县书院一，曰玉峰。彰化县书院一，曰白沙。水厅书院一：曰明志，曰学海，澎湖一厅书院一，曰文石。噶玛兰书院一，曰仰山。院厅掌教曰山长。"(29)夏德仪等编《台湾教育碑记·凤仪书院木碑记》（道光三年）——碑在凤山县凤仪书院东西壁。"邑旧治有屏山书院，延山长以课生童，置产岁可得息金二百余供修葺。嗣在凤山县署移建于兹，未遑修举。"(35) （清）周元文《重修台湾府志》（台湾文献丛刊第66种）卷二《规制志》："凤山县义学"："凤山县义学"：卷二《规制志》"各县书院"。四十九年，知县未永清建。(36) （清）唐赞衮《台阳见闻录》卷下《文教》（原文分仕进，玫目录改正）《各县书院》："曰罗山，彰化旧白沙，已废；曰白沙，台湾曰宏文，宜兰曰仰山，台北曰登瀛，又安平旧有引心，即今县有引心，至仅有其名，苗栗曰英才，云林曰云谷。"(90)
12 白沙书院	彰化县治	彰化	乾隆十年（1745）	淡水同知摄县事曾曰瑛建	《福建通志台湾府·学校》（台湾文献丛刊第84种）录自重纂福建通志卷六六：" 台沙书院在学宫右，即县义学。乾隆十年，署县曾曰瑛改为书院。二十四年，知县张世珍。"(248)（清）雍正三年，知县杨启声置田，以充束脩膏火。乾隆十年，署县曾曰瑛改为书院，二十四年。《台湾文献丛刊第122种》卷四《杂著二·曾曰瑛白沙书院记》(125~126) （清）周玺《彰化县志》卷四《学校·书院》："白沙书院，在县内圣庙左，乾隆十年淡水同知摄县事曾曰瑛建。二十四年，知县张世珍修重修。五十一年，被乱焚毁，知县未学颐改建于文祠之西，嘉庆二十一年，署县吴性诚醵资重葺。同制较为恢大焉。"(143) 临金国译·陈金田译《台湾旧惯调查会报告》（台湾私法物权篇》（台湾文献丛刊第150种）卷四《物权之特别主体》第三节"学事第五·碑文"："彰化旧儒学，在县治东门内向。雍正四年，前为甬道，为戟门，东为义路，西为礼门，又前为展星门，后为崇圣祠，右为明伦堂，堂后为学廨。乾隆十六年，知县程运青精修，旋以他故中辍，移礼门，同知署县事曹墡续成之，因费不足，及展星门止。二十四年，知县张世珍、砌甬道以修重葺，又路直展星门外，凿泮池外为照墙，护以短垣。明伦堂仍故址加增高二尺余，堂右建台沙书院，其后则将署，后左教谕署，五十一年，知县胡邦翰续修。二十七年，明伦堂学署受于乱。嘉庆二年，岁贡郭士模修葺圣庙，工未及竣，悉更新焉！而明伦堂学署仍缺。"(1403)
13 明志书院	淡水厅	台北泰山	乾隆二十八年（1763）	原为永定贡生胡焯猷自宅改设义学，淡水同知胡邦翰改为书院	仍存，供祀朱熹 注重"程朱理学""通经读史" 在兴直堡新庄山脚（今新北市泰山乡明志村）同知胡焯猷所设义学，而后同知胡邦翰题为书院，乾隆二十九年（1764）总督杨廷璋立碑记之，三十年同知李俊接汉建于南门内外，四十六年同知胡邦翰覆案南门内迁注，故另购南门蔡姓之地，建一座三进的书院，中有讲堂，祭祀朱子，左右两边则为学生读书之所。见胡邦翰《明志书院碑记》及"明志书院案底"。

续表

	书院名称	设置点	今之地名	年代	建立者	备注
14	螺青书院	彰化东螺堡	彰化北斗	嘉庆八年（1803）	邑人士绅	（清）周玺《彰化县志》卷四《学校志·书院（社学附）》："螺青社，在北斗街文祠内。"《修建北斗螺青书院记》（台湾文献丛刊第54种）《台湾教育碑记》《修建北斗螺青书院记》（149）。
15	引心书院	台湾县治 台南	台南	嘉庆十五年（1810）	拔贡张青峰、监生黄拔萃捐建	道光五年（1825）台湾县拔贡张青峰、贡生欧阳曦创设引心文社（义学）设于吕祖庙内，由监生黄拔萃捐资修成。初为引心文社在宁南坊。《福建通志台湾府·学校》："引心书院在宁南坊。初为引心文社，嘉庆十五年，邑绅黄拔萃立，以奉课费，束脩课费，以充青火。"（243）。（清）唐赞衮《台阳见闻录》卷下《文教》："奉祀引心书院（原文为台湾县书院，按目录改正）："文安平旧有引心，即今招祠。"（90）又，《庙宇（城池附）·吕祖宫》："夔奉引心书院中旧有帝君神座，为百年前分巡是邦张观察丢绪所建；现今额宿敝瓦，几成废地……据此，当经方前代府某催，由台南支应局就近发兑番（银）三百两，以引心书院改建。"（135）
16	萃文书院	凤山县罗汉内门观音亭	高雄内门	嘉庆十七年（1812）	贡生游化等人倡建，道光二十四年（1844）贡生黄玉华迁建	仍存，崇祀文昌帝君者仍存。一条龙形式：正厅与左右偏房彼此互通，呈一条横向排开。有道光二十五年（1845）碑记。见《台湾南部碑文集成》（台湾文献丛刊第218种）甲，记（下）："碑存高雄县内门乡观亭村紫竹寺观音亭，高138公分，宽77公分，砂岩。"（277）
17	凤仪书院	凤山县治	凤山	嘉庆十九年（1814）	知县吴性诚命候选训导岁贡生张廷钦建	仍存，官民合办，供祀文昌。（清）卢德嘉《凤山县采访册》（台湾文献丛刊第73种）《规制·书院》："义学（附番社义学）"，"义学，在永安街县署西南数座，学舍五间，同治十二年邑侯李燧建，又详请拨充公款底民间隐置种田二十三甲一分二厘三毫三丝，归凤仪书院掌管，年缴佃首银一百二十元，为延师脩脯及修理等费。"（161）
18	振文书院	彰化县西螺堡	西螺	嘉庆十九年（1814）	董事生员廖澄河筹建	仍存，民办。（清）倪赞元《云林县采访册》（第37种）《西螺堡·书院》："振文书院在街外之南，堂一，宇一，左右廊六间。嘉庆十九年，董事生员廖澄河等筹建，至光绪十七年，生员叶有声等捐修。"（106）
19	兴贤书院	彰化县员林街	员林	道光三、四年（1823、1824）	贡生曾拔萃建	先修文昌祠。仍存，民办，供祀文昌祠。（清）周玺《彰化县志》卷四《学校志·书院（社学附）》："兴贤社，员林文祠内。"（149）又，半线文教基金会，《兴贤书院》简介，2002年。案，兴贤"书院"不见于台湾地方志，但在《台湾私法物权编》（台湾文献丛刊第150种）第一章总论、第三节"物权之得失"第二八愿东祀典田契字"有道光二十七年（1847）十二月赖兴、赖宗、赖英、勤进献田兴贤书院的记载。（139）

续表

	书院名称	设置点	今之地名	年代	建立者	备注
20	凤冈书院	凤山县长治一图里	高雄	道光十六年(1836)	绅民刘维仲赖为舟及林四海等建	(清)卢德嘉《凤山县采访册》丙部《地舆(三)·义渡(津渡二)》:"二层行渡(文贤),在凤山溪下游,县西北六十七里,县往往部经此,渡钱无(按此渡工费闻系凤冈书院公款,为闻中诸绅倡建),年月未详。民间义渡,只此一条;北属安平县界。"(119)又,丁部《规制·书院(附试院,奎楼)》:"凤冈书院,在长治里前茄苳,县西北五十八里,屋二十四间,道光十年副贡生刘伊仲建。先后续置平等沙田园二百零九甲四分六重六毫零八忽九丝,完粮一百八两四钱五分四厘。"(160~161)
21	朝阳书院	凤山县	屏东	道光二十一年(1841)	始建人不详。光绪六年训导李政纯等建	(清)卢德嘉《凤山县采访册》丁部《规制·书院(附试院,奎楼)》:"朝阳书院,在港东旧外庄街北,县东三十里,屋十八间,光绪六年训导李政纯等政纯等重建。"(161)
22	修文书院	彰化县西螺堡	西螺	道光二十三年(1843)	贡生詹锡龄等捐建	(清)倪赞元《云林县采访册》《西螺堡·书院》:"修文社在福兴宫庙后。中进五间,左右廊六间。道光二十四年,贡生詹锡龄等捐建。"(106)
23	鳌文书院	彰化县治	彰化	道光二十五年(1845)	不详	在彰化。清道光二十五年(1845)建。清乾隆,林熊祥主修《台湾府志》,《台湾教育史》"台湾总督府民政部学务课",《台湾省通志稿》,王镇华《书院教育与建筑——台湾书院实例之研究》("台湾总督府民政部学务课",《台湾省通志稿》1902,第54页)
24	奎文书院	彰化县他里雾堡	云林斗南	道光二十七年(1847)	职员黄一章捐建	(清)倪赞元《云林县采访册》《他里雾堡·书院》:"奎文书院。在县西六十里他里雾街南畔。堂宇十余间,把田租五百十五石。道光二十七年,职员黄一章捐建,职员曾福玉捐资重修。"(96)
25	登瀛书院	彰化县北投堡	南投草屯	道光二十七年(1847)	登瀛社会员等建	(清)周玺《彰化县志》卷四《学校志·书院》:"登瀛社。"(149)《"中华民国"的书院》下(台湾省政府,2014):"道光二十七年(1847)十月,登瀛社员庄文蔚(时任北投堡总理),职员洪济纯及生员洪勤英等人发起捐教,募得五户八百大银元兴建登瀛书院,于道光二十八年(1848)十二月竣工。"(89)
26	玉山书院	彰化县茄东南堡	台南白河	咸丰元年(1851)	邑人创建	(清)周玺《彰化县志》卷四《学校志·书院(社学附)》:"玉山社,在邑治北门外。"(150)
27	道东书院	彰化县和美线街	彰化和美	咸丰七年(1857)	彰化线西堡"景瀛社"训导阮鹏程与地方土绅合力捐建	仍尔,地方土绅合力捐建,着重"程朱理学""通经读史",供把朱熹。王启宗《台湾的书院》:"当时线西堡'景瀛社'训导阮鹏程于毛边设立'同字处'私塾,但由于空间狭小,因此有设立书院的想法。咸丰七年(1857),阮鹏程召集地方土共同发起,兴建书院于彰化城西线西堡和美线庄,来年竣工。取名'道东书院'或称'文祠',有'王道东来'之意。"(122)临时台湾旧惯调查会报告,陈金田译《台湾私法物权编》,"台湾文献委员会",1990,(535)。
28	雪峰书院	凤山县港西里阿里港街	屏东阿里港	光绪三年(1877)	职员蓝登辉、董事张简荣、张简德建	(清)卢德嘉《凤山县采访册》(第73种)丁部《规制·书院(附试院,奎楼)》:"雪峰书院,在港西里阿里港街北,县东北四十一里,屋七间,光绪三年职员蓝登辉、董事张简荣、张简德等建。"(161)

续表

	书院名称	设置点	今之地名	年代	建立者	备注
29	明新书院	台湾府治云林	南投集集	光绪八年（1882）	土绅陈长江、陈清沇筹建	仍存，呈合院形式，平面格呈"冂"字形三合院建筑，建有院门、讲堂、左右厢房等建筑。除供奉文昌帝君或五文昌外，又配祀朱熹、或仓颉。（清）倪赞元《云林县采访册》《沙连堡·社学》（台湾文献丛刊第37种）："济济社在社寮街（县治东南三十七里）。"(158)
30	蓬壶书院	台湾府治	台南市开山路与府中街口一带	光绪十二年（1886）	原引心书院，知县沈受谦改建	仍存，有文昌阁或魁星楼。（清）唐赞衮《台阳见闻录》（台湾文献丛刊第30种）卷下《文教》（原文为仕进，按目录改正）："引心书院，初称'引心文社'，清嘉庆十五年（1810）贡生张青峰、监生黄拔萃等建，人设于台南府城宁南坊吕祖庙内。光绪十二年（1886）中法战争结束，台湾知县沈受谦大兴土木，将荷兰时期旧楼基填平，建造文昌阁，五子祠及海神庙……并将民间义学引心书院正建于赤坎楼西北侧，遂改名为'蓬壶书院'"。(148) 李镇岩《台湾的书院》："引心书院"，初称'引心文社'，安平县监课。"(90)
31	磺溪书院	彰化县大肚下堡	台中大肚	光绪十三年（1887）	赵顺芳等大肚下堡士子文人建	仍存、供祀文昌 经盟军轰炸，八七水灾，9·21地震，此书院为重修者 磺溪书院俗称文昌庙，供奉五文昌。 《中华民国》的书院》下："光绪十三年（1887），赵顺芳与蔡如云、蔡瀚云、张楣上等人，征购大肚下堡（今大肚、龙井、乌日）士子文人，共454人为社员，鸠资学田筹建书院，由大陆采购建材并礼聘惠安匠师担任营建工作，竣工后，取名'磺溪书院'，成为正式学堂，从此地方文风日盛。"(33) 《磺溪书院》简介（台中县：台中县大肚上公所，2000）：日据时期，大肚小学的前身大肚公学校成立之初便以磺溪书院为校舍，磺溪书院是大肚区至今留存最古老的建筑。俗称文昌庙古迹书院，已为市定三级古迹保存。至今已有120多年历史，磺溪书院，昔日大肚地区（包含大肚、乌日、龙井三区）的文教中心，兴建于清光绪年间，是院的一大古钟，光绪乙丑年秋月合旦，曾为日军所掠夺，今刚放置于大肚小学校园中。该钟之铭，有如下列：'磺溪书院，文昌帝君，光绪十五年乙丑季秋月合旦，大道西下保诸绅董莆民同敬。'

三

古建与环境

试论辽代阁楼式佛塔在建筑史与文化史上的意义
——以内蒙古庆州白塔、丰州白塔与山西应县木塔为例

■ 张景峰（内蒙古建筑职业技术学院建筑与规划学院）　张旭东*（天津大学建筑学院）

按照梁思成先生对中国古代建筑结构体系发展和形制演变的划分，辽代建筑可归入比例和结构壮硕坚实的"豪劲时期"（约850~1050）。就木构建筑而言，现存辽代涞源阁院寺文殊殿、蓟州区独乐寺观音阁与山门、义县奉国寺大殿、宝坻广济寺三大士殿（已毁）、新城开善寺大殿、大同下华严寺薄伽教藏殿、应县佛宫寺释迦塔（简称"应县木塔"）、易县开元寺毗卢、观音、药师三殿（已毁），以及大同善化寺大殿、普贤阁、大同上华严寺海会殿（已毁）等，与唐代木构五台山佛光寺东大殿同列，被视为盛唐"豪劲风格"之典范。[1]不过就目前所知，唐代木构建筑遗存仅有五台山佛光寺东大殿、南禅寺大殿等寥寥数例，据此尚不足以全面把握当时风貌。故欲深入了解、研究唐代建筑，还需要其他佐证，而现存数量较多的辽代砖塔就是重要的旁证资料。在

这些存世数目不小的辽塔中，内蒙古境内的庆州、丰州二辽塔具有建筑史与文化史上独特的双重研究价值，它们不仅间接佐证了辽代木结构建筑技术水平，且在建筑形象上又分别代表"比例和结构的壮硕坚实"的唐风与"比例优雅、细节精美"的宋式。

从建筑技术层面上看，两座砖塔均呈现辽代建筑工匠与同时期宋代工匠具有相同的技术传承，即北宋《营造法式》所反映的自唐而宋的建筑技术与工程规范流变；但在这样一个相同的技术背景下，表现在具体的建筑作品上，却有不同的艺术追求，不仅辽宋之间存在这种整体建筑风貌的差异，辽代内部也有不同时期不同地方的艺术风格变化。

笔者近期曾对二塔做过多次踏察，并参照当今辽塔研究的进展，试从建筑艺术风格及历史文化背景方面加以探究。

---

* 通信作者。

1 参见《梁思成全集》第 8 卷，中国建筑工业出版社，2001。

一 辽塔概述

现存的或已毁而有明确记录的各类辽代佛塔分布于山西、河北、北京、内蒙古、辽宁、吉林和黑龙江等省份。近年有学者张晓东作《辽代砖塔建筑形制初步研究》[1]，列举具有研究价值的实例113例（河北北部11座、北京13座、天津北部3座、山西北部2座、内蒙古9座、辽宁44座、吉林1座，境外蒙古共和国1座，已毁而有文图记录者12座，见于著录的塔基17座）。今内蒙古博物院制作了一幅"辽塔分布图"，收录现存辽塔74例、已毁辽塔30例，此虽不是精确统计（尚有许多遗漏），但大致呈现了此类建筑遗存的分布区域。

笔者依据上述资料，将内蒙古地区辽塔进行统计见表1。

如表1所示，内蒙古地区现存辽塔9座，其中仿木结构的阁楼式塔占2例，分属以往认为汉化程度不高的辽上京地区和汉化程度很高的辽西京地区。

早在20世纪60年代，著名建筑历史学家陈明达先生著《应县木塔》时，曾列举当时所知辽代仿木结构佛塔四例，指出："有一些砖塔如易县千佛塔、涿县云居寺塔、涿县智度寺塔（南塔）、内蒙古自治区巴林右旗庆州白塔等，都是仿照木塔的形式。尤其庆州白塔，其外形轮廓、建筑风格，与释迦塔最为近似。"[2] 今天，我们所掌握的辽塔资料远比20世纪60年代以前要

表1 内蒙古地区辽代佛塔统计

序号	名称	地区	建造年代	类型
1	庆州白塔	上京地区。今内蒙古赤峰市巴林右旗境内之辽代庆州城遗址西北部	辽兴宗重熙十六年至重熙十八年七月十五日（1047~1049）	八角七级，仿木结构阁楼式砖塔
2	上京南塔	上京地区。今内蒙古赤峰市巴林左旗林东镇辽上京城址附近	辽统和十二年（994）或重熙十二年（1043）	八角七级密檐式砖石塔
3	上京北塔	上京地区。今内蒙古赤峰市巴林左旗林东镇辽上京城址附近	辽早期	六角五层密檐式砖石塔
4	中京半截塔	中京地区。今内蒙古宁城县辽中京城遗址内	辽早期	推测为七级密檐式塔
5	中京大明塔	中京地区。今内蒙古宁城县辽中京城遗址内	辽重熙四年（1035）	八角十三层砖砌密檐式
6	敖汉武安州塔	中京地区。今内蒙古敖汉旗南塔乡	辽早期	八角密檐式空心砖塔，残存十一级
7	敖汉五十家子塔	中京地区。今内蒙古敖汉旗南塔乡	辽中晚期	八角十三级密檐式空心砖塔
8	塔子沟白塔	中京地区。今内蒙古赤峰市巴林右旗	辽中期	未知
9	万部华严经塔（丰州白塔）	西京地区。今内蒙古呼和浩特市东郊	辽清宁三年（1057）左右	八角七级，砖木混合结构，阁楼式

1　张晓东：《辽代砖塔建筑形制初步研究》，博士学位论文，吉林大学边疆考古研究中心，2011。

2　陈明达：《应县木塔》，文物出版社，1966，第30~31页。

丰富得多，但概览这些遗存，可以佐证其间木结构建筑技术及艺术风格，却并没有太多变化。比较起来，除庆州白塔外，同在内蒙古区域内的丰州白塔（万部华严经塔）可视为另一个值得重视的实例。

此二塔除所间接反映出的木结构建筑结构、建筑技术特征外，其建筑形象的差异，是以往研究中所忽略的：庆州白塔的立面造型具有唐代雄浑厚重的风格特点，而丰州白塔则明显趋于宋代修长秀丽的特点，二者同在辽国却有迥异的审美取向。

我们不妨将辽代不同建筑的外在造型与内在文化内涵做初步的归纳分析，由此发现：建筑形象的外在差异、变化等，也同样能够代表一种社会文化内容而具有研究价值，而庆州、丰州二白塔的现象差异，正反映出辽代统治者及治下民众的文化心理变化。以下作具体论述。

二　庆州白塔、丰州白塔概述

（一）庆州白塔概述

庆州白塔位于赤峰市巴林右旗境内索博日嘎镇驻地东北查干沐沦河冲积平原上的辽庆州城遗址西北角，始建于辽兴宗重熙十六年（1047），两年后落成，系辽兴宗耶律宗真为其生母章宣皇太后祈福而敕建，原名"释迦佛舍利塔"，距今已 970

多年而基本保存完好，其矗立平原而衬以背靠青山、面对白水（查干沐沦河）的周边环境，更显现其历经千年的伟岸身姿，故至今为一方名胜。

有关庆州白塔的考察与研究，早在 20世纪 50 年代即有初步的调研报告，并引起了建筑史研究领域的重视，如陈明达先生在其专著《应县木塔》中，不仅将其视为仿木结构佛塔中比涿州智度寺塔等更具典型性的范例，尤其强调其最初所处佛寺遗址的总平面布局是进一步研究辽代建筑的空间构图的珍贵史料。近年来，又有张汉君《辽庆州释迦佛舍利塔营造历史及其建筑构制》一文，主要基于此前在修葺实物过程中的进一步勘察测绘，探讨庆州白塔的营建历史与建筑形制。[1] 之后，又有吉林大学博士研究生张晓东的学位论文《辽代砖塔建筑形制初步研究》，对包括庆州白塔、丰州白塔在内的 104 座辽代佛塔做系统梳理，以相当的篇幅总结了迄今为止对阁楼式塔的研究进展。笔者近期对庆州白塔曾做短期踏察，今在上述研究的基础上，对庆州白塔简介如下。

庆州白塔所处塔寺遗址，经考古勘察，其主要部分由山门、钟鼓楼、佛塔、大殿等组成，平面布置与应县木塔所处的佛宫寺很接近。见图 1。

塔为八角七级砖木结构阁楼式塔，塔体总高 73.27 米。其体量与山西应县木塔（总高 67.31 米，塔刹高约 9.91 米，塔身

1　张汉君：《辽庆州释迦佛舍利塔营造历史及其建筑构制》，《文物》1994 年第 12 期。

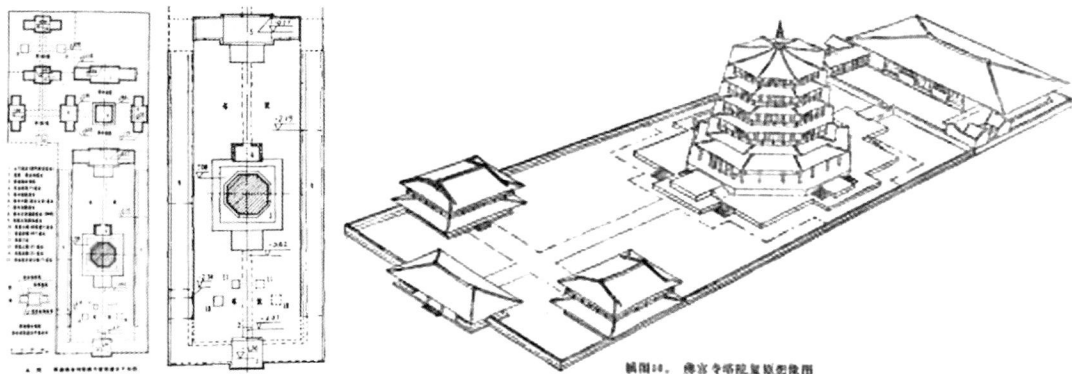

图 1　庆州白塔之塔寺总平面、主区截面与应县佛宫寺复原想象图

高约 57.40 米）十分接近，外观上以砖质材料模仿柱、枋、斗拱、出檐、门、窗等木质构件，效果十分逼真。整座塔由塔基、塔身、塔檐和塔刹等四部分组成。详见图 2-1 至 2-4。

1. 塔基

总高 7.50 米，方形底层塔基上覆八角形上层台基，再上为须弥座承平坐层，平坐层原设木质勾栏，今已无存，之上以仰莲座承托首层塔身。就现状看，原设计似乎就没有设置通往塔身内部的踏道。这一部分与应县木塔之基座相比，显然装饰性强于实用性。

2. 塔身

七级，八面塔身除首层塔身由仰莲座承托外，第二级至第七级塔身的外观均为檐柱立于平坐层上，平坐层外沿原施以木质勾栏，今已无存。其外檐柱由砖砌为贴壁柱外形，每面三开间，柱上施阑额、普拍枋、斗拱（均为砖质仿木），以此构成铺作层，上为塔檐。斗拱作为中国古代建筑中的重要构件，大致分唐宋式与明清式，

此塔的斗拱样式属于兼顾结构与装饰作用的唐宋式。按宋《营造法式》的制度规范，可分为转角铺作、柱头铺作和补间铺作三类。铺作层的规制为明间柱头铺作二朵，补间铺作一朵，次间不施补间铺作。斗拱均为五铺作双抄单昂计心造，拱眼壁施砖雕花纹装饰。

庆州白塔层与层之间设有外檐、平坐铺作层等的做法，也与山西应县木塔相似。各层塔身自下而上高度与面阔逐层递减，每层的明间宽度略大于次间。四个正面的明间设拱券门，门楣为双龙抢珠砖雕，左右两次间设天王浮雕。四个隅间则各层略有差异。首层明间设直棂窗，窗之上下有各色佛教题材雕饰。首层次间均雕刻舍利塔，二层四隅之明间为双舍利塔，次间各设舍利塔一，环以龙纹、飞天等雕饰；三、四层为明间舍利塔，次间侍立罗汉；五、六、七层之明间、次间均为舍利塔，而明间舍利塔衬以云纹。

值得注意的是，各层塔身内部为空心结构，但各层之间却未设楼梯，不能相通。

这似乎说明其建造之初，即专为观瞻而不考虑登临。

3. 塔檐

各层外沿铺作之上覆以塔檐，首层至六层均设腰檐，系在橑檐枋上设置柏木檐椽，砖质飞子，垂脊现覆筒瓦和瓦质脊兽装饰，屋面似乎原为板瓦、筒瓦仰合铺设的瓦面，今则片瓦无存。而顶层塔檐结构、材质大致与其下各层相似，但保存更为完整。现状为八角攒尖，上至塔刹基座，屋面覆筒板瓦，转角为垂脊二阶，上覆筒瓦，有垂兽与仙鸡等瓦饰，较明清做法为简化（按，中国古建筑屋脊兽数量因建筑的规格和体量而异，明清时期自垂兽以下以一、三、五、七、九的奇数形式排列，并有固定的顺序：骑凤仙人、龙、凤、狮子、天马、海马、狻猊、狎鱼、獬豸、斗牛、行什，因建筑等级而有多寡之别。此处塔檐的屋脊垂兽以下，仅有鸡状仙凤）。

4. 塔刹

高 14.92 米，约为总高的 1/5。刹座八边形，自下而上依次为铜质鎏金覆钵、华盖、露盘、相轮七重、火焰光、宝珠四

图 2-1　庆州白塔旧影

图 2-2　庆州白塔全景

图 2-3　庆州白塔第二、三层

图 2-4　庆州白塔塔顶、塔刹

枚，间施华盖三件收顶。其构成较应县木塔为繁复。与应县木塔等辽代佛塔习见的铁质塔刹相比，此鎏金质地塔刹的施用，旁证了其皇家敕建的尊崇地位。

（二）丰州白塔概述

丰州白塔（图3-1至3-6）的正式名称为万部华严经塔，20世纪60年代呼和浩特市东郊有村名白塔村，此塔即位于此村西南。经考古勘察，此地为古丰州城址内之西北隅。此塔原属丰州宣教寺，时称宣教寺塔，今寺毁塔存。因塔之南面首层存匾额曰"万部华严经塔"，遂以此名留存当代。塔为八角七层的阁楼式砖塔，塔内有双重梯道，可登临至顶层。早在1961年，朱希元先生发表《内蒙古呼和浩特市的两座塔》，引得学界关注。当时甚为残破，近年修葺一新。

据朱希元记录："塔为楼阁形砖塔，平面八角形，每边长6.05米，高七层，共61.45米，每层均设腰檐和平座，其形式和河北涿县智度寺塔极为近似。惟塔顶部残破甚重，塔刹现已无存。"[1] 而近年张晓东博士论文《辽代砖塔建筑形制初步研究》记载为："经1986年维修恢复为现状，塔高61.45米……"[2] 则此数据是否含维修后的所加塔刹不详，可知今天所看到的数据，还有待核准。此塔也由塔基、塔身、塔檐和塔刹四部分组成，而现状外观之平座、腰檐等均为维修后的外观，大致与庆州白塔大同小异，在此从略。

今从现有资料所知，丰州白塔与前述庆州白塔相比较，较值得注意的异同点如下。

1. 塔基的原设计似乎也没有设置通往塔身内部的踏道。这一部分显然与庆州白塔之基座相似——装饰性强于实用性。

2. 塔身这部分与庆州白塔最大的不同在于塔身内部构成：各层之间有楼梯相通，游人可以登临顶层。且楼梯设在塔心——围绕塔心柱设两条上下阶梯甬道，自塔的南北二门皆可登临，而第七层为穹庐顶塔心室。似乎除此层外，其余皆不适于布置佛堂。此不同于庆州白塔，也与应县木塔大异其趣。

塔身七层也与庆州白塔相同，但自下而上的收分甚为微小——不足半个柱径，因而在整体立面形象上，庆州白塔显得厚重雄浑，而丰州白塔却显得修长秀丽。如果以同时期辽宋两个区域的佛塔做整体性比较，似乎庆州白塔更接近"比例优雅、细节精美"的宋代建筑风格。

据朱希元先生所记，此塔传为辽圣宗时期（982~1031）初建，金代有所整修。近期张晓东等学者则根据构造结构、装饰风格以及与其他辽塔的比较，推测其建造年代大致略早于辽清宁三年（1057）。如此推论成立，可证丰州白塔与应县木塔为同一时期（应县木塔建于清宁二年，即1056年）的建筑遗存，略晚于庆州白塔。

1　朱希元：《内蒙古呼和浩特市的两座塔》，《文物》1961年第9期，第62页。

2　张晓东：《辽代砖塔建筑形制初步研究》，第156页。

图 3-1　丰州白塔旧影

图 3-2　维修后的丰州白塔全景

图 3-3　丰州白塔外景局部（塔身至塔顶）

图 3-4 丰州白塔外景局部（首层入口）

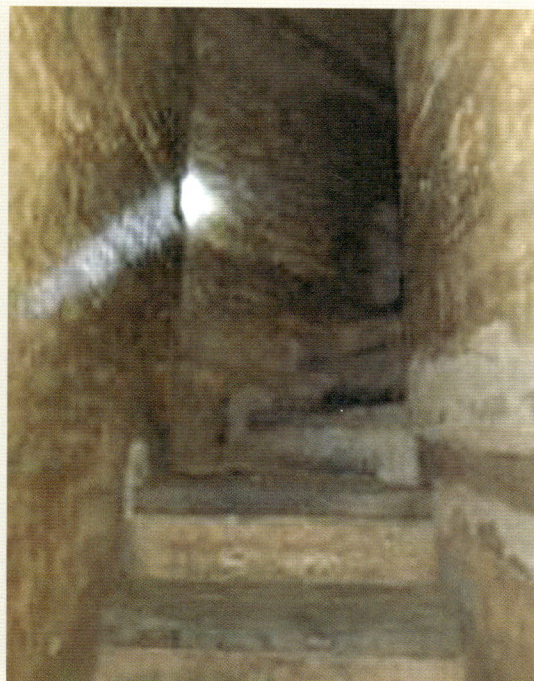

图 3-5 丰州白塔内景（楼梯）

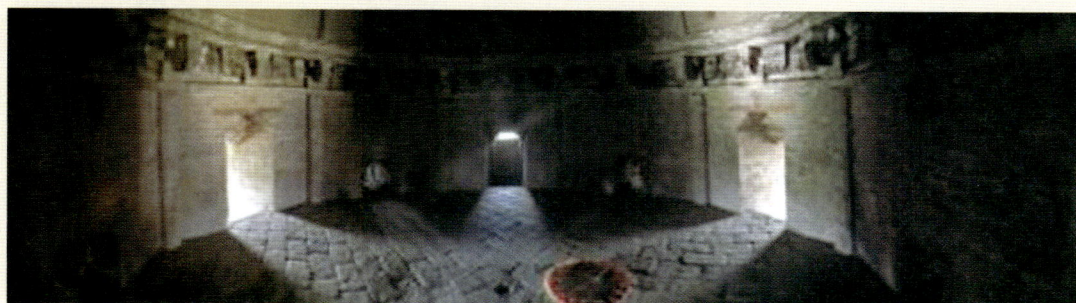

图 3-6 丰州白塔内景（第七层室内）

此三塔建造时间相距不过十年上下，都属于辽代中后期的作品。

（三）应县木塔研究与庆州白塔、丰州白塔研究

以往治学中国古代建筑历史，均以木结构建筑为主线。有关辽代建筑，有学者曾提出其时木构建筑有三个实例堪称巅峰之作："山西应县佛宫寺释迦塔是建筑技术水准的巅峰之作，蓟县独乐寺观音阁及山门两建筑以其设计严谨、制作精丽见长，而辽宁义县奉国寺大雄殿则以撼人心魄的大体量、大气势雄冠一时。"[1] 不过，如果更为全面地认识一个时代，仅仅关注辽代仅存的十几例木构遗存，甚至在这十几处遗存中仅仅关注上述三大木构杰作，显然是不全面的。因此，存世量更多的辽塔实例是必须予以重视的——这使我们认识到了辽代建筑的丰富多彩，也对作为主干的木结构建筑提供了重要旁证。

关于应县木塔，其在建筑历史研究上的意义，集中表现在陈明达先生由此对中国古建筑设计规律、手法的探求。如有关古塔立面构图问题，清末民初著名大木匠师姚承祖的《营造法原》记载："测塔高低，可量外塔盘外阶沿之周围总数，即塔总高数（自葫芦尖至地平）"[2]，即塔的周围数等于总高。此为明清的民间做法，未必合乎辽宋建筑，但揭示出古代匠师似乎善于按照平面尺度设计立面高度。由此，陈

明达经实际测量并对大量数据进行分析研究，发现应县木塔的高度是以第三层柱头面阔为基数进行设计的（见图4-1）。类似的发现还有多项，囿于本文篇幅，从略。

关于应县木塔建造之初的原貌，陈明达认为木塔现状的出檐轮廓线较设计之初有所改观（见图4-2）。因为古代木建筑的椽飞因年久糟朽，后代在修理时也常采取锯短的办法。由此反推，木塔出檐轮廓线的改动是由于木材糟朽，而同样的问题在仿木结构的砖塔上是不存在的。也就是说，庆州白塔等遗存因其仿木结构程度较高，对其做较精细的

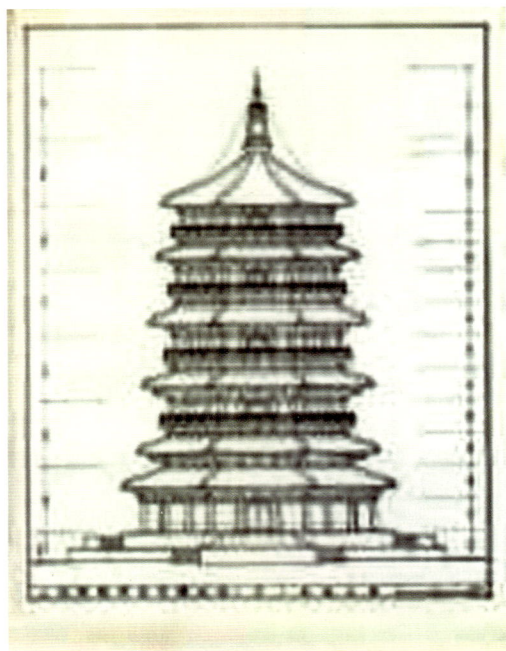

图 4-1　应县木塔测绘图
（陈明达绘）

1　温玉清、殷力欣：《天津蓟县、辽宁义县等地古建筑遗存考察纪略》（一），《建筑创作》2007 年第 7 期，第 177 页。

2　姚承祖：《营造法原》，张至刚增编，刘敦桢校阅，建筑工程出版社，1959，第 95 页。

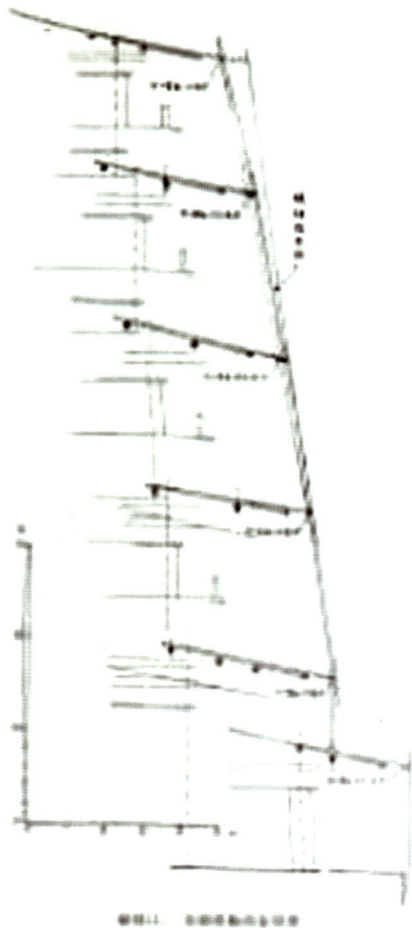

图 4-2　应县木塔出檐轮廓线复原图
（陈明达绘）

测量分析，可以大大弥补以往研究之不足。

此外，通过对庆州白塔所处辽代佛寺遗址总平面与应县佛宫寺总平面的比较，似乎可以证明"山门—钟鼓楼—佛塔—大殿"这样的平面布置，在辽代为高等级佛寺的惯常做法。

（四）庆州白塔、丰州白塔与同时期的宋塔

上述对二塔的结构与构件、装饰等的分析以及与应县木塔的比较，大致可以说明同一时期相同的技术背景。如果将此相同技术背景下的建筑造型与同时期宋代佛塔相比较，则会发现以下现象。

1.宋代佛塔的技术构成大致与辽代同类型建筑相似。

2.宋代佛塔无论地处与辽毗邻的地区，或是远在江南、巴蜀，无论平面为八边形或方形，其立面造型大多具有"自下而上收分较小"、整体形象修长优美的特点，如定州料敌塔（见图 5-1、5-2）、宜宾旧州坝白塔（见图 6）等。现存杭州六和塔（见图 7）似乎是个例外，但早在 20 世纪 30 年代，梁思成先生已经分析其现状为后世修改所致，原貌本应合乎"比例优雅、细节精美"的宋代特征。[1]

与之相比较，辽代庆州白塔与应县木塔均在造型上与宋塔大异其趣，更接近早于北宋的唐代建筑风格；丰州白塔收分较

1　参见梁思成《杭州六和塔复原状计划》，《梁思成全集》第 2 卷，第 355~370 页。

图 5-1　北宋定州料敌塔修复前
（陈明达摄于 1935 年）

图 5-2　北宋定州料敌塔现状
（殷力欣摄）

小的立面形象，则是众多辽代佛教寺塔中罕见的特例——不仿效唐风而更接近北宋境内的建筑风尚。

丰州白塔因其尚属辽构孤例，不足以颠覆以往建筑史论界关于辽代建筑远追盛唐的概观，但确属一个值得留意的历史现象。庆州白塔大致落成于公元 1049 年，而丰州白塔与应县木塔建成年代接近，大致在 1056 年、1057 年前后。这相距不到十年的时间差，显露出来一丝不甚明显的世风变化迹象。

三　庆州白塔、丰州白塔所处的时代背景与建筑活动

（一）历史背景

历史建筑的价值，不仅仅在于建筑本体，更应将其还原到它们得以产生的历史背景中去。因此，我们不妨梳理一下辽代的历史及建筑活动。

1．辽与中原政权之关系

自唐代至北宋初期，契丹人与中原政

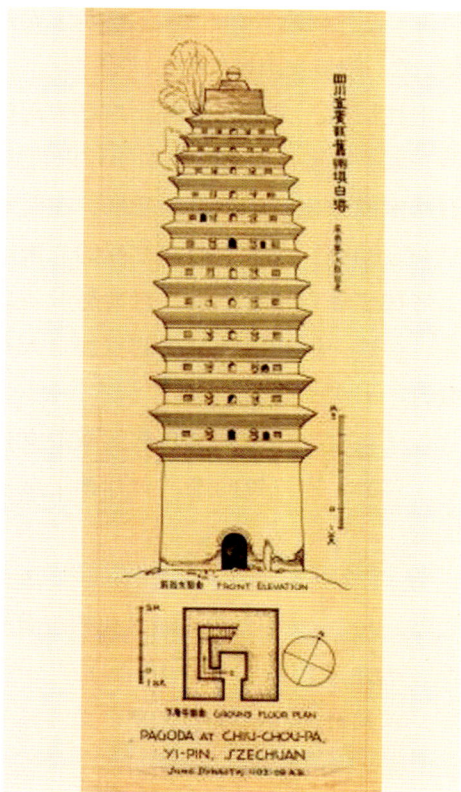

图 6　北宋宜宾旧州坝白塔
（莫宗江绘于 1942 年）

图 7　杭州六和塔图复原图
（梁思成绘于 1935 年）

权屡有战争冲突，也在长年的冲突中逐渐融合了汉文化。在五代十国时期，耶律阿保机于 907 年（是年唐为后梁取代）成为契丹族可汗，于 916 年（神册元年）以契丹为国号建立政权，神册三年（918）"诏

建孔子庙、佛寺、道观"，并于次年秋亲往拜谒孔子庙，又"命皇后、皇太子分谒寺观"[1]；太祖四年（910）"以后兄萧敌鲁为北府宰相。后族为相自此始"[2]，太祖神册六年"以皇弟苏为南府宰相……宗室为南府宰

1　（元）脱脱等：《辽史》卷一《太祖上》、卷二《太祖下》，中华书局，1974，第 13、15 页。

2　（元）脱脱等：《辽史》卷一《太祖上》，第 4 页。

相自此始"[1]，基本形成了这样一个独特的国策：皇后亲族以辽上京为中心，依契丹旧俗治理本部牧民并处理与其他游牧民族的关系；而皇族则以中京为中心，使臣民逐渐从事农耕和商贸，加大汉化步伐，以汉化的形象与中原各政权集团争胜。辽大同元年（947），辽太宗耶律德光灭后晋，改国号为大辽，进一步加快了汉化进程，如《辽史·礼志一》所记："太宗克晋，稍用汉礼。"[2]

入宋以后，辽宋之间军事冲突曾有愈演愈烈之势。然而，也正是在冲突之巅，双方取得了空前的和解，即史载"澶渊之盟"（宋真宗景德元年十二月、辽圣宗统和二十二年十二月，即1005年1月）。

《辽史·本纪十四》："十二月（辽统和二十二年）……宋遣崇仪副使曹利用请和……宋遣李继昌请和，以太后为叔母，愿岁输银十万两，绢二十万匹。"[3]

《宋史·本纪七》："（宋景德元年十二月）甲申，契丹使姚东之来献御衣食物……丙戌，遣使抚谕怀、孟、泽、潞、郑、滑等州，放强壮归农……二年春正月庚戌朔，以契丹讲和，大赦天下……壬子，放河北诸州强壮归农，令有司市耕牛给之。"[4]

上述记载，史家或可援此对辽宋两集团各有臧否评说，但有一条似乎可以肯定：随着两家或情愿或不情愿的和解，在北宋汴京与辽中京、南京、西京之间的广袤国土上形成了战事平息局面，百姓得以安居乐业，对这一时期经济文化的发展是大有裨益的。

2.《辽史》中有关契丹族政权的文化政策、宗教、建筑等问题，有几条记载值得注意：

（1）《辽史·本纪一》："明年秋（唐天复二年，902）……九月，城龙化州于潢河之南，始建开教寺"，"六年（912）……是岁，以兵讨两冶，以所获僧崇文等五十人归西楼，建天雄寺以居之"。[5]

（2）《辽史·仪卫志一》："辽国自太宗入晋之后，皇帝与南班汉官用汉服；太后与北班契丹臣僚用国服，其汉服即五代晋之遗制也。"[6]

（3）《辽史·本纪四》："（会同三年，940）十二月……丙辰，诏契丹人授汉官者

---

1 （元）脱脱等：《辽史》卷二《太祖下》，第16页。

2 （元）脱脱等：《辽史》卷四十九《礼志一》，第833页。

3 （元）脱脱等：《辽史》卷十四《圣宗五》，第160页。

4 （元）脱脱等：《宋史》卷七《真宗二》，第126~127页。

5 （元）脱脱等：《辽史》卷一《太祖上》，第2、6页。

6 （元）脱脱等：《辽史》卷五十五《仪卫志一》，第900页。

从汉仪，听与汉人婚姻。丁巳，诏燕京皇城西南堞建凉殿。"[1]

（4）《辽史·本纪四》："大同元年（947）春正月丁亥朔，备法驾入汴，御崇元殿受百官贺……二月丁巳朔，建国号大辽，大赦，改元大同。升镇州为中京……三月……壬寅，晋诸司僚吏、嫔御、宦寺、方技、百工、图籍、历象、石经、铜人、明堂刻漏、太常乐谱、诸宫县、卤簿、法物及铠仗，悉送上京。"[2]

（5）《辽史·礼志一》："太宗幸幽州大悲阁，迁白衣观音像，建庙木叶山，尊为家神。于拜山仪过树之后，增'诣菩萨堂仪'一节，然后拜神，非胡剌可汗之故也。兴宗先有事于菩萨堂及木叶山辽河神，然后行拜山仪，冠服、节文多所变更，后因以为常。"[3]

综合上述记录，可知：

第一，早在北宋建国之前，辽已逐渐融合了汉文化，所接受的是"唐—后晋"这一文化传承；第二，辽拥有大批后晋皇家工匠，具备最高水平的营建技艺。

"澶渊之盟"之前，辽代汉式佛教建筑仅有南京所属蓟州重修独乐寺等不多的实例。之后，辽代兴起了佛教建筑的建造高潮：义县奉国寺、应县木塔、大同善化寺、华严寺等，以及大量的佛教砖塔，其中极为引人注目的当数可称之为仿木结构

阁楼式砖塔杰作的上京庆州白塔与西京丰州白塔。

（二）历史背景下的庆州白塔与丰州白塔

就现有历史记载结合历史建筑遗存、考古勘察成果看辽代建筑及其审美趣味之演变历程，总体上辽西京、南京为辽宋交界地区，汉化程度最高，其次为中京、东京，而上京道则以保持契丹传统著称。

在前面历史梳理中，本文提到辽代很长一段时间皇后亲族以辽上京为中心依契丹旧俗而治，皇族则以中京为中心加大汉化步伐。但从今存辽上京辖区临潢府以西偏北的庆州白塔这样的建筑实例可知，自辽中期以来，这一带的汉化程度也是非常高的，其建筑风格极为接近同时期的西京道。

而西京道界内的丰州白塔，地理上相距西京大同府附近之应州不远，其建筑风格倒与应州佛宫寺内木塔存在审美趣味上的差异：佛宫寺木塔保持了辽国人长时间仿效唐代建筑之豪劲，而丰州白塔却更接近北宋建筑"比例优雅、细节精美"的醇和。

上述历史梳理，为我们还原了一个与以往民间传说（如杨家将故事）不一样的场景：随着辽宋两个政治集团的和解，社会由战争走向和平，不仅仅两

1　（元）脱脱等：《辽史》卷四《太宗下》，第49页。

2　（元）脱脱等：《辽史》卷四《太宗下》，第59~60页。

3　（元）脱脱等：《辽史》卷四十九《礼志一》，第835页。

边的百姓得以安居乐业，也促进了中原汉族文化与辽国草原文明之间的交流、融合。

因此，它们交界附近的山西、河北、辽宁等地产生了木构建筑杰作，如义县奉国寺大殿、应县木塔、蓟州区独乐寺等，是很顺理成章的，而大量佛教砖塔的存在，特别是今属内蒙古区域，当时更接近辽上京、中京地带的佛塔，很能说明这种文化融合在地理概念上的纵深发展，实际上也说明了其影响力已然深入民族文化层面。而且，这种交流中辽国一方具有相当大的主动性，故他们按照自己的文化取向，在美学趣味上更推崇北宋之前的唐代风尚，但随着时间推移，宋代的建筑时尚也逐渐为辽人所接受，至少从西京道界内丰州白塔之立面构图设计上可略见端倪。

（三）庆州白塔、丰州白塔和应县木塔之形象寓意

以往梁思成、陈明达等先辈对唐辽宋建筑的研究，在探讨中国古代建筑技术水平与审美趣味整体走向方面，取得了相当显著的成果，也为后学的继续研究奠定了坚实的基础。就辽代建筑而言，陈明达先生的应县木塔研究证实了那一时期建筑设计与工程技术的高水准，而梁思成先生的建筑通史述论，概要指出了辽代建筑与宋同期，但在审美趣味上更推崇唐风。

内蒙古自治区境内今存之庆州白塔、丰州白塔，间接佐证应县木塔所表现出的建筑设计手法之纯熟，在辽代治下不是孤例，而是相当普遍的建筑现象。

在证实建筑设计水平与实际建造水准的基础上，庆州白塔与应县木塔一道，证实了崇尚唐风是辽国治下的建筑审美之主流倾向。

相对于辽国境内以雄浑厚重的唐风建筑（如应县木塔、庆州白塔）为主流的建筑风格，丰州白塔在建筑结构技术上基本与主流建筑取向一致，但在整体造型上却趋向同时期两宋同类建筑造型上的"比例优雅、细节精美"。此在辽代治下地区比较少见，因而更弥足珍贵：即以艺术形象提示后人——辽人也并不一味排斥宋风，甚至在特定地区已然有很成熟的宋风建筑问世了。

结　语

以往对辽代建筑特别是对辽塔的研究多注重建筑技术与艺术风格的分析，陈明达的《应县木塔》或许是截至20世纪末这一领域所取得的最高成就。而进入21世纪以来，我们在前辈研究基础上，似乎更可探索一下不同建筑形象背后的文化内涵。

庆州白塔、丰州白塔的存在，证明了当年在辽国广袤的疆域中，无论地近辽上京、东京或南京，高水平建筑绝不鲜见。庆州白塔、丰州白塔与其他辽代建筑共同见证了一段意味深长的历史：在平息战火，走向民族和解、文化宽容的时刻，由多民族组成的中华民族创造了中华文明史上最

伟大的建筑时代；而这两座塔同在一个国度，时间上相距不远，建筑功能也基本一致，但其外在造型却分属雄浑与秀丽两种美学取向，这也是耐人寻味的。以建筑而论，丰州白塔接近宋风的建筑风格之变，也似乎是一个征兆——原本强悍尚武的辽代统治集团随着时间推移而逐渐趋向宋代之文雅，同时又未能避免重蹈宋人变文雅为文弱的覆辙。

清代土默特川平原环境印象变迁的历史考察

■ **崔思朋**（清华大学历史系）

土默特川平原[1]因蒙古族土默特部落而得名，明代以来的土默特川平原首领阿拉坦汗为俺答汗后裔，属蒙古黄金家族。早在明代，土默特川平原就已出现了汉族移民与土地垦种，以及围绕农业生产而出现的定居聚落"板升"，《万历武功录》载："先是，吕老祖与其党李自馨、刘四等归俺答，而赵全又率溧恶民赵宗山、穆教清、张永宝、孙天福，及张从库、王道儿者二十八人，悉往从之，互相延引，党众至数千，虏割板升地家焉。自是之后，亡命者窟板升，开云田丰州地万顷，连村数百，驱华人耕田输粟，反资虏用"。[2]自明中叶以至清初一段时期内，土默特川平原上的移民及板升聚落仍持续出现。民国时期编撰的《绥远通志稿》称："清太宗皇太极征元裔察哈尔林丹汗，克之，乘胜西追，远至归化城，兼定土默特部，编为二旗，领以左右翼都统，其后鄂尔多斯及山后各部，皆相继归欸，迨顺治入关，历康熙、雍正、乾隆诸朝，乃渐编定旗制，授以世爵。"[3]随着清朝对蒙古地区统治的逐步实现，开始在当地建衙设府。

清初，虽然制定了较为严苛的"蒙禁"政策，但官方及民间自发的移民及土地开垦导致"蒙禁"政策在土默特川平原上并未得以贯彻始终的执行。尤其是准噶尔部叛乱后，土默特川平原的战略地位更

1　土默特川平原：也被称为"前套平原""呼和浩特平原"或"土默川平原"，从地理位置来看，土默特川平原西起包头市郊区东乌不拉沟口，北靠大青山，东至蛮汉山，南临黄河及和林格尔黄土丘陵。大体上相当于今日内蒙古自治区的呼和浩特市与包头市的部分地区。其基本自然环境状况是西部地势较高东部偏低，平均海拔在 1000m 上下，区域内河流水系虽较发达，但也属半干旱区，降水量（240~395mm）小，蒸发量（2000~2600mm）大，无霜期 130~185 天。本区属于温带大陆性气候，四季分明，雨热同期。本区域植被带有明显黄土高原植被特征，处在夏绿阔叶林向荒漠区过渡地带，植被以油蒿、籽蒿、沙鞭、锦鸡儿等植物为主。土壤以栗钙土为主，在沿黄河等河流经过地区也有黑钙土及黑垆土等，土壤较肥沃。这种自然条件能够满足部分耐寒耐旱作物的生长需求，如小麦、玉米、胡麻等作物。（参见周清澍主编《内蒙古历史地理》，内蒙古大学出版社，1994，第 229 页。）

2　（明）瞿九思：《万历武功录》卷八《中三边二·俺答汗传下》，载薄音湖编辑点校《明代蒙古汉籍史料》第四辑，内蒙古大学出版社，2007，第 79 页。

3　民国《绥远通志稿》第一册卷一上《省疆域沿革》，内蒙古人民出版社，2007，第 65 页。

加凸显，逐渐成为征伐噶尔丹的前沿阵地和粮食征集与存储地。因而自康熙中后期以来，此地移民及土地开垦因政府主导而逐渐被提上日程。可见，至少在康熙初期，"蒙禁"政策就已遭到官方破坏，即"为了军事的目的奖励开垦，由中国本部来的汉族农民进入此地区（后套）"。[1]此外，边地招垦在清初就已出现，如晋北山阴县，"清初，何玉相，沈阳人，山阴知县，召民开垦荒田四百四十余顷，履亩劝课，岁倍收获。屯田累民，力请给军分种，邑人至今感德不衰"。[2]土默特川平原也成为清代早期口外开垦的地区之一，且农业发展迅速，也被称为蒙古草原上的"米粮川"。[3]由牧向农的转变也导致清人对土默特川平原的环境印象发生了深刻变化，这在清人对当地环境印象的记述中已有所体现，也即由以牧业为主的环境印象向以农业为主的环境印象过渡，随着移民及土地开垦的逐渐深入，以农业为主的环境景观格局逐渐稳定并长期存在下来。

一　明代及清初土默特川平原草原与田园环境印象记述

　　明代以来，土默特川平原的自然景观就已开始发生变化，主要表现在草原被开垦为耕地或人为景观建设，自然景观也由以草原自然环境为主逐渐向人为塑造的景观过渡，由牧向农过渡所造成的自然景观变迁在清代表现得最为显著，并奠定了今日土默特川平原的环境景观格局基础。

　　在明代，土默特川平原上的农业主要存在于板升聚落之内，根据邢莉等的考察，明代来到土默特川平原上的汉族移民包括：①因灾害严重而逃亡蒙古地区的农民；②有不满明朝黑暗统治而逃逸的屯田士兵；③民间组织白莲教的起义者；④俺答汗掠夺的汉族人口等。[4]上述四类汉族移民中尤以第四类人口数量最大，仅就明代汉人赵全投靠蒙古之后帮助掠夺山陕地区的汉人而言，其掠夺在千人以上的记载就有多次，如嘉靖三十六年（1557），"杀掳男妇八千余口"；三十八年（1559），"由潘家口进入，抢掳蓟镇遵化等县村落，杀掳男妇一万余名口"，六月，"杀掳军民男妇八千二百余名口"；三十九年（1560），"从拒墙堡进入，直抵山西雁门关内崞县等处，攻毁堡塞一百余处，杀掠男妇万余名口"；四十一年（1562），"杀抢墩军并各堡男妇共一千六百余名口"，"刘天麒节将抢掳人口并召集叛逆汉人管领二千

1　西北研究所编著《后套（五原、临河）概况》，张晋钺译，内蒙古图书馆藏稿本，第11页。

2　光绪《山西通志》卷一〇九《名宦录八·守令·国朝顺治康熙·何玉相》，光绪十八年刻本，第35页。

3　周清澍主编《内蒙古历史地理》，第229页。

4　邢莉、邢旗：《内蒙古区域游牧文化的变迁》，中国社会科学出版社，2013，第96~97页。

余名口"；四十二年（1563），"管领叛逆并召集被掳汉人一万余名口"；四十五年（1566），"抢杀男妇二千余名口"。再如隆庆时期，元年（1567），"杀掳男妇万余名口"；三年（1569），"杀掳男妇及仪宾王廷枢等二千余口"；四年（1570），"节年抢掳汉人并招集叛逆白莲教人等约一万余名"；等等。[1] 对于被掳来之人，"赵全等人似又将部众割为大板升十二部，小板升三十二部，多者八九百人，少者六七百人，各有头领"；"经过十五六年，丰州川已经有汉人五万余人，蒙古二千余人"。[2] 此外，赵全等人也在土默特川平原上组织城市等聚落建设，如明嘉靖四十五年（1566）三月，"（赵）全与（李）自馨、（张）彦文、（刘）天麒等，遣汉人采大木十围以上，复起朝殿及寝殿，凡七重，东南建仓房凡三重，城上起滴水楼五重，会画工绘龙凤五彩，艳甚。已，于土堡中起大宅一所，大厅凡三重，门二，于是题大门曰石青开化府，二门曰威震华夷。已，建东蟾宫、西凤阁凡二重，滴水土楼凡三座。亦题其楼曰沧海

蛟腾，其绘龙凤亦如之"。[3] 明代出现的这些板升及城市聚落建设都体现出人对自然环境的改造利用，成为当地环境景观格局的一部分。

明代蒙古族在一定程度上已经开始接受并发展农业，明代板升聚落中也会饲养一些家畜，如"鸡、豚、鹅、鸭皆其所无，惟板升诸夷稍有之野产之物"。[4] 色音在论述明代蒙古诸部与农业之间的关系时也指出：由于以君王贵族为首的统治阶层的谷物消费由被占领地区提供，因而导致了具有短期复苏性质的农业遭到进一步削弱。但是，也有些蒙古族牧民因占有畜群较少及贫困或中等水平以下的牧民一直坚持不放弃农业。[5] 此外，蒙古地区农产品也是游牧社会生活中的必要消费品，如其衣食，"食兼黍谷，衣杂缣布"。[6] 蒙古地区的农产品消费主要在宫廷和军队之中，在蒙古草原上也有一些牲畜较少的贫苦牧民从事种植业，通过耕种土地获得粮食以补足食物。因此，板升在草原地区是半农半牧聚落，表面意义是对游牧经济的补充，但深层意义则是"汉夷"的过程，即汉族与蒙

1　（明）佚名：《赵全谳牍》，载薄音湖、王雄编辑点校《明代蒙古汉籍史料汇编》第二辑，内蒙古大学出版社，2000，第110~115页。

2　乌云毕力格主编《内蒙古通史：明朝时期的内蒙古地区》（第四卷），人民出版社，2011，第163页。

3　（明）瞿九思：《万历武功录》卷七《中三边一·俺达列传中》，第71~72页。

4　（明）萧大亨：《北虏风俗·食用》，明万历二十二年刻本，第20~21页。

5　色音：《蒙古游牧社会的变迁》，内蒙古人民出版社，1998，第2~3页。

6　（明）岷峨山人：《译语》，载薄音湖、王雄编辑点校《明代蒙古汉籍史料汇编》第一辑，内蒙古大学出版社，1994，第225页。

古族血缘的混同。[1]

此外，明朝为防止蒙古骑兵南下侵扰而大修长城并在蒙汉接触地带大兴屯田，对于明时汉蒙接触地带的农业生产，庞尚鹏指出："臣自永宁州（属太原）渡河西入延绥，所至皆高山峭壁，横亘数百里，土人耕牧锄山为田，虽悬崖偏坡，天地不废，及至沿边诸处，地多荒芜。"[2]明长城修筑后，"边外漠南地区数百里内原来的草原被开垦为农耕地，且长城内原来优良的草场也未免于难，也成为了农区"[3]，以致出现"即山之悬崖峭壁，无尺寸不垦"[4]的农业生产景观。因此，明朝对抗蒙古的政策也一定程度上促进了蒙古草原（尤其是南缘长城沿线）的农业发展与定居聚落的出现。

明代蒙古草原的农业生产主要分布在土默特川平原上，且以板升农业为主，就此，《九边图说》载："大边之外即为丰州，地多饶沃。先年虏虽驻牧，每遇草尽则营帐远移，乃今筑城架物，东西相望，咸称板升，其所群聚者，无非驱掠之民与夫亡命之辈也。"[5]因此，明代土默特川平原上就已出现了带有农耕社会性质的景观格局。

然而值得注意的是，虽然明代就已出现了汉族农民聚居的板升聚落及农业景观，但明代的移民及土地开垦程度并不深入，如《北虏风俗》所载："但其耕种惟藉天，不藉人。春种秋敛，广种薄收，不能胼胝作劳，以倍其入。所谓耕而卤莽，亦卤莽报予者非耶？且也腴田沃壤，千里郁苍，厥草惟天，厥木为乔，不似我塞以内，山童川涤，邈焉不毛也。"[6]

因此，明代及清朝初期的土默特川平原上仍有大面积草原自然景观，虽然出现了一定面积的已垦土地及人为景观建设，但自然环境的整体状况仍较良好，这一情况一直持续到清朝前期。康熙二十七年（1688）五月，张鹏翮、钱良择等人出使俄罗斯途经土默特川平原时，对当地（归化城周遭地区）的自然环境及社会生活情况做了记录。十五日，张鹏翮记：

> 石峰耸峻，涧水绕流，桦木敷荣于山阿，喜鹊翔集于条枝。俄而双雁嘹呖，若告我以塞外奇观也。红花盈畴，远望如锦茵，……又二十里，……遍野有花，如牛

1　曹永年：《阿勒坦汗和丰州川的再度半农半牧化——阿勒坦汗研究之一》，《内蒙古大学学报》（哲学社会科学版）1980年第 Z1 期，第 132~143 页。

2　（明）庞尚鹏：《清理延绥屯田疏》，载（明）陈子龙等编《明经世文编》卷三五九，中华书局，1962 年影印本，第 3874 页。

3　赵珍：《清代西北生态变迁研究》，人民出版社，2005，第 99 页。

4　（明）庞尚鹏：《清理山西三关屯田疏》，载（明）陈子龙等编《明经世文编》卷三五九，第 3874 页。

5　（明）霍冀：《九边图说·大同镇图说》，载《明代蒙古汉籍史料汇编》第二辑，第 37 页。

6　（明）萧大亨：《北虏风俗·耕猎》，载《明代蒙古汉籍史料汇编》第二辑，第 245 页。

赖子，丛生并开，蕊红而花白，微香，根臭，名曰小人草。[1]

钱良择记：

轻阴微雨，道旁红花布地，黄花间之，烂若披锦。红者五出双瓣，有花无叶；黄者类金钱菊。尤多薄荷、蒿艾，香随马蹄。……山尽处，憩水边树下。草特肥茂，纵马饱食。有垂钓者，水急不能得鱼。[2]

可见，当日张鹏翮等人途经土默特川平原时草木植被种类多样、生长繁茂，并无明显的土地开垦与人为改造建设痕迹，野花与杂草交错分布、野生动物与饲养动物游食其间，呈现一片和谐的生态景观。十六日，张鹏翮记：

过清水河，驻昌河儿托诺。……是日，溪边始见小鱼如指，游泳藻间。蒙古帐外有场圃，稚子以木臼春炒糜子，取山木为薪。[3]

钱良择记：

数里内外，绝无土著一人，无由询其地名。自城以北，地多辟垦，颇饶耕具。又二十余里，道傍有河，流水澄澈，中多白石，磷磷相错。……十余里，陟峻岭，……过岭，地皆黄沙，路稍平而甚窄。满山夹道，乱树蒙茸，其巅多桦，其麓多榆，草尤青葱翠，其高及膝。[4]

此日张鹏翮等人途经的清水河（其地理位置参见图1所示）位于土默特川平原南部地区，当地也因有清水河流经而得名"清水河县"，是内地人越过长城前往土默特川平原最先行抵之地。从移民及土地开垦的角度加以考察，清水河县较土默特川平原其他区域的开发时间更早、开发程度也更深入。张鹏翮等人记述的"数里内外，绝无土著一人""地多辟垦，颇饶耕具"等景象也都表明该时期清水河县及毗邻地区的农业生产较为普遍，但人口及定居聚落却稀疏分布，通过对历史上清水河县村落形成情况的考察也可以对这一地区的农业景观加以了解，根据对《内蒙古自治区地名志》中乌兰察布盟（市）、呼和浩特市等分册的统计，明代及以前各代形成并延存下来的村落有75处（其中明代61处、明代以前14处）、清代形成并延存下来的村落有52处（其中顺治时期6处、康熙时期21处，计27处，占

---

1 （清）张鹏翮：《奉使倭罗斯日记》，载毕奥南整理《清代蒙古游记选辑三十四种》上册，东方出版社，2015，第9~10页。

2 （清）钱良择：《出塞纪略》，载毕奥南整理《清代蒙古游记选辑三十四种》上册，第47页。

3 （清）张鹏翮：《奉使倭罗斯日记》，第10页。

4 （清）钱良择：《出塞纪略》，第47~48页。

村落总数的52％），对比明代及以前各代清水河县与土默特川平原其他区域[1]形成并延存下来的村落数量可以发现，该时期清水河县的村落数量占到土默特川平原形成村落总数的44.6％。[2]因此，透过44.6％的比重也可以看出明代清水河县移民聚居及农业开发程度较之土默特川平原其他地区而言更深入，但所形成并延存下来的村落数量较少则导致人口及聚落稀疏分布。

十七日，张鹏翮记：

> 此二日所见蒙古皆有土屋，能种燕麦糜子。……又二十里，次甘察莫都。夹水列帐，部伍整齐，牧马平地。蒙古二百人防圈外。[3]

钱良择记：

> 马首北向，土平而沃，有能种麦，不知其何时始获也。……又二十里，屯于归化城东南可十五里。水边路侧，颇多土室。[4]

十九日，张鹏翮对归化城外所见景观记：

> 此方山围秀而寡木，水浅狭而鲜鱼。厥土瘠卤，厥产马驼牛羊，人短小而轻捷善骑射，其性然也。以酪为浆，以肉为食，盛夏着裘而敝垢。[5]

此三日张鹏翮等人所见土默特川平原景观仍是草原与田园交错分布、农人与牧人同处一地生存，但当地自然环境整体状况仍较良好，已开垦的耕地肥沃且能种各类作物、草原植被繁茂能饲养各类牲畜。

从以上张鹏翮与钱良择记述在土默特川平原上数日途经地区所见的自然环境及社会生活情况可知，康熙时期土默特川平原的植被覆盖仍较好，畜牧业与农业虽交错分布，但景观仍以草原自然环境为主，虽然出现了耕地，但也存在大量单纯从事游牧生产及生活的人。康熙二十八年（1689）六月二十日，张诚对归化城西北十余里处的草原自然景观记述道：

> 我们在一望无际的大草原上

1　除清水河县外，明代及以前各代土默特川平原其他各区域形成并延存下来的村落共计93处，分别为：呼和浩特市郊区35处（明代以前4处、明代31处）、和林格尔县13处（明代以前5处、明代8处）、土默特右旗3处（明代以前2处、明代1处）、土默特左旗8处（明代以前1处、明代7处）、托克托县24处（明代以前7处、明代17处）、武川县10处（均为明代）。

2　崔思朋：《以农易牧：清前期土默特川平原环境变迁研究》，硕士学位论文，中国社会科学院研究生院，2018，第66~68页。

3　（清）张鹏翮：《奉使倭罗斯日记》，第10~11页。

4　（清）钱良择：《出塞纪略》，第48~49页。

5　（清）张鹏翮：《奉使倭罗斯日记》，第13页。

扎营，仅东北方向远处可看到一些小山丘。平原上流淌着一条小河。水极凉，是从附近土地的硝石里流出来的。地上出现了烟硝，灰白色，非常咸，它使牧草特别适合饲养牲畜。我们的骆驼和马贪婪地在那里吃着。在整个路程，我们翻越了不过二三个小山，它们的坡度很小。此外，所有的道路都在很好的平原上，平原上布满了绿草，现在只缺一点耕地。这天旅行中，我们未见树和灌木。但在一条小溪附近的一块平原上发现了两三个蒙古包，这里的牧场很好。[1]

可见，清初归化城附近草原自然环境仍然较好，且植被繁茂。草原上并未见到开垦的土地，零星分布的蒙古包也表明当地是以游牧生产及生活为主，移民及土地开垦的步伐尚未进入这一地区，且还有相当面积未被开垦的草原。

然而值得注意的是，土默特川平原上的沙漠景观在 17 世纪末也已出现，康熙二十八年（1689）六月十日，张诚在前往归化城途中见到一处沙漠景观并对其记述道：

我们至多旅行了五十里，仍向西，稍转向北。像昨天一样在同一个平原上走了约三十里以后，我们翻越了一些小山，剩余的路程或是在高山上，或是沿着一些狭窄的山谷进行，在多数的山谷中都找到了小河。在这些小河中，最远的一条河边，我们不得不扎营，因为我们得知，离这条小河周围相当距离之内将找不到水，这个地方叫做三尼山（也称"苇子沟"）。我们途经的这个区域简直就是沙漠，无树也无人居住。[2]

这一沙漠景观位于土默特川平原偏东南地区，位于清水河与和林格尔交界一带，但从其叙述方位及地理环境特征来看，更偏于清水河县。此地区虽有清水河流经，但水资源也较缺乏，属于内陆干旱区，素有"有河不成系"的说法。当地地处黄土高原区，多丘陵沟壑，河川谷地甚少，土层薄而稀松，大部分为黄沙化土。[3]这一地区较贫瘠的自然条件导致当地自然环境在开发利用过程中极易遭到破坏，破坏后又很难恢复。此外，清水河地区移民及土地开垦时间较早，在明代就已出现较成规模的定居聚落及农业生产，这对当地自然环境恶

1　〔法〕张诚：《耶稣会士、法国传教士张诚鞑靼旅行记》，刘晓明、王书健译，杨品泉校，载中国社会科学院历史研究所清史研究室编《清史资料》（第五辑），中华书局，1984，第 110 页。

2　〔法〕张诚：《耶稣会士、法国传教士张诚鞑靼旅行记》，第 98 页。

3　内蒙古自治区地名委员会编《内蒙古自治区地名志·乌兰察布盟分册》，内部刊印，1988，第 459~461 页。

化产生了直接影响。但根据张诚的记述，沙漠景观也只是零散分布于土默特川平原的部分区域，在更广阔的区域里则仍是以草原自然环境为主。如在此后一天（11日）行进途中，张诚对所见自然景观记述道：

> 上午九时，我们翻越了几座相当高的山，我们走的大路大部分都是穿过了峡谷，或者是越过了一些小平原。今天我们既看不到房屋，也看不到树木，更看不到任何一块土地。我们在一个叫阿托和的小平原上扎营，那有一条小河和丰美的牧草。下午三四时许，我们见到了一些黄羊，虽然我相信中国人称之为黄羊的动物与小羚羊有点像，但是我认为是一种在欧洲闻所未闻的动物。它们一群都是一两千只，但却完全是野生的。因为如果他们发现有人来，虽从不跑得很远，但是也要逃生。[1]

可见，沙漠景观在清初土默特川平原上极少出现，并未遇到一连数日所途经地区都是连成片的沙漠景观，张诚在连续两天内所见到差别显著的自然景观则表明清初土默特川平原的环境类型多样，且植被覆盖较好的草原自然景观更为常见。此外，这一日张诚所途经的土默特川平原上存在成群的黄羊也从一个侧面反映出当时这一地区的人类活动尚未严重破坏野生动物的生存环境。

二　以农易牧与清中前期土默特川平原环境的变迁

清朝成立之初，推行了严格的封禁蒙古政策，顺治十二年（1655），清政府颁布禁令，"题准各边口内旷土，听兵垦种，不得往口外开垦牧地"。[2] 并划定隔离地带，即"我朝设立中外疆域，于各县边墙口外直北禁留地五十里，作为中国之界"。[3] 根据清政府的规定，隔离带内不能进行农耕或游牧，但在土默特川平原上也出现了官方组织下的移民及土地开垦，民间私自移民及土地开垦也时有出现。据《绥远通志稿》载：康熙十二年（1673），"察哈尔右翼四旗空闲官地尽辟，生聚日众，乃置丰川宁朔二卫，镇宁、怀远二所于其地，以资捍卫"；此外，康熙时期出现的"公主地"也遭到放垦，即"清公主以下嫁外蒙贝子，路径归化城，公主爱其地土田肥沃，

1　〔法〕张诚：《耶稣会士、法国传教士张诚鞑靼旅行记》，第 99 页。

2　光绪朝《钦定大清会典事例》卷一六六《户部·田赋·开垦》，载昆冈等编《大清会典》（第 9 册），台北新文丰出版公司，1976 年影印本，第 7269 页。

3　道光《榆林府志》（上册）卷三《舆地志·疆界·边界》，上海古籍出版社，2014 年点校本，第 56 页。

水草丰美，遂留居焉。朝廷发国帑，于归化城相地建筑府邸。土默特旗奏请效纳公主地亩数千亩，以资垦牧。即今所谓四村水地者是也，稽之旗志所载垦地，此为最初报垦之田焉"。[1]

根据土默特川平原的特殊地理位置及地形条件，山陕地区之人出塞来到土默特川平原所需经过的关隘有所不同。陕西位于黄河"几字湾"以内的南部地区，向北可越过长城进入鄂尔多斯地区，但若想继续向东北进入土默特川平原，则需要渡过黄河，因而形成了沿黄河"几字湾"东侧流域分布并呈南北走向的各个"渡口"；而山西位于黄河"几字湾"东侧，黄河在山西西侧南流，并在山西南部折向东流，因而山西大部分地区之人可直接向北越过长城进入土默特川平原，形成了沿长城一线分布的各个"关口"，据《新修清水河厅志》的绘制，清代由山陕地区进入土默特川平原所需经过的各"渡口"及"关口"如图1所示。

至清朝用兵准噶尔时，"内地民人多有随大军而沿兵站大路西入河套，从此套内地户较前增多"。[2]随着清准之间战争的持续，清政府向土默特川平原及毗邻地区的移民及土地开垦也更加深入，清政府也由此而制定了新的移民及土地垦殖政策，如康熙三十年（1691）十二月：

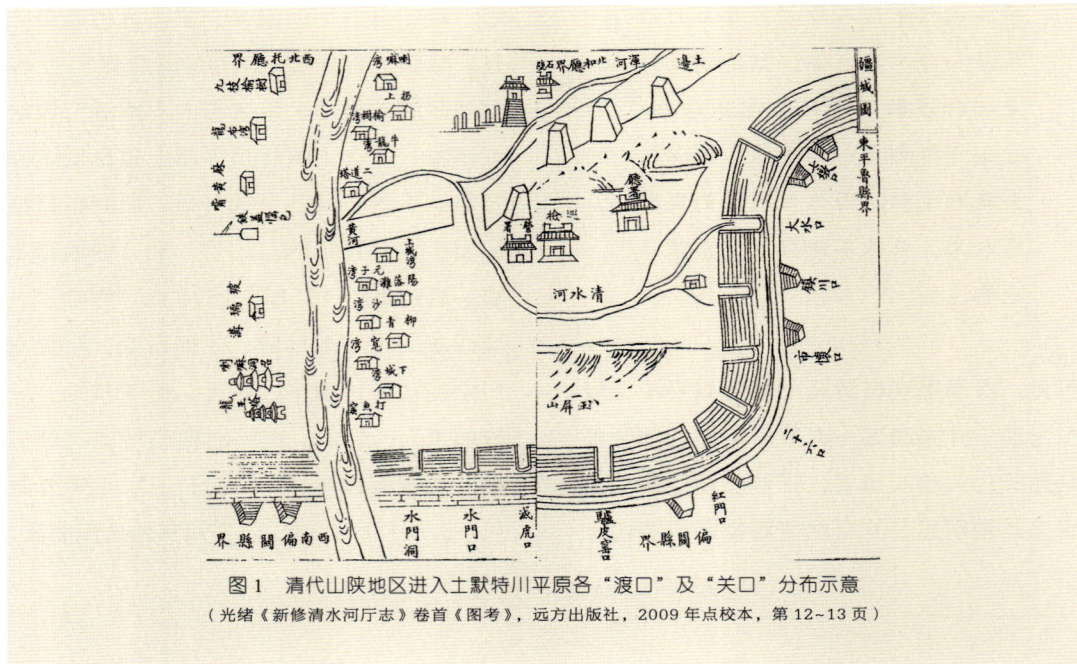

图1　清代山陕地区进入土默特川平原各"渡口"及"关口"分布示意
（光绪《新修清水河厅志》卷首《图考》，远方出版社，2009年点校本，第12~13页）

1　民国《绥远通志稿》（第五册）卷三八上《垦务·历代实边农垦沿革》，第177~178页。

2　廖兆骏：《绥远志略》，正中书局，1937，第16页。

理藩院题归化城一带地方耕牛，八旗内佐领两人共助一牛。其未耡等项，俱移文山西巡抚预备。上谕曰：所用耕牛，不必令其帮助，即于御厂内牛取用。未耡等项，若令巡抚制备，将仍委之属吏，一委属吏，必致累民。其铁器著支用库银制造，从驿递运送边外。木植甚多，其木器即于彼处制用。夫农田者，人生之根本，朕凡所至之地，先察其土田。边外耕种，必培护谷苗，使高其垄，此皆由土性寒而风又凛冽之故。不如此，则谷苗不能植立矣，内地之田，其垄不高，各处耕种不同者，皆随其地土之宜也。[1]

可以看出，清政府已经认识到土默特川平原自然环境及气候条件与内地相比而言是存在较大差异的，并在此认识基础上，对当地农业生产提出了因地制宜的耕作制度。康熙时期，土默特川平原的农业人口也开始迁徙到其他地区进行土地垦种，如康熙五十七年（1718），甘肃巡抚绰奇疏报："金塔寺地方，安插民人三十五户，西吉木地方安插民人二百七十户，达里图安插民人五百三十户，锡拉谷尔安插民人一百六户，俱经盖造房屋，分拨居住，耕种地亩收粮"。[2] 同年（1718），议政大臣等议覆靖逆将军福宁安疏言："西吉木设立赤厅卫，达里图设立靖逆卫，各添设卫守备一员；锡拉谷尔设立柳沟所，添设守御所千总一员，再添设同知通判各一员，兼管二卫一所。"[3] 可见，康熙时期的土默特川平原已成为更广阔区域内土地垦种的劳动力输出地。

因此，综合本处所叙述顺康时期土默特川平原的移民与土地开发，及前文所述张鹏翮、钱良择等人有关当地康熙时期的环境印象记述不难看出，至康熙末年，土默特川平原上的农业及定居聚落已有所发展，这也导致清人对土默特川平原的环境印象中增添了新的内容。进入 18 世纪后，土默特川平原上的此类环境景观更是普遍出现，如康熙五十八年（1719），范昭逵途经土默特川平原时记述道："（归化城）城广二里许，地颇肥饶，人皆朴野。牛羊骡马，贸易中外"；自归化城西北行，也是"一路野草青葱，凉风气爽"的景观。[4] 范昭逵继续记述道："地临河套，取水甚易。途中已见土方村落，鸡犬闲闲，系归化城所辖之土默特，虽属蒙古，而气象大殊，

1 《清圣祖实录》卷一五三，康熙三十年十二月丙戌，中华书局，1986 年影印本，第 695 页。

2 《清圣祖实录》卷二七七，康熙五十七年二月戊子，第 717 页。

3 《清圣祖实录》卷二七七，康熙五十七年二月己丑，第 717 页。

4 （清）范昭逵：《从西纪略》，载《清代蒙古游记选辑三十四种》（上册），第 124 页。

且闻鸟啼山树，并非聒聒鸦声。故乡风景已在心目间矣。"[1]

至雍正时期，受清政府"借地养民"政策的影响，向口外移民及土地开垦更为普遍，雍正元年（1723），谕户部："国家承平日久，生齿殷繁，将来户口日兹，何以为业，惟开垦一事，于百姓最有裨益。……嗣后各省凡有可垦之处，听民相度地宜，自垦自报，地方官不得勒索，吏胥亦不得阻挠。至升科之例，水田仍以六年起科，旱田以十年起科，著著为定例。其府州县官能劝民开垦地亩多者，准令议叙，督抚大吏能督率各属开垦地亩多者，亦准议叙。"[2]这一时期土默特川平原上也出现大量的定居汉人，雍正元年（1723），丹津因"商民为建生祠，奏请改建文庙，设立左右翼学，增设理事同知，招商劝民，教养兼备，为商贾十二行，及农圃各村庄垦种之始"。[3]这处商民即为土默特川平原上的定居汉人。至雍正三年（1725），包头地区出现"内地商民赖此贸易者，在西水沟今城内西水沟搭帐房居住"[4]的局面。雍正十一年（1733），"官田自张家口至归化城七百余里，在山谷弯曲处俱耕种田地，

民人建窑携妇孺一并居住，且无票证之人耕田居住者甚多。详细访查，自雍正五年（1727）著妇孺相继居住，每年增垦田亩耕种，准无票人等一并居住，种田时复雇工。逾规定法纪耕田，开烧锅、盗贼之事，仍有发生"。[5]雍正十一年，方观承随军出征准噶尔时对所见土默特地区社会状况也记述道："自张家口至山西杀虎口，沿边千里，窑民与土默特人咸业耕种，北路军粮岁取给于此，内地无挽输之劳"；"近归化城有遮勒得沟，东西长二十余里，山高树密，中多雉，鹿呦鸣，雏集不惊过马"。[6]可见，雍正时期的土默特川平原已经带有显著的农业社会特征，是草原与田园具存的景观格局，但当地自然环境整体状况较好。

至乾隆时期，移民及土地开垦的范围更广泛，逐渐深入到原本禁垦的牧场及大青山等地（如图2所示）。乾隆二十三年（1758），参领达西拜赞佐领下察苏齐村蒙古村村头阿必达、达升、旺扎尔、甘珠尔、宋堆等呈文与大臣等就当地私垦土地等事奏报归化城都统指出："自户司禁止民人于本村所属和济图、西里等山各内种地之后，

1　（清）范昭逵：《从西纪略》，第146页。

2　（清）黄辅辰编辑《营田辑要·内篇上》，同治五年刻本，第39~40页。

3　咸丰《古丰识略》卷二八《官绩》，载王静主编《清代蒙古汉籍史料汇编》（第一辑），内蒙古人民出版社，2017年点校本，第80~81页。

4　民国《包头市志》卷一《地方史·编年大事表》，远方出版社，2011年点校本，第9页。

5　《巡察游牧等处兵部员外郎刘格奏报边外耕田等情形折（雍正十一年二月二十四日）》，载中国第一历史档案馆译编《雍正朝满文朱批奏折全译》（下册），黄山书社，1998，第2172~2173页。

6　（清）方观承：《从军杂记》，载《清代蒙古游记选辑三十四种》（上册），第157页。

图 2　清后期土默特川平原北部大青山地区的聚落及建筑群分布示意
（光绪《绥远旗志》卷一《疆界》，远方出版社，2012 年点校版，第 103~104 页）

又饬令该村头等不时查巡，不准耕种，我等奉照查勘，且民人等仍于和济图、西里等处种地，即经劝告，全然不予理睬。我等不敢隐瞒此情，为此呈告。"[1] 乾隆三十五年（1770），牧场内土地垦殖愈加兴盛，镇守绥远城等处地方将军衙门咨行归化城副都统衙门称："右卫空出五旗牧场地方，如何另定租银之处，俟会同山西巡抚、绥远城将军核实奏报移咨之时，再行办理等因，咨文在案。"[2] 可见，乾隆时期土默特川平原上那些原本严格封禁的牧场及大青山也遭到了开发，出现了大量的耕地及人为土地改造建设景观。

由图 2 可以看出，清代归化城（绥远城）以北大青山一带的山地沟谷中业已出现大量村落、召庙等建筑群，尤其是以农业为主的村落分布最广，几乎在各主要山沟中都有分布，这也从一个侧面体现出清代移民及土地开垦的范围已深入大青山地区。

此外，清前期土默特川平原上也形成大量定居村落，据统计，土默特川平原上清代形成并延存下来的村落有 1540 处。[3] 若以清朝中期及以前为清中前期，那么该时期形成的村落共有 886 处，年均建村 5.8 处，占全部村落的 57.5 %；而清后期形成的村落共有 437 处，年均建村 3.74 处，占

1　土默特左旗档案馆藏《齐苏齐村长阿比达等为村民仍有在西里等山谷耕种事呈文归化城都统》（满文），第 77 卷，第 168 号，安双成译，张玉校对，乾隆二十三年五月三日。

2　土默特左旗档案馆馆藏《绥远城将军衙门为知照本年十月二十九日起赵新甸子等处会同山西巡抚，查办土地游牧，以便右卫闲出五旗游牧令定租银事咨文归化城副都统》（满文），第 77 卷，第 185 号，赵志强译，吴元丰校，乾隆三十五年十月二十八日。

3　清代土默特川平原形成并延存下来的村落时间及数量分布为：清朝初期 120 处、顺治朝 17 处、康熙朝 158 处、雍正朝 36 处、乾隆朝 545 处、清朝中期 10 处、嘉庆朝 47 处、道光朝 51 处、咸丰朝 53 处、同治朝 47 处、光绪朝 183 处、宣统朝 13 处、清朝末期 43 处、建村时间不详 217 处，合计 1540 处。

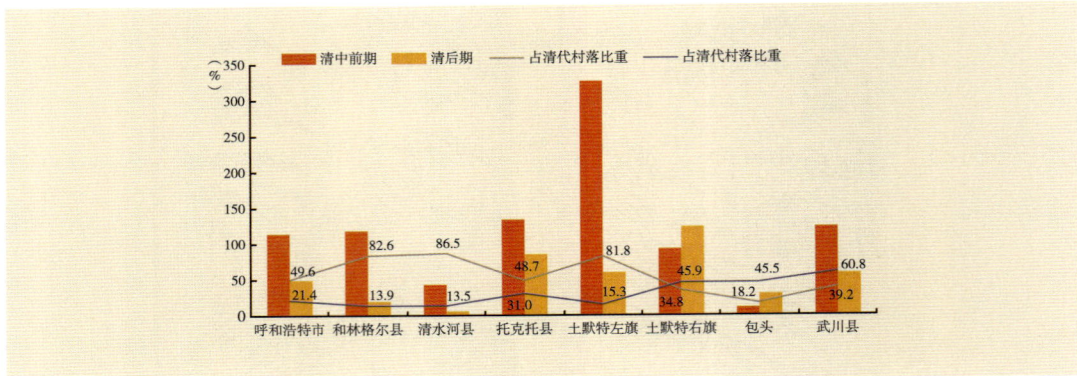

图 3　清中前期与清后期土默特川平原形成村落数量及比重分布
（崔思朋：《以农易牧：清前期土默特川平原环境变迁研究》，第 67 页）

全部村落的 28.4 %；其中有 217 处村落形成时间不明，占全部村落的 14.1 %。姑且将这 217 处形成时间不明的村落搁置一旁，通过这一数据对比也可以明显看出，清中前期土默特川平原已形成近九百处村落，该时期所建设村落占整个清代村落总数的半数以上，且还未将那些已荒废的村落统计在内。[1] 将清中前期与清后期形成村落数据比重置于柱状统计图中，如图 3 所示。

由图 3 可以看出，清中前期土默特川平原形成村落数量较多，且在各地区分布较均匀，这都表明清中前期土默特川平原移民定居及土地开发程度是较深入的。农业人口的大量出现对土默特川平原定居村落形成的影响至为关键，且当地人口数量也在不断增长，到乾隆七年（1742）时的情况是："土默特蒙古两旗原设二十个佐领，嗣后生齿众多，又编有四十个左领，连莒齐特两个佐领，共为六十二个佐领。现今官一百六十员，额甲五千名，壮丁幼丁三千八百余名"。[2] 人口数量增多必然导致土地开垦及定居聚落数量的持续增加，这对清后期土默特川平原新环境景观格局的塑造产生了重要影响。

综上所述，经过明代及清中前期的移民及土地开垦与人为改造建设，土默特川平原上那些为数不多的牧场也逐渐被辟为耕地或围绕农业生产而出现了新的景观格局，牧场范围逐渐萎缩，清中前期的土默特川平原已经基本完成了由草原向田园景观格局的变迁，这一格局逐渐稳定并长期存在下来。

三　清后期土默特川平原新环境格局的形成及环境印象

移民及土地开垦直接导致清代土默特川平原的原生自然植被遭到破坏，这也

1　崔思朋：《以农易牧：清前期土默特川平原环境变迁研究》，第 66~67 页。

2　《山西巡抚喀尔吉善等（乾隆七年）十月十五日（11 月 11 日）奏》，载《清代奏折汇编——农业·环境》，第 69~70 页。

是土默特川平原自然环境在清后期发生了深刻变迁的集中体现。清中前期出现的大量土地开垦、定居聚落及人为自然环境改造建设是土默特川平原环境变迁过程的体现，而至清后期继续并逐渐深入的以农易牧则是导致土默特川平原环境变迁及新环境景观格局形成的关键。可以说，人为的土地垦种及建设破坏了当地原初草原自然景观，同时也人为塑造了清后期土默特川平原的新环境景观格局。道光四年（1824）时，绥远城将军等上奏对归化城地区开垦土地指出："右卫城守尉庆禄、归绥道岳祥□□，奉委前往该处督同归化城同知文明逐细勘丈，右卫八旗马厂周围七十六里零，核计共地二千六百二十五顷八十四亩，内除山河、沟渠、沙滩等地一千三百余顷不堪耕种，净有可垦地一千三百余顷。"[1] 至道光二十四年（1844），古伯察对土默特地区环境状况记述道：

> 西土默特旗的蒙古鞑靼人并不过游牧生活，他们既耕耘田地又从事文明民族的所有行业。我们在沙漠中旅行已有近1个月的时间了，每天遇到合适的地方就支起帐篷过一夜，……我们不怀疑，自己的习惯和爱好不知不觉地改变了，蒙古沙漠为我们造就了一种喜欢安静和孤独的性格。所以，一旦我们到达耕耘地区，生活于骚动、阻塞和混乱之中，便会感到是受到了文明的压抑和窒息，觉得气不够用，似乎每时每刻都会在精神上受到压抑而死。[2]

古伯察对当地农业生产情况进一步记述道：

> 当我们穿越这一地区时，庄稼已收获完毕。但当到处尚可看到田间遍布大堆的庄稼捆子时，大家便会很容易地看得出这里获得了大丰收。[3]

通过古伯察的记述可以发现，清后期土默特川平原部分地区的蒙古族已经由牧转农，过上了农民的生活，足可见该时期土默特川平原农业化程度之深，已经将当地原来的游牧人改造成为农民。此外，这一时期也出现了大面积的沙漠景观，如古伯察所提及"在沙漠中旅行已有近1个月的时间"的经历，这也表明该时期土默特川平原部分区域的环境恶化已是相当显著，甚至连续行进一个月所途经的区域都是以沙漠景

1　《绥远城将军德英阿 山西巡抚邱树棠五月初四日奏（道光四年）》，载中国科学院地理科学与资源研究所，中国第一历史档案馆编：《清代奏折汇编——农业·环境》，商务印书馆，2005，第416页。

2　〔法〕古伯察：《鞑靼西藏旅行记》，耿昇译，中国藏学出版社，1991，第120页。

3　〔法〕古伯察：《鞑靼西藏旅行记》，第121页。

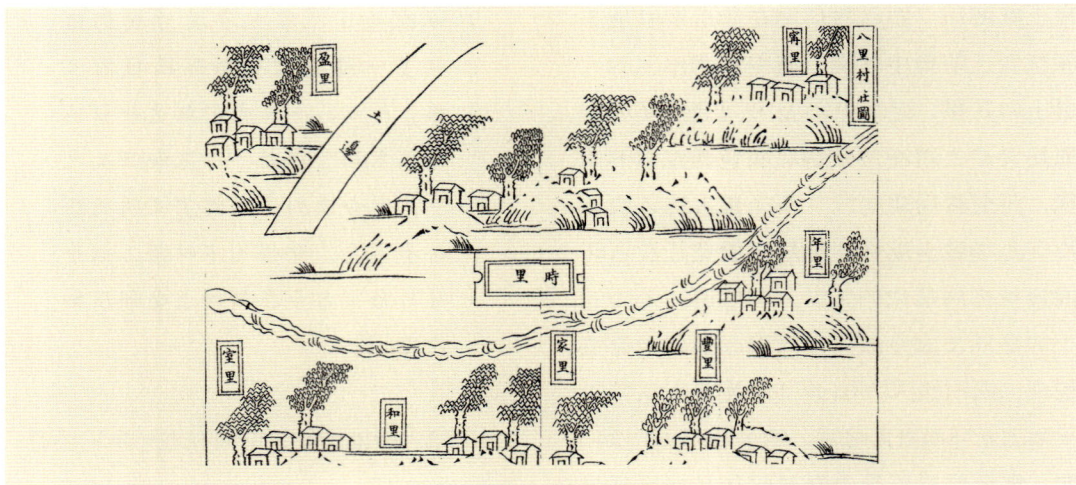

图 4　清水河厅所属清代"八里村庄"示意
（光绪《新修清水河厅志》卷首《图考》，第 16~17 页）

观为主。

　　较古伯察考察所见稍晚四年，韦垣在道光二十八年（1848）途经土默特地区时对所见农业生产情况记述道："二十里，古树营龙王庙茶尖。与野僧闲话片刻。二十里，太平寨，落落数家，无息肩地。三十里，经山岭数重，中无人家，寥廓荒凉。晚宿胡家屯，屯居有数十户。"[1] 成书于光绪时期的《归绥道志》也载："大漠南北辽阔二千里，皆归绥之统辖而治也，其各厅疆域毗连，指诸旗者犬牙相入山川迢遭，蒙汉杂居。"[2] 不难看出，清后期的土默特川平原已出现了极为繁荣的田园景象。此外，土默特川平原的村落多与农田相邻，

阿·马·波兹德涅耶夫曾记述道："这里耕地都比较少见，它们大都在村子的近旁。这里的村子也不一样了，它们都比关内的小，十几户人家的村子已极为罕见。"[3] 可见，清后期土默特川平原上虽存在大面积的沙漠景观，但以农业为主的景观更为常见，且是这一时期土默特川平原环境景观的主要表现形式。

　　在土地开垦及农业生产过程中，这些汉人将土默特川平原逐渐农业化，从自然景观到社会形态都印上了深刻的农耕社会痕迹。如《新修清水河厅志》所绘制清代清水河厅的"八里村庄图"，如图 4 所示。

　　根据《土默特旗志》记载："清水河厅

1　（清）韦垣：《归化行程记》，载《清代蒙古游记选辑三十四种》（上册），第 573 页。

2　光绪《归绥道志》（上册）卷九《城乡·十二厅乡镇记》，远方出版社，2007 年影印本，第 259 页。

3　〔俄〕阿·马·波兹德涅耶夫：《蒙古及蒙古人》（第二卷），张梦玲等译，内蒙古人民出版社，1983，第 39 页。

于乾隆二年奏交丈放时、和、年、丰、家、室、盈、宁八里官地一万三千四百二十六顷一亩九分二厘。"[1] 可见，图 4 所示清代清水河厅"八里村庄"是以农业为主，且此村落的出现也受到移民及土地开垦的重要影响，同时也反映出当地的农业化及以农业为主自然景观的形成。

农业以"定居"为常态，费孝通曾指出："农耕社会直接取资于土地，是搬不动的。长在地里的庄稼动不得，伺候庄稼的老农也因之像是半身插入了土里，土气是因为不流动而发生的。因此，农业为生的人，世代定居为常态，迁移是变态。"[2] 清后期土默特川平原上的移民及土地开垦进一步深入，更加奠定了农业在土默特川平原及毗邻地区的基础性地位。对清末土默特川平原的社会状况，光绪十二年（1886），同知方龙光、委员唐洪谟指出：

> ……惟粮地村落较多，户名清查不易，必须分设局所，添派委员，并筹给一切经费款项，以期速蒇事而免扰民。复经卑职等禀荷宪示允行，本年四月初间，卑职洪谟遵复，由省驰抵归化，会同卑职龙光在大青山后两项厂地内划分村落，分设六局，遴委留城当差各员，并捕盗营经制外委，各带书差、弓手，同各村甲会首核实清丈，并移经山后驻扎练军分派弁兵，帮同弹压。[3]

可见，清后期的土默特川平原已然是带有典型农业社会性质的社会格局，具体如清水河地区，因清水河位于土默特川平原南部地区，是口内人越过长城进入土默特川平原后最先行抵之地，当地的农业生产与定居聚落在明代就已有所发展，进入清代以后，当地的农业化程度继续加深，呈现典型的农业社会形态，如《新修清水河厅志》中所绘制的清代清水河局部地区的自然及社会景观示意图，如图 5 所示。

由图 5 可见，清代清水河地区出现了"关帝庙""龙王庙""山神庙"及"马王庙"等农业社会中常见的神祇祭祀，这也表明当地的社会形态带有明显的农业社会特征，尤其是"龙王庙"的出现，更表明当地存在一定规模的农业生产。

在以农业为主的复合式景观格局中，农作物是土地上的主要植被。除此之外，村落及水利建设等也成为复合式景观格局的重要组成部分，如清代至民国初期归绥县（今呼和浩特市）所辖地区正在利用及已荒废的水渠有一百五十余条，"各主要河流都有人工水渠，灌溉面积多者百余

1　光绪《土默特旗志》卷五《赋役·输田记附》，远方出版社，2009 年点校本，第 435 页。

2　费孝通：《乡土中国》，生活·读书·新知三联书店，1985，第 2~3 页。

3　民国《归绥县志》，《经政志·附录·光绪十二年同知方龙光、委员唐洪谟会详》，远方出版社，2012 年影印本，第 1003 页。

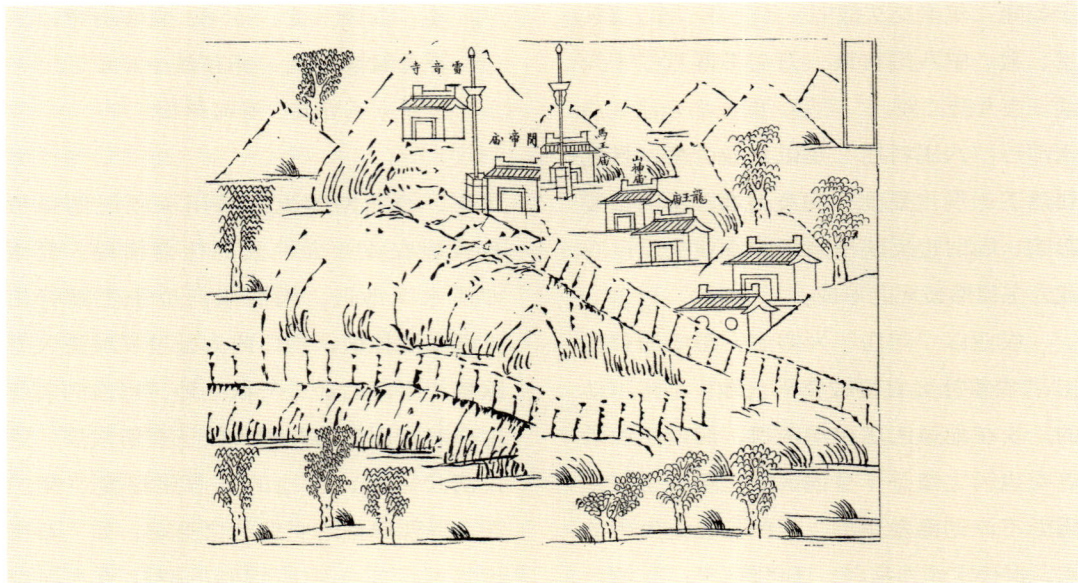

图 5　清代清水河厅局部地区景观示意
（光绪《新修清水河厅志》卷首《图考》，第 52~53 页）

顷，少则数顷或十数顷"。[1] 水渠是保障当地农业生产正常开展的必要环节，如归绥县，"邑临沙漠，时苦旱，民国十六年迄十八年（1927~1929）三年为尤甚，于是稍稍重水利。据十八年（1929）之统计，新凿土井五百一十三，渠五十七。迨二十三年（1934），土井时有增益，渠则增殖一百三十，溉田凡五千五百余顷；中以民丰渠为较著"。[2] 因此，水利建设是清代土默特川平原以农为主复合式景观格局中不可忽略的一部分。图 6 为清代至民国时期萨拉齐地区水利分布示意图。

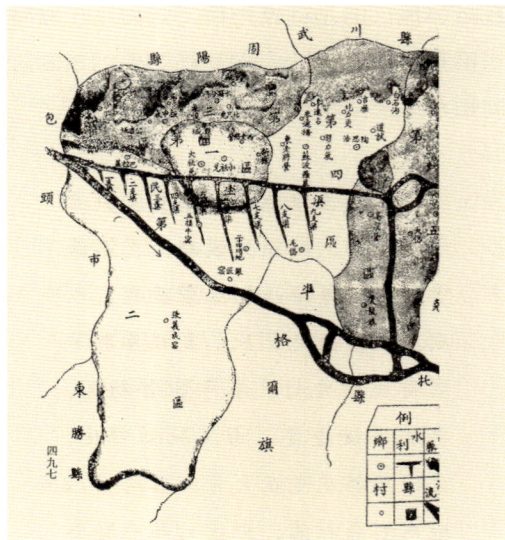

图 6　清代至民国时期萨拉齐地区水利分布示意
（民国《萨拉齐县志》卷二《建置·沟渠》，远方出版社，2011年影印本，第 497 页。）

1　民国《归绥县志》，《建置志·沟洫》，第 959~969 页。

2　民国《归绥县志》，《建置志·沟洫》，第 958 页。

移民及农业的发展必然导致定居聚落的出现，除村落外，人口密集度更高、发展水平更高的城镇也在清代土默特川平原上大量出现，诸如绥远城、包头及各厅属驻地等，都出现了一定规模的定居城市，如武川县，"县境各色民族杂居，汉族约占全县人口百分之九十四，其百分之六为满、蒙、回、及其他外人，因风俗与地理关系，民族间感情，极为融洽，向无畛域歧视之显像"。[1]再如包头，"为西北都会，侨居者多，土著甚少。因古无村落，五方之人聚处于此，春来秋往，原属流动性，故以行旅为习惯。寄居日久，始筑家室，然春日下乡，秋日回城，仍存昔日之风。试查包市之户口，冬日必较夏日多也。况农户以外，即为商户，往来贩运，视为当然，道路奔驰，养成习惯"。[2]这些城市也成为清后期土默特川平原景观格局中的重要组成部分。

此外，土地荒芜也是短时期内环境变迁的重要表现形式，随着清代土默特川平原土地被大量开垦及不合理的人为改造建设活动，部分不适宜农业发展的地区出现长期沙化了的土地，这在前文叙述中已有体现，但至清后期，土默特川平原的土地荒芜更加普遍，光绪三十二年（1906），博迪苏记述："口外天气视口内寒数倍，行人已易棉而袭矣。山畔之田多半开垦，且

土宜树木。沿途山路崎岖，车行甚缓"；途中遇到"午后大风骤起，飞沙扬尘，天地昏黄"的景象，行进途中也出现了"缓行沙碛间"的状况。[3]阿·马·波兹德涅耶夫途经土默特川平原时也曾遇到几百座相连荒废的村庄，他记述道：

> ……由此开始，我们不时地见到一座座破败不堪的村庄。其中有些房屋的泥土墙壁还完整地保存着原来的样子，但无论是门窗还是房顶，都已经没有了。一个同路的农民向我们解释了这一现象。原来最近连续三年的歉收把人们逼到了绝境。他们既无粮食，又无木柴，只得烧掉房屋里所有的木料，然后有的人卖掉土地，有的人则抛弃了土地，纷纷奔走他乡。这些村子是逐渐走空的：一个破了产并决定离开自己住处的人家，一般都是先找个买主，卖掉自己的土地，然后搬到临近的另一户极穷的人家去住，把自己原来房子里的木料全都拆下，供自己和临时的主人作为燃料。等到房子里的东西都拆光用尽，他们就外出逃荒。一个星期以后，同样的命运又落到了他们

1　民国《武川县志略》，《户口》，远方出版社，2009 年点校本，第 261 页。

2　民国《包头市志》卷七《风俗志·行旅》，第 206 页。

3　（清）博迪苏：《朔漠纪程》，载《清代蒙古游记选辑三十四种》（上册），第 517~519 页。

不久之前的主人头上。几百座村庄就是这样走空拆光了的。我们见到的那座既无门又无窗户的破庙，遭到的就是这样的命运，只不过这是路过的强徒干的罢了。[1]

由阿·马·波兹德涅耶夫的记述可以发现，受到自然灾害的侵扰，土默特川平原上的那些外来人口也因本地无法生存而继续迁出，所开垦的土地及兴建的村落也随之荒废。这些荒废的村落多是经过人工多年建设而成的，当地原生植被多是被斩草除根式的毁灭殆尽，植被在这样荒废了的村落基础上再生也是极为艰难的。因此，这些荒废了的村落也成为清后期土默特川平原环境恶化的又一表现形式，这一景观也是难以靠自然或人为修复的，成为清后期土默特川平原环境格局中的重要组成部分。

土地沙化也导致清末民初时土默特川平原上沙尘暴及扬尘天气的出现，民国二年（1913），胡太才途经土默特川平原时也记述道："起风猛烈，尘霾蔽天。虽无拔木推垣之威，而乱沙眯眼窒鼻，气息闭塞，口不得张，眼不得见。"[2]可见，土默特川平原的自然环境在清中后期业已出现严重恶化，当地沙漠自然景观分布已较为普遍，同时土地沙化也加剧了大风及沙尘天气出现的频度与强度。

结　语

通过对历史上土默特川平原环境史料的梳理和分析，本文认为清代是对土默特川平原自然环境改造利用及破坏最严重的时期。土地荒芜不仅仅是清后期土默特川平原新环境景观格局的组成部分，其中一部分地区环境被破坏后又没有及时修复，其影响一直持续至今。

勘误一则

《形象史学（2018 上半年）》（总第十一辑）中《近二十年来妈祖文化研究的中英文文献比较分析》一文作者之一杨永忠的单位应为"四川大学"，谨此更正说明！

《形象史学》编辑部

1　〔俄〕阿·马·波兹德涅耶夫：《蒙古及蒙古人》（第二卷），第 43 页。

2　胡太才：《侦蒙记》，民国二年本，远方出版社，2007 年点校本，第 142 页。

《形象史学》征稿启事

《形象史学》是由中国社会科学院古代史研究所文化史研究室主办、面向海内外征稿的中文集刊，每年出版两辑。凡属中国古代文化史研究范畴的专题文章，只要内容充实，文字洗炼，并有一定的深度和广度，均在收辑之列。尤其欢迎利用历史上流传下来的各类形象材料进行专题研究的考据文章，以及围绕中国古代文化史学科建构与方法探讨的理论文章。此外，与古代丝路文化和碑刻文献研究相关的文章，亦在欢迎之列。具体说明如下。

一、本刊常设栏目有理论探讨、名家笔谈、器物与图像、考古与文献等，主要登载专题研究文章，字数以 2 万字以内为宜。对于反映文化史研究前沿动态与热点问题的综述、书评、随笔，以及相关领域国外学者的最新研究成果（须提供中文译本），亦适量选用。

二、来稿文责自负。请提供 word 电子版，使用简化字（请参照国家语言文字工作委员会 1986 年重新发布的《简化字总表》）。如为打印稿，须同时提供电子版。文中附图须提供清晰的照片、底片或翻转片（图片大小应在 3M 以上），并确保无版权争议。

三、来稿章节层次应清晰明了，序号一致，不建议采用英文、拉丁文等字母（包括大小写）标列序号，建议采用汉字数字、阿拉伯数字。举例如下。

第一级：一 二 三；

第二级：（一）（二）（三）；

第三级：1. 2. 3.；

第四级：（1）（2）（3）。

四、中国历代纪年（1912 年以前）在文中首次出现时，须标出公元纪年。涉及其他国家的非公元纪年，亦须标出公元纪年。如清朝康熙六年（1667），越南阮朝明命元年（1820）。

五、来稿请采用脚注，如确实必要，可少量采用夹注。引用文献资料，古籍须注明朝代、作者、书名、卷数、篇名、版本；现当代出版的论著、图录等，须注明作者（或译者、整理者）、书名、出版地点和出版者、出版年、页码等；期刊论文则须注明作者、论文名、刊物名称、卷期等。同一种文献被再次或多次征引时，只须注出书名（或论文名）、卷数、篇名、页码即可。外文文献标注方法以目前通行的外文书籍及刊物的引用规范为准。具体格式举例如下。

（1）（清）张金吾编《金文最》卷一一，光绪十七年江苏书局刻本，第 18 页 b。

（2）（元）苏天爵辑《元朝名臣事略》卷一三《廉访使杨文宪公》，姚景安点校，中华书局，1996，第 257 ~ 258 页。

（3）（清）杨钟羲:《雪桥诗话续集》卷五上册，辽沈书社，1991 年影印本，第 461 页下栏。

（4）金冲及:《二十世纪中国史纲（ 简本 ）》上册，社会科学文献出版社，2012，第 295 页。

（5）苗体君、窦春芳:《秦始皇、朱元璋的长相知多少——谈中学〈中国历史〉教科书中的图片选用》，《文史天地》2006 年第 4 期，第 46 页。

（6）林甘泉:《论中国古代民本思想及其历史价值》，《光明日报》2003 年 10 月 28 日。

（7）Marc Aurel Stein, *Serindia* (London: Oxford Press, 1911), p.5.

（8）Cahill, Suzanne, "Taoism at the Song Court: The Heavenly Text Affair of 1008." *Bulletin of Sung－Yuan Studies* 16 (1980): 23–44.

六、来稿一律采用匿名评审，自收稿之日起三个月内，将通过电话或电子邮件告知审稿结果。稿件正式刊印后，将赠送样刊两本。

七、本刊地址：北京市建国门内大街 5 号中国社会科学院古代史研究所，邮编：100732。联系电话：010-85196443。电子邮箱：xxshx2011@yeah.net。

图书在版编目 (CIP) 数据

形象史学. 2018. 下半年 : 总第十二辑 / 刘中玉主
编. -- 北京 : 社会科学文献出版社, 2019.5
ISBN 978-7-5201-4624-1

Ⅰ. ①形… Ⅱ. ①刘… Ⅲ. ①文化史 - 中国 - 文集
Ⅳ. ①K203-53

中国版本图书馆CIP数据核字（2019）第059192号

形象史学 2018下半年（总第十二辑）

主　　编 / 刘中玉

出 版 人 / 谢寿光
责任编辑 / 郑庆寰
文稿编辑 / 张金木

出　　版 / 社会科学文献出版社·历史学分社（010）59367256
　　　　　　地址：北京市北三环中路甲29号院华龙大厦　邮编：100029
　　　　　　网址：www.ssap.com.cn
发　　行 / 市场营销中心（010）59367081　59367083
印　　装 / 北京盛通印刷股份有限公司

规　　格 / 开　本：787mm×1092mm 1/16
　　　　　　印　张：13.25　字　数：258千字
版　　次 / 2019年5月第1版　2019年5月第1次印刷
书　　号 / ISBN 978-7-5201-4624-1
定　　价 / 78.00元